实用普通话水平测试教程

编著者:(按姓氏笔画为序)

王家伦　卞于靖
李　莉　陆湘怀
张颖春　汪清燕
徐士勇

顾　问:(按姓氏笔画为序)

王玲玲　汪　平
陈晓红　樊　燕

东南大学出版社
·南京·

图书在版编目(CIP)数据

实用普通话水平测试教程/陆湘怀,王家伦等编著. —南京:东南大学出版社,2018.5
 ISBN 978-7-5641-7696-9

Ⅰ.①实… Ⅱ.①陆… ②王… Ⅲ.①普通话—水平考试—教材 Ⅳ.①H102

中国版本图书馆 CIP 数据核字(2018)第 056752 号

60 篇示范朗读篇目音频材料,下载地点:

http://www.ximalaya.com/25375508/album/15180330/

东南大学出版社官网

东南大学出版社出版发行
(南京四牌楼 2 号 邮编 210096)
出版人:江建中
江苏省新华书店经销 江苏徐州新华印刷厂印刷
开本:850mm×1168mm 1/32 印张:9.75 字数:271 千字
2018 年 5 月第 1 版 2018 年 5 月第 1 次印刷
ISBN 978-7-5641-7696-9
定价:28.00 元

(凡因印装质量问题,可直接向读者服务部调换。电话:025-83791830)

前　言

　　普通话是各地汉族人的首要交际工具,也是国内各兄弟民族的通用交流手段。推广普通话、学习普通话,是一项极其重要的任务,普通话水平测试工作则是其中一个很重要的环节。笔者以及这本书的其他编写者,都长期在高校从事普通话培训和普通话水平测试工作。在工作实践中,我们深深认识到,一本合适的教材,对提高教学效率,起有至关重要的作用。

　　为此,2005年,我们编写了《普通话水平测试教程新编》,由东南大学出版社出版发行,颇得好评。教材常常是落后于教学需要的。在具体的教学实践中,我们经常对教材的一些内容作某些处理,以适应不断更新的教学要求和教学对象的需要。随着普通话水平测试新大纲的颁布,普通话测试标准又一次更新,且会在较长的时期内相对稳定。2008年开始,我国的很多地方采用"国家普通话水平考试智能测试系统",计算机录音并计算机评分("命题说话"一项计算机录音,人工评分),即所谓的"机考",评分标准也略有调整。这些测试标准和测试方式的大幅度变化,使此前和普通话测试相对应的普通话教学、培训中所用的种种教材,都已经不再适合这新的大纲上规定的新的标准和"机考"这样的全新的考试方式。一本根据这新的大纲和"机考"这一全新的考试方式编写的教材,成了普通话教学和培训中不可缺少的必需品。于是,我们在《普通话水平测试教程新编》的基础上,2010年重新编写了《计算机辅助普通话水平测试教程》一书,仍由东南大学出版社出版发行。

　　时间又过去了七年。我们决心在前书的基础上,重新审视书稿内容并加"修订",主要是为了使这本教材更加实用。我们删除了原有的某些"务虚"的内容;在第二章的第一、第二、第三节中,增加了"模拟测试及常见问题诊治"栏目;对第五节中原栏目进行了优化;为了便于教学时的操作,将第二章第二节中"轻声"合并入"变调"栏中;在第二章第四节"语音提示"中增添"重音分析","朗读提示"中增加"意群分析"与"句子结构分析",并把"一""不"的变调直接进入60篇短文的行文中。总之,尽量为读者提供方便,帮助读者在较短的时间内较快地提高普通话水平。也因此,我们把该书重新命名为《实用普通话水平测试教程》,这也是一种实事求是、与时俱进吧!

综上,这本教材的最大特点,就是具有很强的针对性和适用性。我们在编写中,始终坚持根据新大纲进行普通话水平测试的"实战"原则,内容始终切合测试的要求和"机考"的特点,以及相应的测试题型。同时,根据近年人口流动量大增、各种方言在同一地方杂处的现象明显这样的语言发展的新特点,我们在教材中,也增加了相应的内容,以适应这样的特点。

陆湘怀
2018年春于独墅湖畔

目 录

第一章 普通话与普通话水平测试 …………………………（ 1 ）
  第一节 普　通　话 ……………………………………（ 1 ）
    一、什么是普通话 …………………………………（ 1 ）
    二、为什么要学习普通话 …………………………（ 2 ）
    三、怎样学好普通话 ………………………………（ 3 ）
  第二节 普通话水平测试 ………………………………（ 5 ）
    一、测试的性质、内容和方式 ……………………（ 5 ）
    二、测试的项目和评分标准 ………………………（ 6 ）
    三、计算机测试的流程及注意问题 ………………（ 8 ）
    四、普通话测试样卷 ………………………………（ 10 ）

第二章 普通话水平测试训练 ………………………………（ 12 ）
  第一节 读单音节字词 …………………………………（ 12 ）
    一、普通话的声母 …………………………………（ 12 ）
      （一）正音训练 …………………………………（ 12 ）
      （二）辨音训练 …………………………………（ 16 ）
    二、普通话的韵母 …………………………………（ 19 ）
      （一）正音训练 …………………………………（ 19 ）
      （二）辨音训练 …………………………………（ 24 ）
    三、普通话的声调 …………………………………（ 26 ）
      （一）正音训练 …………………………………（ 26 ）
      （二）辨音训练 …………………………………（ 27 ）
    模拟测试及常见问题诊治 …………………………（ 28 ）
  第二节 读多音节词语 …………………………………（ 29 ）

一、变调 …………………………………………（29）
　　（一）"一"的变调 ………………………………（29）
　　（二）"不"的变调 ………………………………（32）
　　（三）上声的变调 ………………………………（35）
　　（四）轻声 ………………………………………（36）
二、儿化 …………………………………………（50）
　　（一）普通话韵母儿化的发音规律 ……………（51）
　　（二）儿化韵的作用 ……………………………（53）
　　（三）关于儿化的注意事项 ……………………（54）
模拟测试及常见问题诊治 …………………………（55）
第三节　选择判断 …………………………………（56）
一、词语判断 ……………………………………（57）
二、量词、名词搭配 ……………………………（58）
三、语序或表达形式判断 ………………………（60）
模拟测试及常见问题诊治 …………………………（61）
第四节　朗读短文 …………………………………（63）
一、朗读短文的具体要求 ………………………（64）
　　（一）语音准确无失误 …………………………（64）
　　（二）声母或韵母无系统性语音缺陷 …………（65）
　　（三）语调无偏误现象 …………………………（65）
　　（四）无停连不当 ………………………………（66）
　　（五）朗读流畅自然 ……………………………（67）
　　（六）快慢适中，符合规定时间 ………………（67）
二、"啊"的变读 …………………………………（67）
三、朗读中还应注意的轻声现象 ………………（70）
　　（一）一些句末语气词"吗""呢""吧""啦"等读轻声
　　………………………………………………………（70）
　　（二）比况助词"似的"读轻声 …………………（73）
四、朗读训练的技巧 ……………………………（73）

五、朗读篇目与提示(作品1～60号)……………………(73)
第五节　命题说话………………………………………(197)
　　一、命题说话的主要要求………………………………(197)
　　二、篇目及篇目分析……………………………………(197)
　　　　(一)我的愿望(或理想)………………………(198)
　　　　(二)我的学习生活……………………………(198)
　　　　(三)我最尊敬的人……………………………(198)
　　　　(四)我喜爱的动物(或植物)…………………(198)
　　　　(五)童年的记忆………………………………(199)
　　　　(六)我喜爱的职业……………………………(199)
　　　　(七)难忘的旅行………………………………(199)
　　　　(八)我的朋友…………………………………(199)
　　　　(九)我喜爱的文学(或其他)艺术形式…………(199)
　　　　(十)谈谈卫生与健康…………………………(200)
　　　　(十一)我的业余生活…………………………(200)
　　　　(十二)我喜爱的季节(或天气)………………(200)
　　　　(十三)学习普通话的体会……………………(200)
　　　　(十四)谈谈服饰………………………………(201)
　　　　(十五)我的假日生活…………………………(201)
　　　　(十六)我的成长之路…………………………(201)
　　　　(十七)谈谈科技发展与社会生活……………(201)
　　　　(十八)我知道的风俗…………………………(201)
　　　　(十九)我和体育………………………………(202)
　　　　(二十)我的家乡(或熟悉的地方)……………(202)
　　　　(二十一)谈谈美食……………………………(202)
　　　　(二十二)我喜欢的节日………………………(202)
　　　　(二十三)我所在的集体(学校、机关、公司等)…(202)
　　　　(二十四)谈谈社会公德(或职业道德)………(203)
　　　　(二十五)谈谈个人修养………………………(203)

（二十六）我喜欢的明星（或其他知名人士）……（203）
　　（二十七）我喜爱的书刊 ……………………（203）
　　（二十八）谈谈对环境保护的认识 ……………（204）
　　（二十九）我向往的地方 ………………………（204）
　　（三十）购物（消费）的感受 …………………（204）
　三、话题内容的整合 ………………………………（204）
　四、常见问题的分析与诊治 ………………………（207）
　五、评分举例和案例分析 …………………………（212）
　　（一）评分举例 …………………………………（212）
　　（二）范例评析 …………………………………（214）

第三章　普通话水平测试训练的有关资料………（216）
　一、汉语拼音方案 …………………………………（216）
　二、普通话异读词审音表 …………………………（220）
　三、常用多音多义字表 ……………………………（260）
　四、普通话水平测试用必读轻声词语表（新大纲）……（278）
　五、普通话水平测试用儿化词语表（新大纲）……（285）
　六、普通话水平测试大纲 …………………………（290）

附录 …………………………………………………（296）
　普通话水平测试模拟试卷（一）……………………（296）
　普通话水平测试模拟试卷（二）……………………（299）

参考书目 ……………………………………………（301）

后记 …………………………………………………（302）

第一章　普通话与普通话水平测试

第一节　普　通　话

一、什么是普通话

有人说北方话就是普通话，有人说北京人说的话就是普通话，也有人说普通话就是弯舌头的话（即翘舌音，因为很多地方的方言没有翘舌音），这些都是误解。其实对于"普通话"这一概念的释义，1955年举行的全国现代汉语规范问题学术会议就作了认真严肃的讨论，后经国务院批准，把"普通话"准确定义为"以北京语音为标准音，以北方话为基础方言，以典范的现代白话文著作为语法规范"的现代汉民族共同语。

（一）以北京语音为标准音

以北京语音为标准音即遵循北京语音的语音系统。北京语音系统中有22个声母（b p m f d t n l g k h j q x zh ch sh r z c s 和一个零声母），北京语音系统中有39个韵母（10个单韵母、13个复韵母、16个鼻韵母）。北京语音系统中有4个声调，即阴平，调值为55，亦称高平调；阳平，调值为35，亦称上升调；上声，调值为214，亦称曲折调或降升调；去声，调值为51，亦称全降调。除此以外，北京语音中还有变调、轻声、儿化等现象，这些都属于北京语音的系统。不过，去过北京或者和北京人交流过的人都能察觉，现代的北京人发音时儿化特别多，并且有一些方言土音以及异读等等，这些都不能进入标准的北京话语音系统。

（二）以北方话为基础方言

我国七大方言中，说北方方言的人占汉族总人数的70%，其覆盖区域也很广,占汉语地区的四分之三,北方方言内部比较一致,从北京到昆明直线距离有三千多公里,但通话基本没问题。北方方言源远流长,可上溯到夏商,并且中国历史上政治、经济、文化的中心一直在北方,北方方言的影响遍及全国。目前,在北方地区通行的词汇大部分都在普通话里沿用下来了。这些决定了它的基础地位。

(三)以典范的现代白话文著作为语法规范

"典范的"即典型的可以作为范本的,"现代"划定了时间范围。因为我国几千年的文明史流传有很多著名的文本,但绝大部分年代久远,和今天的语法规范不适宜。语言是动态的、发展的,我们所需要的是切近我们现代生活的语言。"白话文"是针对文言文而言的,文言文的语法和白话文的语法有很大的不同,比如意动句、使动句、特殊语序句等等。普通话要遵循白话文的语法规范,这符合推广、普及普通话的要求。同时,只有像叶圣陶、老舍等著名作家的优秀作品以及经过大家反复修改的文件才能作为普通话语法规范的典范。

二、为什么要学习普通话

有人戏称普通话是普通人说的话,认为说方言代表一种身份,"我说方言说明'我'与众不同";又有人认为方言的某些词语比普通话词语的表现力强,有些话用方言说和用普通话说感觉和味道都不一样。其实这两种看法都是错误的,至少失之偏颇,或者说没有真正认识到普通话的意义和价值。

(一)学习普通话是生活的需要

中国地域辽阔,总面积960万平方公里,有56个民族。厦门、福州相距虽然不远但互相说话基本听不懂,又是什么原因?主要是语音差异太大。随着经济的发展,南来北往的人越来越多,语言不通会造成很大的问题。据说有这样一则笑话:有一群上海人去安徽芜湖旅游,在一家面馆吃面条儿,大家都要窄面条儿不要宽面条儿,面馆的服务员说:"哎,上海人怎么都不要面皮的?"结果双方吵得不可开交。究其原因，原来宽面条儿在芜湖方言中称为"面皮"，而面皮在上海方言中是"脸面"，意思大相径庭，怪不得会吵架。像这种例子生活中是很多的。

（二）学习普通话是工作的需要

根据形势的发展，今后大多数人的工作地点会是一个变数，也许这两年在北京工作，过两年就到了广州。特别是年轻人，走南闯北，要和多个地方的人做同事，方言的差异会给工作带来很多麻烦。一个真实的故事：在广东的一家公司，一个广州人通知大家开会，时间应该是第二天的下午，但因为粤方言中没有舌面音，他把舌面音的[ɕ]发成了舌叶音的[ʃ]，员工中有很多苏州、上海人，吴方言区域的人很容易把翘舌音发成齿间音，而齿间音和舌叶音听上去很接近，所以把"下午开会"听成了"上午开会"，造成了不必要的误会，扰乱了公司正常的工作秩序。

（三）学习普通话是为了提高文化素养

在当今社会，普通话已成了文化素养的代名词。如果一个人衣着得体、风度不凡，但一开口满嘴方言，你会怎么想？大凡接受过高等教育的人普通话说得都不错，这已经成为一般人的一种观念、一种审美趋向。再说在普通话测试时，如果读字读错很多是不会达到较高的等级的；学普通话除了能纠正自己的一些方言外，还可以帮助我们辨音识字，特别是一些多音字、易误读字等。

三、怎样学好普通话

每一种方言都有悠久的历史，形成的过程相当复杂，我国现有大的方言种类为北方方言、客家方言、闽方言、粤方言、湘方言、赣方言、吴方言等七种，而下属的方言土语更不知其数。这些方言除北方方言与普通话比较接近外，其他都差异很大，特别是粤、闽、吴诸方言，长期生活在这些方言区的人学习普通话有很大的困难。要学好普通话必须注意以下几个问题：

(一)注意普通话和自己方言在语音、词汇、语法上的差异

在语音方面,特别要注意粗听相同、实质不同的音。例如:粤方言中的舌叶音和普通话中的舌面音以及翘舌音;吴方言中的尖音和普通话中的舌尖前音;赣方言中的"泥母字"和普通话中的前鼻音字。这样才能保证自己说得一口很标准、很纯正、很漂亮的普通话。在词汇方面要注意方言词语和普通话的区别。比如:粤方言的"矮瓜""热天"为普通话的"茄子""夏天";北方方言中河南新乡的"客"有"女儿"的意思,天津人的"巴结"有培养的意思,郑州人的"肥"人畜并用。粤语和吴语中都有和普通话词语顺序颠倒的现象,例如普通话的"热闹""喜欢""地道""月亮"在吴方言中为"闹热""欢喜""道地""亮月";普通话的"要紧""整齐""拥挤""夜宵"在粤方言中为"紧要""齐整""挤拥""宵夜"。各地的方言词语名目繁多,即使作为词语规范的基础方言——北方话中也有很多方言土语。这些都是应该注意的语言现象。另外语法方面有很多问题更值得注意,例如普通话中表示选择问句的"还是"粤语中用"抑或",粤语"你中意食饭抑或食粥"普通话为"你喜欢吃饭还是吃粥",比较句"东北比北京冷"广州人说"东北重冷过北京",吴方言的"叫"很多时候用如普通话助词"地",例如:我慢慢叫讲、侬轻轻叫走。

(二)注意多音字的读音

一字多音是容易产生误读的重要原因之一,我们必须十分注意。要从两方面着手,一是意义不相同的多音字,要弄清它的不同的意义带来的不同的读音,例如,拗(ào)口、拗(ǎo)断、执拗(niù);二是意义相同或相近的多音字,这一定要强记,比如灾难(nàn)、艰难(nán)等;拆散(chāi sǎn)的意思是使成套的物件分散,拆散(chāi sàn)的意思是使家庭、集体等分散,这些稍不注意就要读错。还有一些以前异读现在统读的也要注意,例如,"骨头"的"骨"以前在有的词语中读第二声,有的读第三声,现在统读第三声。"驯"以前在"驯服"中读第二声,"驯养"中读第四声,现在统读第四声,因为《普通话异读词审音表》有过几次修订,应以最后一次

为标准。还有一个很重要的问题要引起大家的注意,现在市场上的字典、词典很多,要选择权威著作人编订的和权威出版社出版的辞书,现在普通话测试通用的参考辞书主要有商务印书馆出版的《新华字典》和《现代汉语词典》,最好选用最新修订版。

(三)注意由字形相近或由偏旁类推引起的误读

汉字是方块字,由横竖撇捺等笔画构成,有的字笔画很多,挤在一起;有的字笔画近似,辨识不易,这样,造成了在考试较短时间内辨认的困难,稍不留意就会读错,例如:"誊"和"誉""篡"和"纂""粟"和"栗""菜"和"莱""瞥"和"督""戮"和"戳"等等。

另外,我们强调记音的一个方法是偏旁类推法,但实际上偏旁记音有时会造成误读,例如:和"叟"结合的一般都是平舌音,但"瘦"是翘舌音;燥、躁、藻、澡、噪等都为非送气音,而"操"为送气音;喘读 chuǎn,揣读 chuāi,湍读 tuān,惴读 zhuì,汉语的读音确实太复杂了,难怪外国人学汉语常常有畏难情绪。所以审音工作还要继续,能简则简。但就目前的情况来说,我们要多下功夫,在理解的基础上要记、要背。

第二节 普通话水平测试

一、测试的性质、内容和方式

测试的性质:标准参照性考试。

测试的内容:普通话的语音、词汇、语法。

测试的方式:口试。

普通话水平测试的范围包括国家测试机构编制的《普通话水平测试用普通话词语表》《普通话水平测试用普通话与方言词语对照表》《普通话水平测试用普通话与方言常见语法差异对照表》《普通话水平测试用朗读作品》《普通话水平测试用话题》。

二、测试的项目和评分标准

测试的项目共包括五项,总分100分。

第一项要求朗读100个单音节字词,此项不包括轻声和儿化音节,在3.5分钟之内读完,没有差错和偏误得10分。评分的标准是:读音错误,每个音节扣0.1分;语音缺陷即读得不够标准,每个音节扣0.05分;如果超时,1分钟以内扣0.5分,1分钟以上(含1分钟)扣1分。

第二项也要求朗读100个音节,但以多音节词语的形式出现,大部分为双音节词语,也有个别三音节或四音节词语,包括上声的变调(不少于7个)、"一""不"的变调、轻声(不少于3个)、儿化(不少于4个)。在2.5分钟之内读完,没有差错和偏误得20分。具体的评分标准是:语音错误,每个音节扣0.2分;语音缺陷每个音节扣0.1分;如果超时,1分钟以内扣0.5分,一分钟以上(含1分钟)扣1分。

第三项为选择判断,分词语判断(10组)、量词名词搭配(10组)、语序或表达形式判断(5组)三部分,在3分钟之内完成,全部正确得10分。具体的评分标准是:词语判断错误每组扣0.25分;量词名词搭配错误每组扣0.5分;语序或表达形式判断错误每组扣0.5分;如果超时,1分钟以内扣0.5分,1分钟以上(含1分钟)扣1分;语音错误每个音节扣0.1分,但与判断错误不重复扣分。

第四项为朗读短文,共400个音节,在4分钟之内完成,得分30分。所朗读的短文在既定的60篇中抽签决定。具体的评分标准是:每错一个音节扣0.1分;漏读或增读一字扣0.1分;声母或韵母的系统性语音缺陷视程度扣0.5分、1分;语调偏误视程度扣0.5分、1分、2分;停连不当视程度扣0.5分、1分、2分;朗读不流畅(包括回读)视程度扣0.5分、1分、2分;如果超时扣1分。

第五项为命题说话,应试人在既定的测试话题中选一个话题,连续说一段话(单向说话),时间3分钟,满分30分。分三个部分:

第一部分语音标准程度满分20分,具体的评分标准为:一档语音标准或极少有错误,扣0分、0.5分、1分;二档语音错误在10次以下,有方音但不明显,扣1.5分、2分;三档语音错误在10次以下,但方音比较明显或语音错误在10次到15次之间,有方音但不明显,扣3分、4分;四档语音错误在10次到15次之间,方音比较明显,扣5分、6分;五档语音错误超过15次,方音明显,扣7分、8分、9分;六档语音错误多方音重,扣10分、11分、12分。第二部分词汇语法规范程度满分5分,一档词汇语法规范扣0分;二档词汇语法偶有不规范的情况扣0.5分、1分;三档词汇语法屡有不规范的情况扣2分、3分。第三部分自然流畅程度满分5分,一档语言自然流畅扣0分;二档语言基本流畅,口语化较差,有背稿子的表现,扣0.5分、1分;三档语言不连贯、语调生硬,扣2分、3分。如果说话时间不足3分钟,要酌情扣分,缺时1分钟以内(含1分钟)扣1分、2分、3分,缺时1分钟以上扣4分、5分、6分,说话时间30秒以下(含30秒)整道题不给分。

  很多省份(例如江苏省)根据具体情况,免测第三项"选择判断",加重"说话"的分数比重,即在原来30分的基础上加了10分,为40分,其具体分数分配比例和评分标准是:①语音标准程度,共25分。分六档:一档:没有语音错误,扣0分;错误1次、2次,扣1分;错误3次、4次,扣2分。二档:语音错误在5—7次之间,有方音但不明显,扣3分;语音错误8次、9次,有方音但不明显,扣4分。三档:语音错误在5—7次之间,但方音明显,扣5分;语音错误8次、9次,但方音明显,扣6分。语音错误在10—15次之间,有方音但不明显,扣5分、6分。四档:语音错误在10—15次之间,方音比较明显,扣7分、8分。五档:语音错误在16—30次之间,方音明显,扣9分、10分、11分。六档:语音错误超过30次,方音重,扣12分、13分、14分。以上各档的"语音错误",包括同一音节的反复出错,均按出现次数累计。②词汇、语法规范程度,共10分。词汇、语法不规范是指使用了典型的方言词、典型的方言语法以及明显的病句。其不规范的情况每出现一次扣 0.5 分。此项最多扣 4 分。③自然流畅程度,共 5 分。分三档:一档:语言自然流畅,扣 0 分。二档:语言基本流畅,口语化较差,类似背稿子。有所表现,扣 0.5 分;明显,扣 1 分。三档:语言不连贯,语调生硬。程度一般的,扣 2 分;严重的,扣 3 分。④说话时间不足 3 分钟,视程度扣 1—6 分。缺时 15 秒以下,不扣分;缺时 16—30 秒,扣 1 分;缺时 31—45 秒,扣 2 分;缺时 46 秒—1 分钟,扣 3 分;缺时 1 分 01 秒—1 分 30 秒,扣 4 分;缺时 1 分 31 秒—2 分钟,扣 5 分;缺时 2 分 01 秒—2 分 29 秒,扣 6 分。说话时间不足 30 秒(含 30 秒),本测试项成绩记为 0 分。⑤离题、内容雷同,视程度扣 4 分、5 分、6 分。"离题"是指应试人所说内容完全不符合规定的话题。完全离题,扣 6 分;基本离题,视程度扣 4 分、5 分。直接或变相使用《普通话水平测试纲要》中的 60 篇朗读短文,扣 6 分;其它内容雷同情况,视程度扣 4 分、5 分。本测试项可以重复扣分,但最多扣 6 分。⑥无效话语,酌情扣 1—6 分。"无效话语"是指测试员无法据此作出评分的内容。包括:重复相同或大体相同的内容、经常重复相同语句、口头禅较多、简单重复等等。无效话语三分之一以内,视程度扣 1 分、2 分、3 分;无效话语三分之一以上,视程度扣 4 分、5 分、6 分。有效话语不足 30 秒(含 30 秒),本测试项成绩记为 0 分。(以上参照江苏省语委《计算机辅助普通话水平测试评分细则》)

三、计算机测试的流程及注意问题

为了保证普通话考试的科学性和客观性,从 2008 年开始,我国很多地方试用"国家普通话水平考试智能测试系统",即计算机录音并评分("命题说话"一项因话题内容无法统一,所以是计算机录音,人工评分),俗称"机考"。

计算机考试的一般流程为:考生先进入"模拟测试室",计算机给你演示考试的全过程,考生熟悉环境,进入考试的状态。然后监考老师按顺序"叫号"进入"备测室",一般一组十人左右。"备测室"顾名思义即准备考试的教室,监考老师会把你要考的卷子发给你,准备时间大约10分钟左右,所以只能准备选定的话题,或一些疑难字词,且只能心里想,不能查字词典和其它参考书。此时,还要记住试卷上的编号,以便考试时和计算机号码相匹配。然后进入"考试室",在所在机位前入座,计算机屏幕显示"请佩带好您的耳机"字样,准备好后鼠标单击"下一步"字样。接着填写准考证号码,完成后单击"下一步",进入"核对信息",如无误,单击"确认",如有误,单击"返回",重新输入。"确认"后开始试音,当听到"嘟"声,开始朗读屏幕上出现的句子"我叫——,我的准考证号码是——"(表示考试正式开始),接着屏幕上会依次显示考试的内容,每一项内容结束后鼠标单击"下一步"即可。全部考试结束,屏幕上会出现"考试结束,你可以离开考场"字样,你就"万事大吉"了。

普通话的计算机考试(机考)和人工的面对面考试(人考)有所不同,要特别注意几个问题:第一,要镇静、镇定,心静才能神定,才能集中注意力,这个问题在"备测室"里就要解决好,摒除杂念,赶快进入状态。第二,在"备测室"准备话题时,选择要果断,不要犹豫,因为时间很短,不允许你花费很多时间来考虑。选好说话的题目,整理一下思路,分几个方面,特别是开头的第一句话一定要想好,免得到时"难于启齿",计算机"缺时"记录是毫不留情的。第三,开始考试时,起音不要太高,要保证全部考试内容的音高相同,不要忽高忽低,特别是短文朗读部分。第四,每一项考试内容结束,不要急着点击"下一步",可以歇口气,稍作休息,大约10秒钟左右,再从从容容点击"下一步",进入下一个项目的考试。特别是"命题说话"的前一项结束时,自己先想一想选定的说话题目和开始的第一句,然后点击"下一步",鼠标点击时,几乎同时开口说"我选择的话题是——",因为从鼠标点击起,计算机就已经开始计时了。

四、普通话测试样卷

根据大纲要求,在第一项单音节字词的100个音节中,每个声母出现次数一般不少于3次,每个韵母出现次数一般不少于2次,4个声调出现次数大致均衡。第二项多音节词语声韵调的要求除了同第一项以外,还要求上声与上声相连的词语不少于3个,上声与非上声相连的词语不少于4个,轻声不少于3个,儿化不少于4个,并且应为不同的儿化韵母。

(一)读单音节字词(共10分)(限时3.5分钟)

椭	雄	迩	歪	勒	案	挛	忖	溪	嘶
忿	眯	翻	瞟	刷	博	墅	濒	嗅	憋
艾	羌	苑	筛	余	擒	酸	渴	刺	吵
族	鹃	枣	猾	字	伙	仁	均	水	惶
槐	是	烘	烛	略	茬	尖	尝	溅	崇
射	恒	盅	囚	症	狂	芝	旅	琼	刮
靴	娘	嫩	积	蕊	佳	桂	诀	去	权
口	郎	钩	巡	添	牢	念	翁	铁	恭
茗	魄	陲	枫	逗	墩	峡	吊	陶	锭
妃	掣	镁	幕	脾	坫	掀	述	捌	皱

(二)读多音节词语(共20分)(限时2.5分钟)

戛然	耙子	毗邻	桑葚儿	破绽	血晕
赝品	着陆	狡黠	联袂	隽永	妊娠
板擦儿	枸杞	鼠标	俊秀	福分	话头
麸子	根深蒂固	善良	切记	结论	打扰
嘴巴	前途	鞋带儿	兑现	伺候	党章
只有	惹事	动静	年头儿	赔不是	村委会
斟酌	木匠	诉讼	褴褛	胎儿	垄断
勘探	着急	冬瓜	本行	梗阻	荒僻

(三)选择判断

1. 词语判断:请判断并读出下列10组词语中的普通话词语。

雪枝	霜条	冰棍儿	棒冰	雪条
脖子	胫允	颈根	颈茎	头颈
争嘴	相骂	嗌交	吵交诶	吵嘴
露脸	出宝	出洋相	出六	甩须
先头	旧底	旧阵时	往摆	从前
丢架	跌脸	出六	坍招势	丢人
交关	非常	蛮	异	野诚
做生活	做嘢	作鬼	干活儿	做细
今天	今日子	今旦日	今朝子	今晡日
枚枚子	谜语	谜子	谜里	靓诶

2. 量词、名词搭配:请按照普通话搭配并读出下列数量名短语。

本　匹　所　套　头　只　座　片　项　扇

绸缎　门　运动　树叶　山　鸟　猪　医院　书　餐具

3. 语序或表达形式判断:请判断并读出下列5组句子里的普通话句子。

(1) 门上有一个眼儿。
　　门上有一个眼眼。

(2) 支笔是谁的?
　　这支笔是谁的?

(3) 他审阅了二百一十三个方案。
　　他审阅了二百十三个方案。

(4) 拿一本书到我。
　　给我一本书。

(5) 可以看,不可以摸。
　　会看得,不会摸得。

(四)朗读短文(略)

(五)命题说话(略)

第二章 普通话水平测试训练

第一节 读单音节字词

在普通话水平测试的几项内容中,第一项测试对声母、韵母、声调的规范度、标准度的要求最严格。

一、普通话的声母

(一)正音训练

普通话辅音声母总表

声母\发音部位\发音方法		唇音		舌尖前音	舌尖中音	舌尖后音		舌面音	舌根音
		双唇音	唇齿音						
		上唇 下唇	上齿 下唇	舌尖 齿背	舌尖 上齿龈	舌尖 硬腭前	舌面前 硬腭前	舌根 软腭	
塞音	清音 不送气音	b[p]			d[t]				g[k]
	清音 送气音	p[pʻ]			t[tʻ]				k[kʻ]
塞擦音	清音 不送气音			z[ts]		zh[tʂ]	j[tɕ]		
	清音 送气音			c[tsʻ]		ch[tʂʻ]	q[tɕʻ]		
擦音	清音		f[f]	s[s]		sh[ʂ]	x[ɕ]	h[x]	
	浊音					r[ʐ]			
鼻音	浊音	m[m]			n[n]				
边音	浊音				l[l]				

(参见黄伯荣、廖序东《现代汉语》上册)

普通话一共有 22 个声母(包括 1 个零声母)。普通话的声母均为辅音声母,根据发音部位归类,可分为:双唇音:b、p、m;唇齿音:f;舌尖前音:z、c、s;舌尖中音:d、t、n、l;舌尖后音:zh、ch、sh、r;舌面音:j、q、x;舌根音:g、k、h。根据发音方法归类,可分为:不送气塞音:b、d、g;送气塞音:p、t、k;不送气塞擦音:z、zh、j;送气塞擦音:c、ch、q;清擦音:f、s、sh、x、h;浊擦音:r;浊鼻音:m、n;浊边音:l。

具体对应关系见上表。

在声母中特别要注意 f、h、n、l、zh、ch、sh、r、j、q、x 和零声母等的发音。

1. f[f]:唇齿、清、擦音。发音时,下唇接近上齿,形成窄缝,软腭上升,堵塞鼻腔通路,声带不颤动,气流从唇齿间的窄缝中挤出,摩擦成声(声母、韵母的发音规则参见黄伯荣、廖序东《现代汉语》上册)。f[f]的发音关键是唇齿摩擦,不能松弛,否则很容易发成 h[x]或零声母[u]。

［配套练习］ 读准下列各字词

发 罚 藩 梵 绯 沸 焚 讽 拂 甫

仿佛 吩咐 犯法 繁复 风范 发奋 放风 复方 非分 非凡

2. h[x]:舌面后、清、擦音。发音时,舌根接近软腭,留出窄缝,软腭上升,堵塞鼻腔通路,声带不颤动,气流从舌根和软腭形成的窄缝中挤出,摩擦成声。发此音的关键是[x]和合口呼韵母相拼时上齿不能轻碰下唇,否则很容易发成轻微的唇齿擦音。

［配套练习］ 读准下列各字词

惚 壶 弧 唬 沪 桦 槐 蚕 潢 喙

花卉 绘画 洪荒 恍惚 洪湖 浑厚 火候 祸患 挥毫 互惠

3. n[n]:舌尖中、浊、鼻音。发音时,舌尖抵住上齿龈,软腭下降,打开鼻腔通路,气流振动声带,从鼻腔通过发音;阻碍解除时,气流冲破舌尖的阻碍,发出轻微的塞音。

n[n]的发音特别需要注意两个问题,一是舌尖抵住上齿龈,而不是舌叶或舌面前端,否则会发成吴方言、湘方言、赣方言等方言中的[ȵ];二是气流的通道,气流是从鼻腔通过发音的,否则会发成边音[l]。

[配套练习] 读准下列各字词

捻 氖 囊 瑙 嫩 腻 拟 捻 袅 啮 狞 虐 挪
恼怒 能耐 扭捏 农奴 奶娘 牛奶 奶奶 年年 泥淖 男女

4. l[l]:舌尖中、浊、边音。发音时,舌尖抵住上齿龈,软腭上升,堵塞鼻腔通路,气流振动声带,从舌头两边或一边通过。

l[l]和齐齿呼韵母相拼时特别要注意声音不能从鼻腔出来,否则很容易发成[n]。

[配套练习] 读准下列各字词

李 黎 砾 帘 链 梁 晾 廖 撂 拎 咧 菱 绺
劳累 凛冽 褴褛 氯纶 料理 理疗 凌乱 流利 轮流 留恋

5. zh[tʂ]舌尖后、不送气、清、塞擦音。发音时,舌尖上翘,抵住硬腭前部,软腭上升,堵塞鼻腔通路,声带不颤动,较弱的气流把舌尖的阻碍冲开一道窄缝,并从中挤出,摩擦成声。

很多方言区域都没有翘舌音,即使有也很不标准,有的地方是舌前叶和硬腭摩擦、发成舌叶音(粤语区),有的地方舌尖在发音过程中会自觉前伸而与上齿背摩擦,发成齿间音(吴语区)。发音的时候一定要注意舌面压低,舌尖上翘,并且发音时舌尖不能移动。

[配套练习] 读准下列各字词

铡 摘 湛 召 辄 臻 炙 冢 伫 拽
斟酌 住宅 症状 转折 庄重 珍珠 专职 执照 忠贞 真正

6. ch[tʂʻ] 舌尖后、送气、清、塞擦音。发音的方法基本上和zh相同,只是气流较强,其余都相同。此音也很容易发成舌叶音和齿间音。

第二章 普通话水平测试训练

[配套练习] 读准下列各字词
岔 潺 掣 炽 嗔 春 刍 啜 踹 绰
蟾蜍 驰骋 惆怅 戳穿 超产 橱窗 充斥 出差 抽查 查处

7. sh[ʂ]舌尖后、清、擦音。发音时,舌尖上翘,接近硬腭前部,形成窄缝,软腭上升,堵塞鼻腔通路,声带不颤动,气流从舌尖和硬腭前部形成的窄缝中挤出,摩擦成声。

sh 的发音,特别要注意的是,舌面和硬腭不能摩擦,否则听起来像是 x[ɕ]。

[配套练习] 读准下列各字词
诗 讪 昫 麝 娠 蜃 嗜 倏 恕 甩
赏识 舒适 设施 闪烁 收拾 伸手 山水 税收 顺手 申述

8. r[ʐ]舌尖后、浊、擦音。发音的情况和 sh 相近,摩擦比 sh 弱,同时声带颤动,气流带音。此音的发音部位和 sh 相似,只是方法有些不同,要注意舌尖不能太靠前或太靠后。

[配套练习] 读准下列各字词
冉 汝 绕 妊 扔 绒 冗 蠕 蕊 闰
柔韧 软弱 嚷嚷 忍让 荏苒 仍然 惹人 荣辱 闰日 如若

9. j[tɕ]、q[tɕ']、x[ɕ]是一组舌面前音。在有些方言如粤方言、客家方言、闽方言中无舌面音,发音时要特别注意发音部位和发音方法。

(1) j[tɕ]舌面前、不送气、清、塞擦音。发音时,舌面前部抵住硬腭前部,软腭上升,堵塞鼻腔通路,声带不颤动,较弱气流把舌面的阻碍冲开一道窄缝,并从中挤出,摩擦成声。发此音时特别要注意发音部位,容易与舌尖前音 z 和舌尖后音 zh 混淆。

[配套练习] 读准下列各字词
即 羁 瘠 浃 缄 睑 犟 跤 睫 攫
季节 接见 寂静 焦急 聚集 嫁接 歼击 健将 节俭 倔强

(2) q[tɕʻ]舌面前、送气、清、塞擦音。发音的情况和 j 相比,只是气流较强,其余都相同。发此音时特别要注意发音部位,容易与舌尖前音 c 和舌尖后音 ch 混淆。

[配套练习]　读准下列各字词

沏　绮　扦　虔　鞘　惬　沁　祛　阒　绻

蹊跷　欠缺　崎岖　牵强　情趣　蜷曲　鹊桥　乔迁　蛐蛐　躯壳

(3) x[ɕ]舌面前、清、擦音。发音时,舌面前部接近硬腭前部,留出窄缝,软腭上升,堵塞鼻腔通路,声带不颤动,气流从舌面和硬腭前部形成的窄缝中挤出,摩擦成声。发此音时特别要注意发音部位,容易与舌尖前音 s 和舌尖后音 sh 混淆。

[配套练习]　读准下列各字词

皙　匣　娴　饷　偕　薛　馨　兄　眩　熏

嬉笑　戏谑　闲暇　纤细　湘绣　信箱　休学　玄学　寻衅　新星

10. 零声母。

普通话以 i、u、ü 起头的音节是零声母音节,在这些音节中,i、u、ü 是半元音,发音时有轻微的摩擦,但不能摩擦过重。如 wěi 不能发成唇齿摩擦音,yī 也不能摩擦过重。有的方言区普通话的零声母字都是有声母的,如:芽 yá,广州人发成 ŋá 等,要特别注意。

[配套练习]　读准下列各字词

蚜　衔　俨　椰　怡　皖　韦　萦　卧　勿　娱　垣　苑　粤　蕴

意义　友谊　优越　慰问　娓娓　委婉　渊源　粤语　月晕　孕育

(二)辨音训练

1. 区分下列声母,并朗读词语。

(1)分清非送气音与送气音:

b-p:　补票　褒贬　编排　包赔　禀报　鄙薄　补白　布帛
　　　配备　旁边　皮包　偏旁　跑步　排版　瓢泼　澎湃

d-t:　冬天　大体　带头　动态　担待　当地　掂掇　跌宕

g—k:	唐突	妥帖	踢腾	台灯	态度	土地	推动	挑剔
	顾客	概括	观看	赶快	瓜葛	尴尬	拐棍	果敢
	空旷	开关	宽广	考古	坎坷	夸口	慷慨	旷课
j—q:	机器	尽情	急切	技巧	精确	剪辑	机警	家眷
	期间	奇迹	抢救	蹊跷	轻骑	缺勤	凄切	牵强
z—c:	早操	紫菜	自从	佐餐	栽赃	曾祖	宗族	簪子
	存在	操作	辞藻	词组	参差	璀璨	粗糙	猜测
zh—ch:	展出	争吵	真诚	掌舵	招徕	栅栏	瞻仰	斟酌
	城镇	处置	车站	成长	垂直	抄袭	晨曦	憧憬

[配套练习] 读下列成语或绕口令

百尺竿头,更进一步。

笑一笑,十年少;愁一愁,白了头。

红砖堆,青砖堆,砖堆旁边蝴蝶追,蝴蝶绕着砖堆飞,飞来飞去蝴蝶钻砖堆。

蜘蛛吐丝织网子,织好网子捉虫子,网子破个大洞子,蜘蛛蜘蛛饿肚子。

这是蚕,那是蝉,蚕常在叶里藏,蝉常在林里唱。

(2) 分清唇齿音与舌根音:

f—h:发话　发慌　反悔　繁华　丰厚　混纺　化肥　洪峰

[配套练习] 读下列绕口令

书费本费本书费。(连说五遍)

红凤凰,粉凤凰,红粉凤凰花凤凰。(连说五遍)

谷大虎、谷二虎,虎年桌上比画虎,不知谷大虎画的老虎像老虎,还是谷二虎画的老虎像老虎?(连续读两遍)

房胡子,黄胡子,新年到了写福字,不知道房胡子的福字写得好,还是黄胡子的福字写得好。

(3) 分清鼻音与边音:

n—l:哪里　纳凉　奶酪　脑力　能力　烂泥　冷暖　留念

[配套练习] 读下列绕口令

梁上两对倒吊鸟,泥里两对鸟倒吊。可怜梁上的两对倒吊鸟,惦记泥里的两对鸟倒吊;可怜泥里的两对鸟倒吊,也惦记梁上的两对倒吊鸟。

小良放羊遇见狼,狼想吃羊怕小良。小良打狼救小羊,狼死羊活靠小良。

念一念,练一练,n、l的发音要分辨。l是边音软腭升,n是鼻音舌靠前。你来练,我来念,不怕累,不怕难,齐努力,破难关。

(4) 分清舌面音与舌尖前音、舌尖后音:

j、q、x—z、c、s:　集资　其次　袖子　习字　搜寻　自觉　瓷器
j、q、x—zh、ch、sh:朝气　抽水　秋水　大潮　搭桥　修补　搜捕

[配套练习] 读下列诗歌

君自故乡来,应知故乡事。来日绮窗前,寒梅著花未。

清风明月苦相思,荡子从戎十载余。征人去时殷勤嘱,归雁来时数附书。

少小离家老大回,乡音未改鬓毛衰。儿童相见不相识,笑问客从何处来。

(5) 分清舌尖后音与舌尖前音:

z—zh:振作　赈灾　职责　沼泽　制作　栽种　资助　自制　杂志
c—ch:差错　陈醋　成材　出操　储藏　采茶　残喘　磁场　促成
s—sh:上司　哨所　深思　生死　绳索　石笋　赛事　扫射　宿舍

[配套练习] 读下列诗句或绕口令

松下问童子,言师采药去。只在此山中,云深不知处。

紫瓷盘,盛鱼翅。一盘熟鱼翅,一盘生鱼翅。迟小池拿了一把瓷汤匙,要吃清蒸美鱼翅。一口鱼翅刚到嘴,鱼刺刺进齿缝里,疼得小池拍腿挠牙齿。

小石拾柿拾到四十四,拿到秤上试,需要称两次。头次称三十,斤数整四十;二次称十四,四斤四两四。两次称柿子,共是四十

四斤四两四。

东边有石狮子,西边有瓷狮子。石狮子比瓷狮子少四十四只石狮子,石狮子比瓷狮子重四十四只瓷狮子。

(6)分清双唇鼻音与舌尖中鼻音:

m—n:玛瑙 卖弄 毛囊 牦牛 棉农 纳闷 奶妈 难免 脑膜

[配套练习] 读下列绕口令

家后有座庙,天天猫来尿,不知是庙尿猫,还是猫尿庙。

(7)分清舌尖后音与边音:

r—l:燃料 扰乱 热恋 人类 蜡染 来日 浪人 礼让 利润

[配套练习] 读下列绕口令

路口和入口,辨音要清楚。

2.声母的记音方法。

(1)记住声、韵母的拼合规律。例如:韵母 ua、uai、uang 一般不和平舌音相拼,可以肯定一定是翘舌音。

(2)偏旁类推。例如:和"采"组合的一般都为平舌音字,和"产"组合的一般都为翘舌音字。

(3)记代表字。例如:翘舌音:正、争;平舌音:曾、岑;边音:劳、留;鼻音:脑、牛。

(4)记特例。如:"师"系列一般都是翘舌音,但"狮"是平舌音;"叟"系列一般都是平舌音,"瘦"是特例,翘舌音。

(5)方言转换法。如:粤方言中的声母"f"在普通话声母中分四类:f、k、h、x。这些都可帮助我们记音。

二、普通话的韵母

(一)正音训练

普通话一共有 39 个韵母,根据结构分,可分为单元音韵母、复元音韵母、带鼻音韵母;根据韵母开头的元音发音口形,可分为开口呼、齐齿呼、合口呼、撮口呼。根据历年来普通话水平测试中出现的一些问题，下面这些韵母要特别注意：

1. o[o]　舌面、后、半高、圆唇元音。发音时，口半闭，舌位半高，舌头后缩，唇拢圆。发此音的关键是嘴唇要拢圆。

[配套练习]　读准下列字词

摸　佛　播　博　颇　默　帛　魄　蓦　驳

薄膜　泼墨　伯伯　拨拨　默默　饽饽　婆婆　脉脉

2. e[ɤ]　舌面、后、半高、不圆唇元音。发音状况与 o 基本相同，不同的是双唇要自然展开。发此音易出现的偏误是或者舌位偏低、或者像粤语中嘴唇自然前伸，发成接近于"o"的音。

[配套练习]　读准下列字词

额　萼　德　讷　挈　嗑　褐　佘　厕　谪

特色　客车　合格　隔阂　这个　折合　这么　得了

3. i[i]　舌面、前、高、不圆唇元音。发音时，唇形呈扁平状，舌头前伸使舌尖抵住下齿背。要与英语中的[i：]区别开来。

[配套练习]　读准下列字词

贻　黎　痹　畸　啼　颐　溪　脾　觅　匿

激励　力气　利弊　记忆　提议　鼻涕　习题　毅力

4. u[u]　舌面、后、高、圆唇元音。发音时，双唇拢圆，留一小孔，舌头后缩，使舌根接近软腭。

[配套练习]　读准下列字词

哺　扑　牧　拂　凸　笃　卤　箍　酷　储

舒服　突出　部署　粗鲁　读物　辅助　辜负　葫芦

5. ü[y]　舌面、前、高、圆唇元音。发音状况与[i]基本相同，但唇形拢圆。发该音要注意：一、嘴唇不能动，否则会发成[üe]；二、嘴唇一定要拢圆，否则会发成[i]。

[配套练习] 读准下列字词
聚 蛆 絮 妞 滤 鞠 祛 酗 妪 氯
区域 履历 女婿 曲艺 拘泥 寓于 淤泥 据悉

6. -i[ɿ] 舌尖前、高、不圆唇元音。发音时,舌尖前伸接近上齿背,气流通路虽狭窄,但气流经过时不发生摩擦,唇形不圆。这个音是发舌尖前音 zi、ci、si 的尾音,而不能分隔开来读。

[配套练习] 读准下列字词
zi:资 滋 滓 恣 渍 自私 恣肆 字词 孜孜 恣睢
ci:雌 伺 此 磁 赐 慈祥 糍粑 词素 次第 刺目
si:寺 嘶 似 嗣 驷 私奔 思慕 私访 丝竹 思忖

7. -i[ʅ] 舌尖后、高、不圆唇元音。发音时,舌尖上翘接近硬腭前部,气流通路虽狭窄,但气流经过时不发生摩擦,唇形不圆。此音是 zhi、chi、shi、ri 拉长的尾音,是一个整体音,而不能割裂开来读。

[配套练习] 读准下列字词
zhi:芝 值 掷 炙 滞 执着 植被 枝蔓 制服 直至
chi:痴 池 炽 侈 笞 翅膀 持平 迟暮 褫夺 赤字
shi:虱 蚀 驶 嗜 谥 识辨 视频 失密 侍奉 仕途
ri :日 日程 日报 日冕 日头 日历 日暮 日后 日志

8. er[ɚ] 卷舌、央、中、不圆唇元音。er 是个带有卷舌色彩的央元音 e[ə],是卷舌元音。发音时,口形略开(开口度比[ɛ]略小),舌位居中,舌头稍后缩,唇形不圆,在发 e[ə]的同时,舌尖向硬腭卷起。发此音的关键是舌头要卷起,否则就会发出像[ɔː]一样的音。er 在音节中常用作儿化音,儿化音的特点是音节中韵母的儿化,即发该韵母时舌头是卷着的。

[配套练习] 读准下列字词
迩 贰 耳背 耳风 儿童 儿化 女儿 幼儿 花儿 盖儿

9. ai[ai]、ei[ei]、ao[au]、ou[ou]

此四个为前响复元音韵母,前音清晰、音长,后音含混、音短,但过程要表现完整,归音要到位。

[配套练习] 读准下列字词

ai：稗牌逮酞氖 财帛 猜谜 斋果 柴扉 拆开
ei：备沛魅沸醅 背光 培根 妹夫 肺腑 肋骨
ao：媪褒罩巢邵 毛囊 恼怒 造型 草拟 瘙痒
ou：讴谋搂剖诌 殴打 偶像 搂抱 愁绪 咒骂

10. ia[iA]、ie[iɛ]、ua[uA]、uo[uo]、üe[yɛ]

以上为后响复元音韵母,发音时,前头的元音轻短,只表示舌位从那里开始移动的,后头的元音清晰响亮。

[配套练习] 读准下列字词

ia：衙俩袈掐辖 押解 雅致 夹缝 恰好 罅漏
ie：曳谒截惬蝎 椰枣 爷爷 解析 怯懦 泄愤
ua：娲袜寡挎桦 挖苦 瓜葛 爪子 花哨 刷卡
uo：倭帼阔惑罗 懦弱 作坊 错误 梭子 豁达
üe：掠疟越阙噱 角斗 缺德 学阀 疟疾 掠夺

11. iao[iau]、iou[iou]、uai[uai]、uei[uei]

以上为中响复元音韵母,发音时,前面的元音轻短,中间的元音清晰响亮,后面的元音音值含混,只表示舌位滑动的方向。

[配套练习] 读准下列字词

iao：舀貂迢袅撂 徭役 调遣 调教 袅娜 辽东
iou：宥妞绺臼宿 求告 揪斗 羞愤 丢弃 扭捏
uai：歪拐脍踝衰 外公 怪话 快速 槐树 甩手
uei：唯醉萃穗葵 亏待 回炉 随葬 翠绿 罪犯

12. an[an]、ian[iɛn]、uan[uan]、üan[yɛn]、en[ən]、in[in]、uen[uən]、ün[yn]

以上为带舌尖鼻音"n"的韵母,或称前鼻音韵母,发音时要注意两点,一是由元音向鼻辅音自然过渡,二是发元音时,发音状态持续时间较长,声音不能从鼻腔出来,不能发成鼻化元音。

[配套练习] 读准下列字词

an:	按	斑	攀	婪	难堪	泛滥	干旱	暗淡	灿烂
ian:	砚	奁	拈	嵌	嫌	田间	艰险	变迁	闲钱	癫痫
uan:	转	换	传	款	蒜	软缎	婉转	专断	贯穿	换算
üan:	源	圈	倦	旋	怨	蜷曲	绚烂	全民	捐款	漩涡
en:	尘	珍	身	岑	懑	本分	妊娠	贲门	深沉	愤恨
in:	勤	薪	贫	闽	浸	引进	濒临	姻亲	拼音	邻近
uen:	蒸	雯	睏	荤	衮	伦敦	忖度	春笋	混沌	馄饨
ün:	晕	恽	骏	裙	殉	军训	均匀	群婚	循环	匀兑

13. ang[aŋ]、iang[iaŋ]、uang[uaŋ]、eng[əŋ]、ing[iŋ]、ueng[uəŋ]、ong[uŋ]、iong[yŋ]

以上为带舌根鼻音"ng"的韵母,或称后鼻音韵母,ng是舌根浊鼻音,发音时,软腭下降,打开鼻腔通路,舌根后缩抵住软腭,气流振动声带后从鼻腔通过。

很多方言中都没有后鼻音,所以舌根发音不灵敏,发音过程中会自动前移。关键是要舌根后缩,抵住软腭,可寻找从鼻根往外擤鼻涕时的感觉。

[配套练习] 读准下列字词

ang:	沧	商	砀	彰	敞	帮忙	放荡	上访	帐房	肮脏
iang:	犟	像	洋	强	镶	将养	响亮	像样	洋姜	两辆
uang:	恇	幢	怆	孀	妄	矿床	逛荡	双簧	状况	惶惶
eng:	楞	蹭	僧	铿	甭	整风	风筝	更正	承蒙	逞能
ing:	屏	茗	鼎	霆	荆	精英	秉性	惊醒	菱形	轻盈
ueng:	翁	蕹	瓮	蓊	嗡	蓊郁	瓮城	渔翁	嗡嗡	蕹菜
ong:	侗	彤	弄	笼	蛊	宗法	葱茏	耸立	终端	重叠

iong：雍 俑 镛 邕 饔 甬道 窘迫 穷困 凶煞 炯炯

(二) 辨音训练

1. 区分下列韵母,并朗读词语。

(1) 单韵母：

① 分清扁唇音 i 和圆唇音 ü

继续 纪律 谜语 体育 例句 履历 语气 距离 曲艺 具体

② 分清开口元音 a 和卷舌音 er

八哥 儿歌 麻花 儿化 刮风 耳风 大姐 二姐 耙子 儿子

③ 分清舌尖前元音-i[ɿ]和舌尖后元音-i[ʅ]

资质 自持 子时 字纸 自恃 至此 质子 赤子 实词 识字

④ 分清后元音 u 和前元音 ü

舞剧 舞曲 布局 抚恤 顾虑 虚无 剧目 语录 曲目 女巫

⑤ 分清扁唇音 e 和圆唇音 o

厕所 车祸 恶魔 合作 刻薄 墨盒 挫折 破格 火车 磨合

[配套练习] 读下列诗句、绕口令

湖光秋月两相和,潭面无风镜未磨。遥望洞庭山水色,白银盘里一青螺。

小雨点,沙沙沙,落在田野里,苗儿乐得向上爬。小雨点,沙沙沙,落在鱼池里,鱼儿乐得摇尾巴。

一个跛子,牵着驴子;一个驼子,拉着车子;一个瞎子,抱着孩子。跛子的驴子,撞着驼子的车子;驼子的车子,碰倒瞎子的孩子;瞎子要打驼子,驼子要打跛子。

(2) 复韵母：

① 分清 ai 与 ei

白费 败北 代培 败类 悲哀 黑白 擂台 内债

② 分清 ao 与 ou

保守 刀口 稿酬 矛头 逗号 漏勺 柔道 手套

③ 分清 ia 与 ie

家业　佳节　嫁接　押解　接洽　截下　跌价　卸下
④ 分清 ie 与 üe
解决　孑孓　谢绝　灭绝　月夜　确切　学业　决裂
⑤ 分清 ua 与 uo
花朵　话说　划拨　华佗　活化　国画　火花　说话
⑥ 分清 iao 与 iou
交流　娇羞　料酒　校友　丢掉　柳条　牛角　袖标
⑦ 分清 uai 与 uei
怪罪　快慰　快嘴　衰退　外汇　对外　鬼怪　追怀　毁坏
（3）鼻韵母：
① 分清 an 与 en
安分　翻身　烦闷　犯人　残忍　分散　伸展　分担　审判　深山
② 分清 ang 与 eng
长征　章程　航程　长生　昌盛　生长　冷炕　膨胀　正常　风浪
③ 分清 iang 与 ing
相应　良性　详情　将领　象形　营养　领奖　明亮　清凉　影响
④ 分清 ian 与 in
变频　年薪　前进　奸淫　先民　新年　民间　觐见　勤俭　鳞片
⑤ 分清 uan 与 uen
传闻　换文　晚婚　万吨　存款　轮船　抢拳　紊乱
⑥ 分清 üan 与 ün
援军　全军　眩晕　元勋　军援　群猿　军犬　君权
⑦ 分清 ian 与 üan
健全　厌倦　眼圈　垫圈　权限　怨言　泉眼　捐献
⑧ 分清 an 与 ang
担当　班长　繁忙　反抗　擅长　商贩　当然　傍晚　帐单　方案
⑨ 分清 uan 与 uang
观光　宽广　观望　万状　端庄　光环　狂欢　双关　王冠　壮观
⑩ 分清 en 与 eng

真诚　本能　奔腾　神圣　人生　成本　承认　风尘　证人　登门
⑪ 分清 uen 与 ong
稳重　滚动　顺从　昆虫　尊重　农村　中文　公文　红润
⑫ 分清 eng 与 ong
称颂　成功　灯笼　蜂拥　奉送　中风　重逢　供奉　红灯
⑬ 分清 ian 与 iang
演讲　现象　坚强　绵羊　沿江　镶嵌　香甜　想念　两面　量变
⑭ 分清 in 与 ing
心情　品行　心灵　民兵　金星　灵敏　清音　平民　精心　定亲
⑮ 分清 ün 与 iong
运用　军用　群雄　驯熊　拥军　用韵
⑯ 读准 ueng
老翁　渔翁　蓊郁　蕹菜　瓮城

2. 韵母的记音方法。

（1）记住声、韵母的拼合规律。例如：d、t 不和 en、in 相拼，只和 eng、ing 相拼。

（2）同音字类推。例如：宾——摈、缤、膑、鬓（均为前鼻音）；丙——病、柄、炳、邴（均为后鼻音）。

（3）记代表字。例如：后鼻音：亭；前鼻音：金。

（4）记特例。如："并"系列一般都是后鼻音，但拼、姘前鼻音；"令"系列一般都是后鼻音，但邻、拎前鼻音。

（5）方言转换法。找对应规律。如：吴方言中有[ø]韵母的字在普通话中一般均为前鼻音韵母的字。

三、普通话的声调

（一）正音训练

普通话共有四个声调，分别为高平调（55）、上升调（35）、曲折调（214）、降调（51），或称第一声、第二声、第三声、第四声。

每个声调的特点一定要清楚。第一声调值为 55 是高平调，有的方言如山东、徐州等地第一声常发成44调、33调,高平调发成了中平调。第二声上升调,测试中出现的问题常常为上不到位,再加上在4上稍停了一下,听上去像第三声。第三声的问题是降不下去,上不到位。降调(51)的问题是降不到底。另外,吴、湘、赣、粤等方言中有入声现象,这些在训练时都要特别重视。

[配套练习] 通过字词和绕口令分清四声

Ⅰ.第一声

啊 芭 匝 渣 擦 仨 砂 刮 夸

东边来个小朋友叫小松,手里拿着一捆葱。西边来个小朋友叫小丛,手里拿着小闹钟。小松手里葱捆得松,掉在地上一些葱。小丛忙放闹钟去拾葱,帮助小松捆紧葱。小松夸小丛像雷锋,小丛说小松爱劳动。

Ⅱ.第二声

筏 拔 耙 麻 娃 匣 闸 乏 崖

白日依山尽,黄河入海流。欲穷千里目,更上一层楼。

Ⅲ.第三声

垄 恐 彼 腐 卤 哄 笔 咏

粗布缝布虎,虎破粗布补;牛皮缝皮鼓,鼓破牛皮补;粗布不能补皮鼓,牛皮不能补布虎;谁若用粗布补皮鼓,就好像用牛皮补布虎——准得白辛苦。

Ⅳ.第四声

放 傍 杠 帐 畅 斐 晾 酿

老杜和老顾,齐走富裕路。老杜养了兔,老顾养了鹿。老顾给老杜十只兔,两家平等同只数;老顾给老杜十只鹿,顾家是杜家一半数。请问老杜养了多少兔,再问老顾养了多少鹿。

(二)辨音训练

阴阳上去 非常感谢 视死如归 妙手回春

[配套练习] 读下列绕口令

老唐端蛋汤,踏凳登宝塔,只因凳太滑,汤洒汤烫塔。

石室诗士施氏,嗜狮,誓食十狮。氏时时适市视狮。十时,适十狮适市。是时,适施氏适市。氏视十狮,恃矢势,使十狮逝世。氏拾是十狮尸,适石室。石室湿,氏使侍拭石室。石室拭,氏始试食十狮尸。食时,始识是十狮尸实十石狮尸。试释是事。

模拟测试及常见问题诊治

镍	字	归	服	困	寻	翁	抠	榻	怀	零	菜	舔
昆	哥	痛	微	否	令	与	袭	拟	梨	拿	南	栽
枚	旬	矿	嗑	招	促	萌	妖	欧	腌	焦	汹	融
密	素	荒	胡	迎	能	渐	鞋	惦	拓	富	慢	星
赏	朱	纯	项	牛	伞	续	形	顺	捏	策	耿	软
舰	呵	豫	剖	蝉	暂	焊	投	拍	咖	恰	层	创
期	税	灶	镖	停	牵	许	垦	婚	嘎	瘸	轴	恩
英	雷	榨	钠	史	泞	绿	捺	辣				

常见问题1. 鼻音边音相间出现时容易混淆。例如:拟、梨、泞、绿、捺、辣等,遇到此种情况,"拟""泞""捺"鼻音词语,舌尖抵住上排牙齿的齿龈可以用力一些、紧一些;相反,"梨""绿""辣"边音词语,可以松一些,少用力一些,以此增加区别度。

常见问题2. 舌尖前音"层"、舌尖后音"创"、舌面音"恰"在一起出现容易"饶舌";"咖"受后面"恰"的影响,一时转不过来,读成"jiā"。这需要测试时镇定,才能保证舌头伸展自如。

常见问题3. "抠""否""欧""剖""投""轴"韵母的归音不到位。韵母"ou"从大圆唇到中圆唇的前响复元音韵母,要注意动程和归音。

常见问题4. "哥""嗑""策""呵"唇型不太扁,"嗑"更受前音"矿(kuang)"的影响"懒唇"读成接近"kou"的音,此四字韵母均为扁唇音"e",双唇要自然下垂、展开,嘴角后移,呈"微笑型"。

常见问题 5. 把"榻(tà)读成(tā)""镖(biāo)读成(piāo)""泞(nìng)读成(níng)""捺(nà)读成(nài)",主要是简单归类或方言读音造成的,解决这个问题,主要靠平时积累,做有心人。

第二节 读多音节词语

人们说话时,并不是孤立地发出一个个单独的音节,而是把一个个单独的音节串连成自然的"语流"。在"语流"的过程中,因为相邻音节间的影响,或表情达意的需要,有些音节的读音会发生一定的变化,这就是"语流音变"。

普通话测试的第二项是"读多音节词语",要求应试者读 100 个音节的多音节词语(一般包括 45 个双音节词语、2 个三音节词语、1 个四音节词语,也可能是 47 个双音节词语、2 个三音节词语),限时 2.5 分钟,共占 20 分。设置这一项的主要目的是测试应试者的语流音变能力,主要涉及轻声、变调和儿化三种现象。

一、变调

(一)"一"的变调

"一"的原调是阴平,读"yī",凡单独使用或用在词尾或表序数时读原调"yī"。例:

初一	第一	二十一	高一
六一	廿一	十一	五一
一百零一	一、二、三	一楼	一中

在实际言语交际活动中,由于受前后音节的影响,"一"的声调将发生变化,具体有以下几种情况:(本部分所举之例都取之于 60 篇朗读篇目)

1. 在去声前变读为阳平,读"yí"。例:

一碧 yí bì　　　一遍 yí biàn　　　一步 yí bù
一部分 yí bù fen　　一串 yí chuàn　　一次 yí cì

一簇 yí cù　　　一寸 yí cùn　　　一大束 yí dà shù
一大早 yí dà zǎo　一大株 yí dà zhū　一旦 yí dàn
一道 yí dào　　　一定 yí dìng　　一段 yí duàn
一份 yí fèn　　　一个 yí gè　　　一共 yí gòng
一件 yí jiàn　　　一见 yí jiàn　　　一箭 yí jiàn
一看 yí kàn　　　一块 yí kuài　　　一句 yí jù
一类 yí lèi　　　一粒 yí lì　　　一路 yí lù
一律 yí lǜ　　　一片 yí piàn　　　一切 yí qiè
一日 yí rì　　　一色 yí sè　　　一瞬间 yí shùn jiān
一束 yí shù　　　一霎时 yí shà shí　一穗 yí suì
一位 yí wèi　　　一下 yí xià　　　一项 yí xiàng
一系列 yí xì liè　一样 yí yàng　　　一夜 yí yè
一页 yí yè　　　一叶 yí yè　　　一再 yí zài
一丈 yí zhàng　　一阵 yí zhèn　　　一座 yí zuò

2. 在非去声前变读为去声，读"yì"。

(1) 在阴平前。例：

一般 yì bān　　　一边 yì biān　　　一车 yì chē
一出 yì chū　　　一吹 yì chuī　　　一发芽 yì fā yá
一番 yì fān　　　一方 yì fāng　　　一分钟 yì fēn zhōng
一根 yì gēn　　　一锅 yì guō　　　一家 yì jiā
一肩 yì jiān　　　大吃一惊 dà chī yì jīng　一棵 yì kē
一颗 yì kē　　　一圈 yì quān　　　一声 yì shēng
一生 yì shēng　　一丝 yì sī　　　一天 yì tiān
一弯 yì wān　　　一些 yì xiē　　　一星 yì xīng
一张 yì zhāng　　一只 yì zhī　　　一支 yì zhī
一株 yì zhū　　　一尊 yì zūn

(2) 在阳平前。例：

一层 yì céng　　　一碟 yì dié　　　一叠 yì dié
一行 yì háng　　　一连串 yì lián chuàn　一枚 yì méi

一名 yì míng	一年 yì nián	一盘 yì pán
一排 yì pái	一群 yì qún	一席 yì xí
一人 yì rén	一时 yì shí	一条 yì tiáo
一团 yì tuán	一头 yì tóu	一无所得 yì wú suǒ dé
一员 yì yuán	一直 yì zhí	

（3）在上声前。例：

一把 yì bǎ	一百 yì bǎi	一笔一画 yì bǐ yí huà
一场 yì chǎng	一朵 yì duǒ	一景 yì jǐng
一脸 yì liǎn	一缕 yì lǚ	一起 yì qǐ
一闪 yì shǎn	一躺 yì tǎng	一小块 yì xiǎo kuài
一小时 yì xiǎo shí	一眼 yì yǎn	一盏 yì zhǎn

3. 在重叠的动词中间变读为次轻声，读"yi"。例：

动一动 dòng yi dòng　听一听 tīng yi tīng　看一看 kàn yi kàn
挪一挪 nuó yi nuó　试一试 shì yi shì　说一说 shuō yi shuō
谈一谈 tán yi tán　笑一笑 xiào yi xiào　写一写 xiě yi xiě
走一走 zǒu yi zǒu

[配套练习]　按音变规则对下面这段对话中的"一"作音变，然后分角色朗读

甲：师傅，我这手表出了一点儿毛病，一慢就是一个多小时，请您修一修。

乙：让我看一看。哦，该换一个电池了。

甲：换一个电池得多少钱哪？

乙：一块一角钱。

甲：能快一点儿吗？我还得赶路。

乙：稍等一会儿就行了。好了，您拿去用吧，有问题一定再来呀。

甲：好的，谢谢。

[配套练习] 首先按音变规则对下面这则顺口溜中的"一"作音变,然后朗读

一个大,一个小,一件衣服一顶帽。一边多,一边少,一打铅笔一把刀。一个大,一个小,一只西瓜一颗枣。一边多,一边少,一盒饼干一块糕。一个大,一个小,一头肥猪一只猫。一边多,一边少,一群大雁一只鸟。一边唱,一边跳,大小多少记得牢。

(二)"不"的变调

"不"的原调是去声,读"bù",凡单独使用或用在词尾时读原调"bù"。例:

不　　　　何不　　　　绝对不

在实际言语交际活动中,由于受前后音节的影响,"不"的声调将发生变化,具体有以下几种情况:(本部分所举之例都取之于60篇朗读篇目)

1. 在非去声前仍读去声,读"bù"。

(1) 阴平前。例:

不吃 bù chī　　　　　　不吃肉 bù chī ròu
不多 bù duō　　　　　　不高兴 bù gāo xìng
不刮风 bù guā fēng　　　不甘心 bù gān xīn
不公正 bù gōng zhèng　　不关闭 bù guān bì
不屈 bù qū　　　　　　　不缺乏 bù quē fá
毫不悭吝 háo bù qiān lìn　不堪 bù kān
不深 bù shēn　　　　　　不衰 bù shuāi
不相信 bù xiāng xìn　　　不欣赏 bù xīn shǎng
不需要 bù xū yào　　　　不应该 bù yīng gāi
不知道 bù zhī dào　　　　不知不觉 bù zhī bù jué

(2) 阳平前。例:

不得 bù dé　　　　　　　不妨 bù fáng
络绎不绝 luò yì bù jué　　肢体不劳 zhī tǐ bù láo
不雷同 bù léi tóng　　　　不联想 bù lián xiǎng

力所不能 lì suǒ bù néng
不容易 bù róng yi
不时 bù shí
不同 bù tóng
不一定 bù yí dìng
不由分说 bù yóu fēn shuō
不着急 bù zháo jí
不足 bù zú

不容许 bù róng xǔ
不如 bù rú
不停课 bù tíng kè
不为人知 bù wéi rén zhī
不由得 bù yóu de
不杂些 bù zá xiē
不折不挠 bù zhé bù náo

（3）上声前。例：
不懂得 bù dǒng de
不敢 bù gǎn
不管 bù guǎn
不讲究 bù jiǎng jiu
不仅 bù jǐn
不可 bù kě
不可能 bù kě néng
不满意 bù mǎn yì
不忍 bù rěn
恋恋不舍 liàn liàn bù shě
不守 bù shǒu
不怎样 bù zěn yàng
不只 bù zhǐ
不准 bù zhǔn

不俯就 bù fǔ jiù
不苟且 bù gǒu qiě
不好看 bù hǎo kàn
不解 bù jiě
不久 bù jiǔ
不可少 bù kě shǎo
不冷不热 bù lěng bú rè
不美丽 bù měi lì
不少 bù shǎo
不使人满意 bù shǐ rén mǎn yì
不远处 bù yuǎn chù
不整洁 bù zhěng jié
不止 bù zhǐ
不走 bù zǒu

2. 在去声前变读为阳平，读"bú"。例：
不笨 bú bèn
不错 bú cuò
不到 bú dào
不够 bú gòu
不会 bú huì

不变 bú biàn
不但 bú dàn
不断 bú duàn
不过 bú guò
不计 bú jì

不见 bú jiàn　　　　　　不降解 bú jiàng jiě
不就是 bú jiù shì　　　　不拒绝 bú jù jué
不例外 bú lì wài　　　　　不忘 bú wàng
不像 bú xiàng　　　　　　不幸 bú xìng
不要 bú yào　　　　　　　不愿 bú yuàn
不悦 bú yuè　　　　　　　不在乎 bú zài hu
不再 bú zài　　　　　　　不致 bú zhì

3. 在词语之间读轻声"bu"。例：
巴不得 bā bu dé　　　　　吃不消 chī bu xiāo
对不起 duì bu qǐ　　　　　搁不住 gē bu zhù
好不好 hǎo bu hao　　　　禁不住 jīn bu zhù
看不看 kàn bu kan　　　　看不透 kàn bu tòu
来不及 lái bu jí　　　　　容不下 róng bu xià
是不是 shì bu shi　　　　试不试 shì bu shi
听不听 tīng bu ting　　　走不走 zǒu bu zou

[配套练习]　指出下列词语中的"不"该怎样读

笑不笑	不妥协	不媚俗	挪不挪
不是	不光	说不说	谈不谈
不卖钱	不去	不喝	不坚持
不能	不禁	动不动	不留
不平等	不让	推不开	爱不释手
不太好	不喜欢	不想	写不写
不以为然	不由得	不良	干不了
不灵	不留		

[配套练习]　朗读下面这段短文，注意"一"和"不"的变调

不久前，一艘巨大的木船把我们送到这个岛上，周围是不平静的大海，看不见这小岛以外的陆地，听不到城市的种种声音。带我们到这儿来，不会毫无目的吧？我找不到一个更熟悉的人，只好不顾羞怯，向同来的一个欧洲人发问，也不知他懂不懂汉语。结果他

不声不响,只是目不转睛地盯着不远的地方,身子动也不动。我得不到答复,不得已只好呆在小屋里。不久,他们送来了吃的,也不知道是些什么东西。本不想吃,可肚子不答应,勉强吃了一点儿,不甜不咸,不酸不辣,说不出是什么味儿。这样过了几天,每天不是听海浪的呼啸,就是遥望大海,不仅没人能够交谈,也不敢随地走动。今天,这个不解之谜终于解开了:我们不是被当作敌人带上这不知名的小岛的,而是作为不寻常的客人被请来的。只是,起初他们不熟悉我们,不知道该怎样安排我们才好。

(三)上声的变调

我们在上文已经分析过,普通话上声的调值是"214",上声音节单独出现或处于词尾时念原调,但其他情况往往要变调。

1. 上声在阴平、阳平和去声前,调值应由"214"变为"211",也就是由上声变为半上声。

(1)上+阴平→半上+阴平:214+55→211+55。例:

 北方　　　等车　　　垦荒　　　冷风

(2)上+阳平→半上+阳平:214+35→211+35。例:

 好评　　　解决　　　旅游　　　指南

(3)上+去→半上+去:214+51→211+51。例:

 表现　　　礼拜　　　晚会　　　想念

2. 上声在上声前,调值应由"214"变为"35",也就是从上声变得像阳平(称为"直上")。

(1)上+上→直上+上:214+214→35+214。例:

 本领　　　彼此　　　采访　　　典礼
 顶点　　　粉笔　　　港口　　　火种
 警醒　　　冷饮　　　美满　　　你好
 起跑　　　响午　　　体检　　　远古
 整理　　　宝马　　　洗脸　　　哑语

(2)上+(上+上)。

214+(214+214)→211+35+214。例:

党小组　　　　孔乙己　　　女选手　　　总导演
　　(3)(上＋上)＋上→直上＋直上＋上:(214＋214)＋214→35＋35＋214。例:
　　讲演稿　　　　水手长　　　选举法　　　展览馆
　　(4)上＋上＋上＋上→直上＋半上＋直上＋上:214＋214＋214＋214→35＋211＋35＋214。例:
　　古朴典雅　　　海水处理　　永远友好　　转眼两载
　　3. 上声在轻声前的变调要分具体情况:
　　(1)上声后的轻声的原调为非上声(阴平、阳平、去声),调值应由"214"变为"211",也就是由上声变为半上声。即:上＋轻(原非上声)→半上＋轻(原非上声)。例:
　　比方　　伙计　　口气　　老实　　牡丹　　委曲
　　(2)上声后的轻声的原调是上声,如这个轻声稳定,前面的上声变为半上。例:
　　姐姐　　姥姥　　老子　　马虎　　奶奶
　　(3)上声后的轻声的原调是上声,如这个音节可轻可上,则前面的上声变为直上。例:
　　老虎　　可以　　打扫　　小姐
　　(四)轻声
　　普通话中的每个音节都有自己的声调,但音节和音节相连时,有些音节会失去原有声调的调值,构成新的特有的音高形式,给人轻微短促的感觉,这就是所谓的"轻声"。一般来说,轻声音节不能独立存在。书写时,轻声不标调。
　　1. 轻声的性质和特点
　　性质:轻声是四声的特殊音变,并不是第五种声调。
　　特点:音长:特别短;音强:特别弱;音高:不固定;音色:有变化。
　　2. 轻声的作用和调值
　　作用:

区别词性。例如：练习跳远（练习，动词，非轻声词）；做练习（练习，名词，读轻声）

区别词义。例如：东西，不读轻声时，指东边和西边；读轻声时，泛指各种具体的或抽象的事物。

调值：

根据声调的五度标记法，阴平加轻声，此轻声词调值约为"2"，例如：天上；阳平加轻声，此轻声词调值约为"3"，例如：头上；上声加轻声，此轻声词调值约为"4"，例如，手上；去声加轻声，此轻声词调值约为"1"，例如：地上。

3. 轻声的分布规律

普通话里的轻声常常同词汇、语法意义有关，大致有以下几种情况。①

1. 一些助词读轻声

（1）结构助词读轻声。

① "的"读轻声。例：

北方的	笔直的	敌后的	宽大的
平凡的	平坦的	婆婆的	普通的
它的	挺立的	树中的	银色的

② "得"读轻声。例：

不懂得	＊不由得（2）	多得	放飞得
盖得	记得	觉得	＊懒得
卖得	飘得	认得	算不得
听得	下得	显得	晓得
学得	扎得	长得	只觉得

---

① 本部分所举之例主要采样于《普通话水平测试大纲》中规定的60篇朗读篇目，或《普通话水平测试用必读轻声词语表》（用"＊"号表示）。一些词语既为《普通话水平测试大纲》中规定的60篇朗读篇目所收，又为《普通话水平测试用必读轻声词语表》所收，则在其后括号中用数字表示该词语在朗读篇目中出现的次数。

③"地"读轻声。例：

安静地	安适地	不动地	不解地
不自觉地	低声地	断续地	费力地
高兴地	更快地	渐渐地	骄傲地
尽情地	慢慢地	默默地	巧妙地
轻轻地	轻飘飘地	轻声地	认真地
生气地	一圈儿地	有效地	有所悟地

（2）动态助词读轻声。

①"着"读轻声。例：

保持着	伴着	插着	穿着
沉睡着	等着	对抗着	刻写着
呼唤着	接着	忙着	冒着
数着	盘算着	牵着	忍受着
听着	望着	微笑着	醒着
悬着	映着	枕着	指着

②"了"读轻声。例：

不多了	*除了(4)	带回了	带来了
发牢骚了	发现了	感到了	高了
给了	回来了	拉了	拉直了
来了	说话了	摊了	调制了
*为了(8)	问来了	象征了	锈上了
选择了	转向了	住了	

③"过"读轻声。例：

补过	穿过	荡过	度过
发过	闪过	胜过	仰望过
要过	走过	做过	

（3）比况助词"似的"读轻声。

这种现象主要出现在"短文朗读"中，故在本章第四节举例阐释。

2. 语气词"吗""呢""吧""啦"等读轻声

这种现象主要出现在"短文朗读"中,故在本章第四节举例阐释。

3. 名词后缀读轻声

例:

＊案子	＊班子	＊板子	＊梆子
＊膀子	＊棒子	＊包子	＊豹子
＊杯子	＊被子	＊本子	＊鼻子(2)
＊鞭子	＊辫子	＊饼子	＊脖子
＊步子	＊肠子	＊厂子	
＊场子	＊车子(1)	＊池子	＊尺子
＊虫子	＊绸子(1)	＊窗子	＊锤子
＊锄头	＊村子(1)	＊带子	＊袋子
＊单子	＊胆子	＊担子	＊刀子
＊稻子	＊笛子	＊底子(1)	＊调子
＊钉子	＊豆子	＊缎子	＊蛾子
＊儿子(10)	＊贩子	＊房子	＊份子
＊疯子	＊斧子	＊盖子	＊鸽子
＊格子	＊个子	＊根子	＊跟头
＊杠子	＊稿子	＊弓子	＊钩子
＊谷子	＊骨头	＊褂子	＊罐头
＊罐子	＊鬼子	＊柜子	＊棍子
＊锅子	＊果子	＊孩子(30)	＊汉子
＊盒子	＊猴子	＊后头	＊幌子
＊记性	＊夹子	＊架子	＊尖子
＊茧子	＊剪子	＊毽子	＊饺子
＊轿子	＊金子(8)	＊镜子	＊橘子
＊句子	＊卷子	＊空子	＊口子
＊扣子	＊裤子	＊筷子	＊框子

*篮子	*浪头	*老子	*老头子
*里头	*例子	*栗子	*帘子
*两口子	*料子	*林子(1)	*翎子
*领子	*聋子	*笼子	*炉子
*路子	*轮子	*萝卜	*骡子
*麻子	*麦子(3)	*码头	*馒头(1)
*帽子(1)	*面子	*苗头	*木头
*脑子	*你们(8)	*念头	*镊子
*拍子	*牌子	*盘子	*胖子
*狍子	*盆子	*棚子	*皮子
*痞子	*片子	*骗子	*票子
*瓶子	*旗子	*前头	*钳子
*茄子	*曲子	*圈子	*拳头
*裙子	*人们(33)	*日子(3)	*褥子
*塞子	*嗓子	*嫂子	*沙子
*傻子	*扇子	*勺子	*哨子
*舌头	*身子(2)	*婶子	*绳子
*虱子	*狮子	*石头(3)	*柿子(1)
*梳子	*孙子	*他们(33)	*它们(13)
*她们	*台子	*摊子	*坛子
*毯子	*桃子(1)	*梯子	*蹄子
*挑子	*条子	*亭子(2)	*头子
*兔子	*我们(66)	*袜子	*晚上(4)
*位子	*蚊子	*屋子	*席子
*瞎子	*匣子	*箱子	*小伙子(2)
*小子	*性子	*袖子	*靴子
*丫头	*鸭子(1)	*燕子	*样子(3)
*椰子(1)	*叶子(2)	*一辈子	*椅子(2)
*银子	*影子(1)	*柚子	*院子(1)

*咱们	*宅子	*寨子	*帐子
*枕头(2)	*镇子	*侄子	*指头
*种子	*珠子	*竹子(1)	*主子
*柱子(6)	*爪子	*庄子	*锥子
*桌子	*粽子		

（注意：有的"子""头"不能读轻声，例如：才子、瓜子、电子、孝子、独生子；钟头、针头、坟头、口头、瘾头、话头等）

4. 方位名词读轻声

(1)"上"读轻声。例：

班上	半岛上	背上	壁画上
柏树上	舱面上	操场上	草坪上
船上	大地上	大街上	岛上
地面上	地球上	地上	钉上
东西上	飞机上	风筝上	岗位上
高原上	胳膊上	海面上	海上
河上	河床上	河滩上	河流上
火车上	基础上	集市上	肩上
街上	锦标赛上	旧绸子上	课本上
浪峰上	脸上	柳树上	路上
木板上	木牌上	目标上	阡陌上
情志上	山上	山坡上	山腰上
身上	实际上	世上	世界上
树上	树梢上	树尖儿上	树枝上
树桩上	天上	天幕上	田垄上
条幅上	头上	土丘上	晚上
文化史上	小凳上	心上	崖壁上
衣裤上	椅子上	*早上	(3)掌上
镇上	枝上	枝头上	纸上
作文本上			

(2)"下"读轻声。例：

底下	脚底下	蓝天下	烈日下
天下	树下	*乡下(1)	压迫下
阳光下	枕头下		

(3)"里"读轻声。例：

杯里	别墅里	舱里	苍穹里
长方体里	巢里	池沼里	村子里
大信封里	地里	殿里	电话里
洞里	房间里	管子里	画里
荒草里	海洋里	花园里	家里
记忆里	垃圾桶里	垃圾箱里	绿洲里
茅亭里	莫高窟里	哪里	那里
脑袋里	泥水里	贫民窟里	平日里
气息里	日子里	肉眼里	沙漠里
时间里	世界里	书里	书房里
树坑里	水塘里	水桶里	手里
四月里	天空里	田里	田地里
庭院里	头盖骨里	污土里	溪水里
心里	信里	学校里	雪地里
血管里	摇篮里	一瞬间里	夜里
园林里	院子里	这里	嘴里

5. 趋向动词(动词后)读轻声

(1)"来"读轻声。例：

出来	传来	吹来	打来
带来	供来	换来	回来
回过头来	拣来	看来	开来
买来	弄来	拿来	捧来
驶来	偷来	推来	下来
醒来	用来	移植来	找来

转来

（2）"去"读轻声。例：

铲去	归去	过去	回去
离去	扑去	上去	上门去
失去	撕去	睡觉去	望去
移去	走去		

（3）"上"读轻声。例：

闭上	穿上	冲上	戴上
等上	奉上	赶上	关上
挂上	糊上	加上	蒙上
爬上	添上	镶上	送上
锈上	罩上		

（4）"下"读轻声。例：

垂下	低下	飞下	跪下
留下	扔下	抛下	印下
摘下	走下		

（5）"出"读轻声。例：

传出	发出	繁衍出	付出
勾勒出	泛出	绘出	露出
拿出	派出	评出	释放出
掏出	腾出	吐出	提出
拖出	挖出	显出	现出
想出	写出	涌出	展现出
长出	走出	做出	

（6）"起"读轻声。例：

包裹起	背起	擦起	抬起
挑起	唤起	划起	激荡起
记起	拣起	聊起	隆起
拿起	说起	讨厌起	提起

想起	引起	涌起

(7)"上来"读轻声。例：

吊上来	拉上来	爬上来	跳上来
透上来	托上来	运上来	

(8)"下去"读轻声。例：

沉下去	淡下去	发展下去	活下去
接下去	漏下去	探身下去	维持下去

(9)"进来"读轻声。例：

包进来	吹进来	倒进来	发进来
混进来	交进来	开进来	塞进来

(10)"出去"读轻声。例：

拽出去	倒出去	发出去	开出去
跑了出去	运出去	追出去	

(11)"起来"读轻声。例：

躲起来	飞了起来	挥洒起来	加起来
叫起来	看起来	哭起来	阔起来
亮了起来	绿起来	燃烧起来	跳跃起来
写了起来	学习起来	养起来	站了起来

(12)"过去"读轻声。例：

开过去	跑过去	驶过去	跳过去
跃过去	走过去		

(13)"回去"读轻声。例：

赶回去	撑回去	跑回去	送回去
走回去			

6. 重叠动词的末一个音节读轻声

例：

动动	看看	劝劝	试试
听听	玩玩	*谢谢(4)	走走
坐坐			

7. 重叠名词的末一个音节读轻声
例：

﹡爸爸(7)	﹡弟弟(1)	﹡哥哥(2)	﹡公公
﹡姑姑	﹡姐姐(1)	﹡舅舅	坑坑
﹡老太太(4)	﹡姥姥	﹡妈妈(20)	﹡妹妹
﹡奶奶(1)	﹡婆婆	﹡叔叔(5)	﹡太太
﹡娃娃	﹡星星(2)	﹡猩猩	﹡爷爷

8. 双音节动宾词语的人称代词读轻声
(1)"你"读轻声。例：

爱你	睬你	对你	逗你
叫你	惹你	要你	养你
找你			

(2)"我"读轻声。例：

抱我	扶我	告我	给我
跟我	教我	借我	骗我
请我	让我	疼我	要我

(3)"他"读轻声。例：

| 付他 | 告他 | 给他 | 叫他 |
| 听他 | 替他 | 向他 | 由他 |

9. 按规定末一个音节必读轻声
例：

﹡巴掌	﹡白净	﹡棒槌	﹡包袱
﹡包涵	﹡比方(2)	﹡扁担(1)	﹡别扭
﹡拨弄	﹡簸箕	﹡不在乎(2)	﹡补丁
﹡部分(7)	﹡财主	﹡苍蝇(2)	﹡柴火
﹡称呼	﹡畜生	﹡窗户	﹡刺猬
﹡凑合	﹡耷拉	﹡答应(1)	﹡打扮
﹡打点	﹡打发	﹡打量	﹡打算
﹡打听	﹡耽搁	﹡耽误	﹡道士

* 灯笼	* 提防	* 弟兄	* 嘟囔
* 动静	* 动弹	* 豆腐	* 对付
* 队伍	* 多么(6)	* 耳朵(2)	* 风筝(14)
* 福气	* 甘蔗(1)	* 高粱	* 膏药
* 告诉(7)	* 疙瘩	* 胳膊(1)	* 功夫
* 姑娘(1)	* 寡妇	* 怪物(1)	* 关系(1)
* 官司	* 规矩	* 闺女	* 蛤蟆
* 含糊	* 合同(1)	* 和尚	* 核桃
* 行当	* 红火	* 厚道	* 狐狸
* 胡萝卜	* 胡琴	* 糊涂	* 护士
* 活泼	* 皇上	* 火候	* 伙计
* 机灵	* 脊梁(1)	* 记号	* 家伙(2)
* 架势	* 嫁妆	* 见识	* 将就
* 交情	* 叫唤	* 街坊	* 姐夫
* 戒指	* 咳嗽	* 客气(1)	* 口袋(1)
* 窟窿	* 快活	* 困难	* 阔气
* 喇叭	* 喇嘛	* 老婆	* 老实
* 老爷	* 累赘	* 篱笆(1)	* 力气(2)
* 厉害	* 利落	* 利索	* 痢疾
* 连累	* 凉快	* 粮食	* 溜达
* 骆驼	* 麻烦(1)	* 麻利	* 马虎
* 买卖	* 忙活	* 冒失	* 眉毛
* 媒人	* 门道	* 眯缝	* 迷糊
* 苗条	* 名堂	* 名字(6)	* 明白(3)
* 模糊(1)	* 蘑菇	* 木匠	* 那么(19)
* 脑袋(1)	* 能耐	* 念叨	* 娘家
* 奴才	* 女婿	* 暖和(2)	* 疟疾
* 牌楼	* 盘算(1)	* 朋友(27)	* 脾气
* 屁股	* 漂亮	* 婆家	* 欺负(1)

* 亲戚(1)　　* 勤快　　　* 清楚(3)　　* 亲家
* 热闹(2)　　* 认识(3)　　* 扫帚　　　* 商量
* 上司　　　* 烧饼　　　* 少爷　　　* 什么(41)
* 牲口　　　* 师父　　　* 师傅　　　* 石匠
* 石榴(1)　　* 时候(30)　* 拾掇　　　* 使唤
* 收成(1)　　* 收拾(1)　　* 首饰　　　* 舒服
* 舒坦(1)　　* 疏忽　　　* 爽快　　　* 思量
* 算计　　　* 岁数　　　* 挑剔　　　* 跳蚤
* 铁匠　　　* 头发(3)　　* 妥当　　　* 唾沫
* 挖苦　　　* 尾巴(1)　　* 委屈(1)　　* 位置
* 稳当　　　* 稀罕　　　* 喜欢(13)　* 下巴
* 吓唬　　　* 相声　　　* 消息(2)　　* 小气
* 心思(2)　　* 行李　　　* 休息(1)　　* 秀气(1)
* 学生(11)　* 学问(1)　　* 衙门　　　* 哑巴
* 胭脂　　　* 烟筒　　　* 眼睛(5)　　* 秧歌
* 养活　　　* 吆喝　　　* 妖精　　　* 钥匙
* 衣服　　　* 衣裳　　　* 意思(6)　　* 应酬
* 冤枉　　　* 月饼　　　* 月亮　　　* 云彩(1)
* 在乎(2)　　* 怎么(7)　　* 扎实　　　* 眨巴
* 栅栏(1)　　* 张罗　　　* 帐篷　　　* 招呼(2)
* 招牌　　　* 折腾　　　* 这个(26)　* 这么(9)
* 芝麻　　　* 知识(3)　　* 指甲　　　* 主意(4)
* 转悠　　　* 庄稼(2)　　* 壮实　　　* 状元
* 字号　　　* 祖宗　　　* 嘴巴　　　* 作坊
* 琢磨

10. 某些音节因区别词性词义而读轻声

例：

* 爱人(丈夫或妻子)
* 把子(把东西扎在一起的捆子；量词；戏曲中所使用的武器

的总称,也指开打的动作;"拜把子")
　　＊把子(器具上便于用手拿的部分;花叶或果实的柄)
　　＊帮手(帮助工作的人)
　　＊本事(本领)
　　＊裁缝(做衣服的工人)
　　＊差事(被派遣去做的事情;同"差使")
　　＊大方(对财物不计较;自然,不拘束;不俗气)
　　＊大夫(医生)
　　＊大爷(伯父;尊称年长的男子)
　　＊地道(真正是有名产地出产的;真正的,纯粹;实在,够标准)
　　＊地方(16)(某一区域,空间的一部分,部位;部分)
　　＊点心(糕饼之类的食品)
　　＊东家(受人雇佣或聘请的人称他的主人;佃户称租给他土地的地主)
　　＊东西(13)(泛指各种具体或抽象的事物;特指人或动物)
　　＊肚子(用做食品的动物的胃)
　　＊肚子(腹的通称;物体圆而凸起像肚子的部分)
　　＊对头(仇敌,敌对的方面;对手)
　　＊杆子(有一定用途的细长的木头或类似的东西〈多直立在地,上端较细〉;指结伙抢劫的土匪)
　　＊杆子(用于"枪杆""笔杆"等)
　　＊干事(专门负责某具体事务的人员)
　　＊工夫(时间;空闲时间;时候)
　　＊故事(4)(真实的或虚构的用做讲述对象的事情,有连贯性,富吸引力,能感染人;文艺作品中用来体现主题的情节)
　　＊结实(坚固耐用,健壮)
　　＊精神(7)(表现出来的活力;活跃,有生气)
　　＊难为(使人为难;多亏;客套话,用于感谢别人代自己做事)
　　＊便宜(3)(价钱低;不应得的利益;使得到便宜)

* 铺盖(褥子和被子)
* 人家(2)(代词)
* 上头(上面;上司、上级领导部门)
* 生意(指商业经营,买卖;指职业)
* 实在(1)(扎实,地道,不马虎;诚实,憨厚)
* 世故(处世待人圆滑,不得罪人)
* 特务(经过特殊训练,从事刺探情报、颠覆、破坏等活动的人)
* 媳妇(妻子,泛指已婚的年轻女子)
* 先生(4)(老师;对知识分子的称呼;称别人的丈夫或对别人称自己的丈夫;医生;旧时称管账的人;旧时以说书、相面、算卦、看风水等为业的人)
* 兄弟(弟弟;称呼年纪比自己小的男子;男子用谦辞)
* 秀才(明清两代生员的通称;泛指读书人)
* 运气(命运;幸运)
* 丈夫(男女两人结婚后,男子是女子的丈夫)
* 丈人(岳父)
* 自在(1)(安闲舒适)

[配套练习] 朗读下面几则顺口溜,注意轻声字

拉拉会折喇叭,丫丫会吹喇叭。拉拉只会折喇叭,不会吹喇叭;丫丫只会吹喇叭,不会折喇叭。拉拉教丫丫折喇叭,丫丫教拉拉吹喇叭,两个乐得笑哈哈。

麻子种辣子,瞎子养鸭子。瞎子辣子地里放鸭子,麻子辣子地里赶鸭子。瞎子养的鸭子偷吃了麻子种的辣子,麻子种的辣子辣坏了瞎子养的鸭子。瞎子怨麻子的辣子辣鸭子,麻子怪瞎子的鸭子吃辣子。

屋里有箱子,箱子里有匣子,匣子里有盒子,盒子里有镯子。镯子外有盒子,盒子外有匣子,匣子外有箱子,箱子外有屋子。

妈妈炸麻花,麻花沾芝麻,芝麻沾麻花是芝麻麻花,妈妈炸麻

花是妈炸麻花。

娃娃画画,妈妈绣花。娃娃画妈妈,妈妈绣娃娃。娃娃看妈妈绣娃娃,妈妈看娃娃画妈妈;妈妈夸娃娃画的妈妈像妈妈,娃娃夸妈妈绣的娃娃像娃娃。

篱笆连篱笆,疙瘩挨疙瘩。哑巴碰篱笆,磕个大疙瘩。

冬瓜冻,冻冬瓜,炖冻冬瓜是炖冻冬瓜,不炖冻冬瓜不是炖冻冬瓜,炖冻冬瓜吃炖冻冬瓜,不炖冻冬瓜不吃炖冻冬瓜。

打南边儿来了个喇嘛,手里提着个蛤蟆。打北边儿来了个哑巴,腰里别着个喇叭。手里提蛤蟆的喇嘛,要拿蛤蟆换哑巴腰里的喇叭。腰里别喇叭的哑巴,不拿喇叭换喇嘛手里的蛤蟆。提蛤蟆的喇嘛,打了哑巴一蛤蟆。别喇叭的哑巴,打了喇嘛一喇叭。

白米煮白米锅巴,白面打白面疙瘩。喝白面疙瘩,吃白米锅巴,吃了白米锅巴,再喝白面疙瘩。

一个哑子,拿了一只盒子,盒子里有桃子;一个瞎子的儿子,绊了他一只凳子,瞎子的儿子的凳子,撞翻哑子盒子里的桃子,哑子拉住瞎子的儿子的凳子,要他赔还盒子里的桃子,瞎子的儿子不肯赔还哑子盒子里的桃子,哑子打瞎子的儿子,瞎子的儿子也打哑子。

红红的好朋友蓝蓝会搭红房子,蓝蓝的好朋友红红会搭蓝房子。会搭红房子的蓝蓝,愿帮会搭蓝房子的红红搭红房子,会搭蓝房子的红红,愿帮会搭红房子的蓝蓝搭蓝房子。

一个胖娃娃,抓了三个大花活河蛤蟆,三个胖娃娃,抓了一个大花活河蛤蟆。抓了一个大花活河蛤蟆的三个胖娃娃,真不如抓了三个大花活河蛤蟆的一个胖娃娃。

二、儿化

普通话的儿化现象主要由词尾"儿"变化而来。词尾"儿"本来是一个独立的音节,由于口语中处于轻读的地位,与前一个音节流利地连读就产生音变,"儿"逐步失去了独立性,"化"到了前一个音节上,只保留了一个卷舌动作,两个音节融合成一个音节,变成了一个具有卷舌性质的韵母,这种现象称为"儿化","儿化"了的韵母就叫"儿化韵"。

(一)普通话韵母儿化的发音规律

普通话韵母的儿化大致有以下规律:

1. 音节末尾是"a""o""e""ê""u"(包括"ao""iao")的,在这些元音上直接加上卷舌动作。例:

花→花儿:huā→huār

开花→开花儿:kāi huā→kāi huār

嫩芽→嫩芽儿:nèn yá→nèn yár

火→火儿:huǒ→huǒr

零活→零活儿:líng huó→líng huór

粉末→粉末儿:fěn mò→fěn mòr

碎末→碎末儿:suì mò→suì mòr

小伙→小伙儿:xiǎo huǒ→xiǎo huǒr

雪末→雪末儿:xuě mò→xuě mòr

半截→半截儿:bàn jié→bàn jiér

唱歌→唱歌儿:chàng gē→chàng gēr

名角→名角儿:míng jué→míng juér

台阶→台阶儿:tái jiē→tái jiēr

短袖→短袖儿:duǎn xiù→duǎn xiùr

线头→线头儿:xiàn tóu→xiàn tóur

小猴→小猴儿:xiǎo hóu→xiǎo hóur

雪球→雪球儿:xuě qiú→xuě qiúr

麦苗→麦苗儿:mài miáo→mài miáor

棉桃→棉桃儿:mián táo→mián táor

鸟→鸟儿:niǎo→niǎor

小猫→小猫儿:xiǎo māo→xiǎo māor

银条→银条儿:yín tiáo→yín tiáor

乡巴佬→乡巴佬儿：xiāng ba lǎo→xiāng ba lǎor

2. 韵尾是"i""n"的，丢掉韵尾，在韵腹上卷舌，其中"in""ün"丢掉"n"换成"er"（写成"r"）。例如：

辈→辈儿：bèi→bèr
男孩→男孩儿：nán hái→nán hár
女孩→女孩儿：nǚ hái→nǚ hár
瓶盖→瓶盖儿：píng gài→píng gàr
小孩→小孩儿：xiǎo hái→xiǎo hár
小男孩→小男孩儿：xiǎo nán hái→xiǎo nán hár
药水→药水儿：yào shuǐ→yào shuǐr
一会→一会儿：yí huì→yí hùr
笔杆→笔杆儿：bǐ gǎn→bǐ gǎr
笔记本→笔记本儿：bǐ jì běn→bǐ jì běr
蛋卷→蛋卷儿：dàn juǎn→dàn juǎr
点→点儿：diǎn→diǎr
好玩→好玩儿：hǎo wán→hǎo wár
厚点→厚点儿：hòu diǎn→hòu diǎr
脸蛋→脸蛋儿：liǎn dàn→liǎn dàr
美人→美人儿：měi rén→měi rér
那点→那点儿：nà diǎn→nà diǎr
圈→圈儿：quān→quār
水纹→水纹儿：shuǐ wén→shuǐ wér
玩→玩儿：wán→wár
小心眼→小心眼儿：xiǎo xīn yǎn→xiǎo xīn yǎr
一点→一点儿：yì diǎn→yì diǎr
一阵→一阵儿：yí zhèn→yí zhèr
有点→有点儿：yǒu diǎn→yǒu diǎr
这点→这点儿：zhè diǎn→zhè diǎr
干劲→干劲儿：gàn jìn→gàn jìr

花裙→花裙儿:huā qún→huā qúr

3. 韵母是"i""ü"的,直接加"er"(写成"r")。例:

金鱼→金鱼儿:jīn yú→jīn yúr

玩意→玩意儿:wán yì→wán yìr

小鸡→小鸡儿:xiǎo jī→xiǎo jīr

有趣→有趣儿:yǒu qù→yǒu qùr

一髻→一髻儿:yí jì→yí jìr

4. 韵母是"-i"(舌尖前音)、"-i"(舌尖后音)的,将"-i"换成"er"。例:

瓜子→瓜子儿:guā zǐ→guā zěr

没事→没事儿:méi shì→méi shèr

细丝→细丝儿:xì sī→xì sēr

小事→小事儿:xiǎo shì→xiǎo shèr

5. 韵尾是"ng"的,丢掉"ng",韵腹鼻化后卷舌(写成"r")。例:

板凳→板凳儿:bǎn dèng→bǎn dèr

茶缸→茶缸儿:chá gāng→chá gār

风→风儿:fēng→fēr

人影→人影儿:rén yǐng→rén yǐr

小熊→小熊儿:xiǎo xióng→xiǎo xiór

药方→药方儿:yào fāng→yào fār

(二)儿化韵的作用

1. 确定名词性。

一些兼类词儿化后,定型成名词,就能与动词、形容词清楚地区分开来。例:

包←→包儿	刺←→刺儿	对←→对儿
盖←→盖儿	个←→个儿(身材)	滚←→滚儿
画←→画儿	活←→活儿	尖←→尖儿
亮←→亮儿	招←→招儿	罩←→罩儿

2. 区分词义。
(1) 儿化可以将具体的事物抽象化。例:
口←→口儿　　花样←→花样儿　　门←→门儿
头←→头儿　　小鞋←→小鞋儿　　眼←→眼儿
沿←→沿儿　　油水←→油水儿
(2) 儿化可以区分同音词。例:
白面←→白面儿　　打砸←→打杂儿　　火星←→火星儿
开火←→开伙儿　　拉练←→拉链儿　　送信←→送信儿
说闲话←→说闲话儿　　　　向前看←→向钱儿看
一点意见←→一点儿意见　　一块←→一块儿
邮票←→油票儿　　　　　　早点←→早点儿
3. 起修辞作用。
(1) 程度上显示事物之小。例:
冰棍儿　　　　墨水瓶儿　　　　十来斤儿
相片儿　　　　小熊儿　　　　　小木棍儿
小马儿　　　　澡盆儿
(2) 感情上表示轻松、喜爱或轻视。例:
败家子儿　　　半截儿　　　　　花儿
红脸蛋儿　　　机灵鬼儿　　　　金鱼儿
老头儿　　　　破烂儿　　　　　小孩儿
小偷儿　　　　写字儿　　　　　月儿

(三) 关于儿化的注意事项
1. 有些词语儿化以后,声母、韵母或声调会发生变化。例如:
"桑葚"读作 sāngshèn,"桑葚儿"读作 sāngrènr
"中间"读作 zhōngjiān,"中间儿"读作 zhōngjiànr
"本色"读作 běnsè,"本色儿"读作 běnshǎir
"照片"读作 zhàopiàn,"照片儿"读作 zhàopiānr
"核"读作 hé,"核儿"读作 húr
2. 有些词语儿化后意思也发生了变化。例如:

"字帖":zitiè,供学习书法的人临摹的范本;"字帖儿"zitiěr,指写着简单的话的纸片儿。

"出圈":chūjuàn,起圈,即指把猪圈、羊圈、牛栏等里面的粪便和所垫的草、土弄出来,用作肥料;"出圈儿"chūquānr,比喻超出常规、范围。

3. 单音节形容词如果重叠后儿化,那么不论本调是什么,第二个音节都变为阴平。例如:

"好好儿地"读作 hǎohāorde

"远远儿地"读作 yuǎnyuānrde

"快快儿地"读作 kuàikuāirde

4. 有些词语虽然有"儿"字,但并不是儿化词。

例如:女儿　婴儿　幼儿　男儿　健儿　妻儿老小等

[配套练习]　请朗读下文

小哥俩儿,红脸蛋儿,手拉手儿,一块儿玩儿。小哥俩儿,一个班儿,一路上学唱着歌儿。学造句儿,一串串儿;唱新歌儿,一段段儿;学画画儿,不贪玩儿。画小猫儿,钻圆圈儿;画小狗儿,蹲庙台儿。画只小鸡儿吃小米儿,画条小鱼儿吐水泡儿。小哥俩儿,对脾气儿,上学念书不费劲儿,真是父母的好宝贝儿。

打南边儿来个白胡子老头儿,手拄着绷白的白拐棍儿。

模拟测试及常见问题诊治

花色	捐款	窗户	说明	全体	鸦片
衰弱	纺织	让步	玩意儿	筷子	春节
而且	举行	挫折	纽扣	战略	群众
锻炼	整理	所谓	差点儿	蓬勃	潦草
尊敬	打算	忍耐	内科	洽谈	描写
粮食	充足	安排	墨水儿	狂风	秋天
兄弟	目前	回头	次数	背诵	态度
勇敢	寻找	瓜分	纳闷儿	法律	决心

刚才　　样品

问题1.轻声词"窗户""筷子""打算""粮食""态度""兄弟"等第二个音节不够轻,特别是第四声的时候。朗读时要忽略原声调,前一个音节读音重一些、气息强一些,"音长"长一些,以比较轻声音节的"轻""弱""短"。

问题2.儿化词"玩意儿""差点儿""墨水儿""纳闷儿"发音时儿化度不够。要注意,儿化时不仅是一个动态的卷舌过程,而且儿化结束时舌尖一定要顶住上腭,以保证儿化的到位。

问题3."说明""春节""举行"等词语的第二个字是阳平声调时,可能因为考试时比较紧张而导致读词语时比较局促,致使第二声的上升不到位。解决的办法是测试时要从容,词语和词语之间不要连着读("举行"拖长一些还能保证后鼻音的到位),此项按一般朗读速度,测试时间基本不会超时。

问题4."捐款""全体""而且""整理"等后一个音节是上声音节时,常常读成降调(低降),调型错误。要注意把第三声(曲折调)表现出来。

第三节　选择判断

普通话水平测试的第三项是"选择判断",主要测试应试人员的语言规范程度。按《普通话水平测试大纲》规定,此项共10分(江苏等大部分地区普通话水平测试不设置这个项目,其10分加入"命题说话")。在这一项中,要求应试者就10组词语、10组量词名词搭配、5组语序或表达形式作出判断,限时3分钟。选择判断合计超时1分钟以内,扣0.5分;超时1分钟以上(含1分钟),扣1分。答题时语音错误,每个错误音节扣0.1分;如判断错误已经扣分,不重复扣分。

一、词语判断

设置此项,其目的是为了检测应试人掌握普通话词语的规范程度。试卷列举 10 组普通话与方言意义相对应但说法不同的词语,由应试人判断并读出普通话的词语,如应试者判断错误,每组扣 0.25 分。例:

从每组词中选出普通话的词语

① 日里　日时　白天　日中　日头
② 鼻　鼻子　鼻公　鼻哥　鼻头
③ 冰箸　棒冰　雪条　冰棍儿
④ 唔爱　勿要　不要　唔要
⑤ 苍蝇　乌蝇　胡蝇　蚨蝇
⑥ 屎窖　屎坑　厕所　粪坑厝
⑦ 吹牛　吹大炮　车大炮
⑧ 银纸　纸票　钞票　铜钿　纸字
⑨ 卵糕　鸡卵糕　蛋糕
⑩ 丢失　螺脱　唔见

［配套练习］　分清下列普通话词语与方言词语的区别

普通话词语	相应方言词语
按	揿(吴、粤、客)
袄	棉纳(闽)　裘(粤)　袄子(赣)
爸爸	老爸(闽)　阿爸(粤)　爷(湘)　爷老子(湘) 爹爹(湘)　阿爸(客)　阿伯(客)
白菜	黄芽菜(吴)　芽白(湘)　黄芽白(湘)
白天	日里向(吴)　日时(闽)　日头(粤) 日上(赣)　日里(湘)　日辰头(客)
傍晚	夜快(吴)　夜快头(吴)　黄昏头(吴)　暗晡(闽)　挨晚(粤)　挨夜边子(赣)　断黑(湘) 煞黑(湘)　晚边子(湘)　临暗晡(客)　临断

	夜(客) 临夜(客)
北边	北爿(闽) 北便(粤) 北背(赣) 北片爿(客)
鼻涕	鼻头涕(吴) 鼻窦浓(湘) 鼻水(客)
别处	别个地方(吴) 别位(闽) 别搭(闽) 第二(粤) 别哪里(赣) 别何欸(客)
冰棍儿	棒冰(吴) 霜条(闽) 雪条(粤) 冰棒(赣) 雪枝(客)
伯母	阿姆(闽) 伯娘(粤) 伯妈(湘) 伯姆(客)

二、量词、名词搭配

设置此项,旨在检测应试人掌握普通话量词和名词搭配的规范程度。试卷列举10个名词和若干量词,由应试人搭配并读出符合普通话规范的10组名量短语。如搭配错误,每组扣0.5分。例:

正确搭配下面的量词和名词(例如:一条—鱼)

把	住宅
	裤子
根	白菜
	学校
棵	竹竿
	钥匙
条	毛巾
	剪刀
所	柳树
	冰棍儿

[配套练习] 注意下面量词与名词之间的搭配

一位先生　　一个学生　　一名旗手　　一条大汉
一个乞丐　　一对夫妻　　一排学生　　一连军队
一具尸体　　一户人家　　一条腿　　　一道眉毛

一根头发	一束头发	一双眼睛	一颗牙齿
一排牙齿	一张嘴巴	一滴汗	一身臭汗
一撮毛	一撇胡须	一只手	一双手
一条鱼	一尾鱼	一头牛	一匹马
一条狗	一口猪	一棵树	一株树
一排树	一片树叶	一朵红花	一束鲜花
一棵草	一个苹果	一条香蕉	一只橘子
一串葡萄	一筐萝卜	一粒药丸	一包糖果
一块月饼	一盒礼物	一间房屋	一幢别墅
一座房屋	一所学校	一扇铁门	一个皮球
一块黑板	一枝粉笔	一架钢琴	一杯清茶
一壶茶	一桌酒席	一双筷子	一盘好菜
一道点心	一把刀	一把锁	一面镜子
一张桌子	一把椅子	一桶米酒	一堆垃圾
一顶帽子	一件衣服	一套西装	一副眼镜
一件礼物	一份礼物	一批货物	一面国旗
一枚勋章	一尊大炮	一架飞机	一颗子弹
一列火车	一艘船	一辆汽车	一部汽车
一张钞票	一迭钞票	一笔钱	一盏油灯
一枝笔	一刀纸	一张纸	一叠纸
一本书	一幅画	一枚邮票	一幅字
一首歌	一封信	一首诗	一首词
一支曲子	一则故事	一页日记	一篇文章
一副对联	一个故事	一桩事情	一件小事
一滴水	一桶水	一朵云	一片云
一弯新月	一轮新月	一颗星星	一片大海
一条河流	一方土地	一座高山	一阵雷雨
一道闪光	一阵凉风	一股清香	一抹红霞
一堵围墙	一道围墙	一片孝心	一股勇气

一通电话　　　一股暖流　　　一阵心酸　　　一寸光阴
一团烈火　　　一笔孽债　　　一道痕迹　　　一丝微笑

三、语序或表达形式判断

设置此项,是为了检测应试人掌握普通话语法的规范程度。试卷列举 5 组普通话和方言意义相对应但语序或表达习惯不同的短语或短句,由应试人判断并读出符合普通话语法规范的表达形式。如错误,每组扣 0.5 分。例:

指出每组符合普通话的说法
① 给本书我。/给我一本书。/把本书给我。
② 别客气,你走头先。/别客气,你走先。/别客气,你先走。
③ 他比我高。/他高过我。/他比我过高。
④ 这事我晓不得。/这事我知不道。/这事我不知道。
⑤ 你有吃过饭没有?/你吃过饭没有?

[配套练习]　分清下列普通话语法与方言语法的区别

规范普通话	相应方言
门上有一个眼儿。	门上有一个眼眼。
这支笔是谁的?	支笔是谁的?
这大米有一千三百公斤。	这大米有千三公斤。
他大约要两三个月才能回来。	他大约要二三个月才能回来。
把书给他。	把书把给他。
	把书把他。
妈妈很不会干活。	妈妈很不能干活。
这凳子能坐三个人。	这凳子坐得三个人。
	这凳子会坐得三个人。
	这凳子会坐三个人。
我正要吃饭去。	我来去吃饭。
下起雨来了。	下雨开了。
他的手洗得很白。	他的手洗得白白。

这花儿多好看啊!	这花儿好好看啊!
你们全都出去。	你们出出去。
不,他不是这样唱的。	没有,他不是这样唱的。
妹妹的书包被树枝挂破了。	妹妹的书包遭树枝挂破啰。
从杭州出发。	起杭州出发。
给你留了包子。	给你留得有包子。
我们慢慢地走。	我们慢慢子走。
这是上次看的电影吧?	这是上次看的电影哇?
他可会哄人呢。	他可会日哄人哩。
你看不看电影?	你是不看电影?
那东西重不重?	那东西重咧不?
这种舞你会不会跳?	这种舞你跳得来跳不来?
这件事我不知道。	这件事我知不道。
我说打得过他。	我说打他得过。
我给他三斤苹果。	我给三斤苹果他。
少喝点酒对身体有好处。	喝少点酒对身体有好处。
多用一点时间来陪孩子。	用多一点时间来陪孩子。
衣服叫他弄脏了。	衣服叫他弄脏了脏。
菜够咸了。	菜有咸。
这件事现在还定不了。	这个事情现在还定不倒。
我唱歌比他好。	我唱歌好过他。
我把他推到地上。	我推他地下。
我们一边吃饭,一边说话。	咱们一抹儿吃饭,一抹儿说话。
宁肯我去,也不能叫你去。	能我去,也不能叫你去。
如果不是因为你,奶奶就不来了。	不着你,奶奶就不来了。

模拟测试及常见问题诊治

三、选择判断

1. 词语判断:请判断并读出下列 10 组词语中的普通话词语。

(1) 堂客　　女个　　妻子　　屋家个
(2) 抢劫贼　强贡　贼佬　抢犯　　强盗
(3) 热水壶　电瓶　热水瓶　电壶
(4) 似如　　像煞　那亲像　似乎
(5) 孙女子　孙女　孙囡　查某孙
(6) 晚饭　　夜饭　暗顿　夜晚饭
(7) 运道好　好字运　幸运　好彩
(8) 归两个　整个　成个　完个
(9) 自家　　家己　自己　家自　　自栋
(10) 砖仔　　砖　　砖欹　碌砖

2. 量词、名词搭配：请按照普通话规范搭配并读出下列数量名短语。

场　双　套　盘　位　扇　颗　部
朋友　卫星　雪　磁带　字典　屏风　邮票　手套　衣服　电影

3. 语序或表达形式判断：请判断并读出下列5组句子里的普通话句子。

(1) 把瓶子上的盖儿拧开。
　　把瓶瓶上的盖盖拧开。
(2) 他大约要二三个月才能回来。
　　他大约要两三个月才能回来。
(3) 今天走得有五十里路。
　　今天走了五十里路。
(4) 多用一点时间来陪孩子。
　　用多一点时间来陪孩子。
(5) 这件事我知不道。
　　这件事我不知道。
　　这件事我晓不得。

问题1."热水壶"很多方言区用得很广泛,都以为是普通话词语,而且很多电影、电视剧中都用,所以要特别注意"很常用"的一些非普通话词语。

问题 2. 量、名搭配时常常是 10 个名词词语和若干个量词(不一定是 10 个),搭配时可能会错乱,例如一场雪、一场电影、一部词典、一部影视片(一般不说"一部电影")。

问题 3. "他大约要二三个月才能回来。"和"他大约要两三个月才能回来。"好像两句均可,误选为"他大约要二三个月才能回来。"。其实,在一般量词前,用"两"不用"二",且"两"有表达"不定"的意思。

第四节 朗 读 短 文

普通话水平测试第四项为"朗读短文",本测试项要求应试人照本朗读一段 400 个音节的文章(所提供短文满 400 字处用"//"表示),限时 4 分钟,按《普通话水平测试大纲》规定,此项共 30 分。实践证明,在普通话水平测试的五大板块中,能够提前准备,并能"超额"得分的主要是"朗读短文"。(假设某普通话水平为"二乙"者得 80 分,即得分率为 80%;但他"朗读短文"的得分率一般可超过 80%,即得 24 分以上的高分)既然"朗读短文"能"赚",那就更应该认真对待。

朗读与朗诵都属于单向口语表述形式,都属于把书面文字材料转换成有声语言的语言表述活动。但是,朗诵是一种语言表演艺术,其目的是从艺术的角度感染听众;而朗读是一种应用性的朗声阅读,是一种讲解式的口语表述形式,其目的是呼唤听众的理智思考,追求听众对文本的全面深刻理解。所以说,朗读更需要的是活生生的生活语言,但比生活语言更规范、更典型、更生动。尤其应注重声音的自然化、本色化、生活化,更应注重声音的洪亮、吐字的清晰、停连的恰当和轻重音的运用。

一、朗读短文的具体要求

（一）语音准确无失误

1. 朗读短文首先要注意到语音的准确性，具体来说，就是不出现声、韵、调失误现象（详见"读单字"和"读多音节词语"部分）。朗读时吐字要清晰，既不能含糊不清，也不能过分拿腔拿调。

2. 不出现增读、漏读、颠倒现象。

本条针对"朗读要忠于原作品"而言。

"增读"，指朗读时凭着自己的感觉，在语言转换的过程中任意或无意添加一些原文没有的词语，破坏了原作。如，将"这就是白杨树，西北极普通的一种树，然而决不是平凡的树"（作品1号）读成"这就是白杨树，西北极其普通的一种树，然而决不是平凡的树"。

"漏读"，指朗读时凭着自己的感觉，在语言转换的过程中任意或无意删除一些原文的词语，破坏了原作。如，将"地球上的人都会有国家的概念，但未必时时都有国家的感情"（作品11号）中的两个"的"漏掉，读成"地球上的人都会有国家概念，但未必时时都有国家感情"。

"颠倒"指朗读时凭着自己的感觉，在语言转换的过程中任意或无意颠倒一些原文的词语，破坏了原作。如，将"他们满头银发，身穿各种老式军装，上面布满了大大小小形形色色的徽章、奖章"（作品21号）读成"他们满头银发，身穿各种老式军装，上面布满了大大小小形形色色的奖章、徽章"，或将"和老朋友却只话家常，柴米油盐，细细碎碎，种种琐事"（作品32号）读成"和老朋友却只话家常，油盐柴米，细细碎碎，种种琐事"。

3. "一""不"能根据具体语境变调，能正确掌握上声变调的有关规律（详见"读多音节词语"部分），"啊"能根据具体语境变读（下面有专题分析）。

4. 能正确处理一些句末语气词"吗""呢""吧""啦"等的轻读。

（下面有专题分析）

（二）声母或韵母无系统性语音缺陷

（详见"读单字"部分）

一般来说，发音时某一声母或韵母连续出现3～5次缺陷即可看作"系统性缺陷"。

（三）语调无偏误现象

语调偏误主要有以下几种情况：

1. 重音不当，词的轻重音格式不对。

朗读时，需要强调和突出的部分，要念得比较重，以加深听者的印象，这就是所谓的"重音"。

"重音"有词重音和句重音之分。

（1）词重音有如下作用：一方面可以明显地表示被读音节的紧密性，强调这是一个词，而不是并列的两个词，如在"不许你搬弄是非"一句中的"是非"一词，如读时前重后轻，则指"口舌争吵"，如读时前后皆重，则指"正确"与"错误"两个方面。另一方面可以区分一部分词的词义和词性，如"大意"一词，如读时前重后轻，则指"粗心"，如读时前后皆重，则指"大概意思"。

［配套练习］ 分析下列各句中加点的词语，指出轻读重读时的各自含义

这是我的爱人。　　　　　不但要学会爱己，还要学会爱人。
你到街上找一个裁缝来裁缝一下。
他这个人很大方。　　　　这可要贻笑大方了。
把这些地道的药材放进地道里去。
你把这些东西放到桌上吧。东西两边都安排好了。
你这个干事怎么能够不干事？
你能行，但人家不行。　　白云深处有人家。
这件事不能让上头知道。　这酒好，即使喝多了也不上头。
买卖兴隆生意好。　　　　春天到了，田野里一片生意。
他这个人不搞玄虚，很实在。

这本书的内容实在很多，你一天看不完。

你看，他们兄弟俩走过来了，那个头小的是哥哥，个头大的可是兄弟呀。

他的运气很好。　　　　他在那儿练功运气。

（2）语句的重音则和文章的感情基调有着密切的关系。一般情况下，需要强调的部分或情感特别丰富的部分需要重读。如"一群群孩子在雪地里堆雪人、掷雪球儿。那欢乐的叫喊声，把树枝上的雪都震落下来了"（作品5号）中的"堆雪人""掷雪球""叫喊声"等就应重读。再如，朗读"我在运动场打秋千跌断了腿，在前往医院途中一直抱着我的，是我妈。爸把汽车停在急诊室门口，他们叫他驶开，说那空位是留给紧急车辆停放的。爸听了便叫嚷道：'你以为这是什么车？旅游车？'"（作品10号）时，就应对最能显示父爱的地方，如"叫嚷道……"一句，用强调性重音来表现父亲的气愤、急切。

2. 声调有系统性缺陷。一般来说，发音时某一声调连续出现3~5次缺陷即可看作"系统性缺陷"。（详见"读单字"部分）

3. 语调不自然。朗读既不同于日常说话，也不同于一般意义上的朗诵。所以说，朗读时不能口语化，语调又不能过分夸张。

4. 出现方言语调或刻意模仿港台腔。（详见"命题说话部分"）

（四）无停连不当

"停连"是停顿和连接的合称。无论是"停"或者"连"，都不是任意的，都应符合思想感情发展变化的要求，都不能引起对词语或句子的肢解或对语义的误解。

1. 根据朗读的需要，在词语之间（没有标点符号显示）、句子之间、段落层次之间出现声音的中断，这就是"停顿"。在原来没有标点符号的词语之间作停顿，时间应短于一般标点符号处的停顿；而在已有标点符号处作停顿，则要求将原来的停顿时间稍作延长。一般来说，语速较慢的文章朗读时需要较多的停顿。本书中停顿用"▲"表示。

如,"它是树中的▲伟丈夫"(作品1号)句中,如在标记处设计停顿,就能对"伟丈夫"起强调作用。

再如,"更为重要的是,读书加惠于人们的不仅是知识的增广,而且还在于▲精神的感化与陶冶"(作品6号)句中,如在标记处设计停顿,就能对论点起强调作用。

又如,"在这幽美的夜色中,我踏着软绵绵的沙滩,沿着海边,慢慢地向前走去。海水,▲轻轻地抚摸着细软的沙滩,发出温柔的刷刷声。晚来的海风,▲清新而又凉爽。我的心里,▲有着说不出的兴奋和愉快"(作品12号)句中,如在标记处分别设计停顿,就能体现出并列成分之间的韵律美。

2. 有时,在文中有标点符号的地方故意缩短停顿时间,这就是"连接",一般来说,语速较快的文章需要较多的连接。本书中,连接用"⌒"表示。

如,"爸爸以前也和你一样小,现在也不能回到你这么小的童年了;有一天你会长大,你会像外祖母一样老;有一天你度过了你的时间,就永远不会回来了"(作品14号)句中,如在标记处分别设计连接,就能有效地表现时间的飞逝。

(五)朗读流畅自然

指没有回读,没有停顿过多甚至按音节崩读等等现象。

(六)快慢适中,符合规定时间

在规定时间(4分钟)内读完400个音节。

二、"啊"的变读

"啊"单独使用或处于句子之前时作叹词,读做"a"。如:
啊!祖国的河山多么壮丽!
啊!太阳出来啦!
"啊"用在句末时作语气词,无论表示陈述、疑问、感叹还是祈使,它的读音要受前一个音节的韵母末尾音素的影响而发生音变。

1. 前一个音节的韵腹或韵尾是 a、o、e、ê、i、ü 时,"啊"音变为 ya,也可写作"呀"。

多美的花啊(呀)!

这是不是徽墨啊(呀)?

快点喝啊(呀)!

今天是星期一啊(呀)!

真是百折不回啊(呀)!

什么时候钓来的鱼啊(呀)?

2. 前一个音节的韵腹或韵尾是 u 时(包括 ao、iao),"啊"音变为 wa,也可写作"哇"。

您在哪儿住啊(哇)?

千万不要迟到啊(哇)!

在哪儿睡觉啊(哇)?

3. 前一个音节的韵尾是 n 时,"啊"音变为 na,也可写作"哪"。

快来看啊(哪)!

这么多吃的,真像是过年啊(哪)!

孩子,小心啊(哪),别把手指割掉!

4. 前一个音节的韵尾是 ng 时,"啊"音变为 nga,仍写作"啊"。

多么可爱的小生灵啊!

小点声啊!

5. 前一个音节的韵母是-i(舌尖前音)时,"啊"音变为 za,仍写作"啊"。

屋里有几张桌子啊?

这可是第一次啊!

这就是外交部礼宾司啊!

6. 前一个音节的韵母是-i(舌尖后音)或 er(包括儿化)时,

"啊"音变为 ra,仍写作"啊"。

你订了几份报纸啊?
没什么招待你,你就随便吃啊!
多美的散文诗啊!
多聪明的小孩儿啊!

[配套练习] 下面这些句子中的"啊"各应该怎样音变(下列各句均出自朗读作品)

这又怪又丑的石头,原来是天上的啊!
嚄!好大的雪啊!
再从家乡放到祖国最需要的地方去啊!
然而,火光啊……
家乡的桥啊,我梦中的桥!
它便敞开美丽的歌喉,唱啊唱,……
油亮的羽毛失去了光泽。是啊,……
这才这般的鲜润啊。
人和动物都是一样啊,……
但这是怎样一个妄想啊。
狗该是多么庞大的怪物啊!
是啊,……
应该奖励你啊!
而是自己的同学啊……
这都是千金难买的幸福啊。

[配套练习] 首先按音变的规则对下面两段对话中的"啊"作音变,然后分角色朗读

甲:这些孩子啊,真可爱啊!
乙:那还用说啊,不然,怎么叫模范幼儿园啊?
甲:你看啊,他们多高兴啊!
乙:是啊!他们又作诗啊,又画画儿啊,老师教得多好啊!

甲:你没见啊,下了课啊,他们唱啊、跳啊,简直像一群小鸟啊!
乙:那你快回去把孩子送来啊!

甲:请问,到图书馆怎么走啊?
乙:咳,原来是你啊!我也正想去图书馆啊,一块儿走吧。
甲:好的。呦!那儿怎么那么多人啊?
乙:买书的呗。什么诗歌啊、小说啊、报告文学啊,全有!
甲:那么多啊,那咱们也去看看啊!
乙:行啊!快走啊!

三、朗读中还应注意的轻声现象

朗读短文时,除了必须注意多音节词语中的轻声现象外,还必须注意其他的轻声现象。(以下各例句均出自朗读作品)

(一)一些句末语气词"吗""呢""吧""啦"等读轻声

1."吗"读轻声。例:

我可以问您一个问题吗?
可以借我十美金吗?
你睡了吗?
我可以向您买一个小时的时间吗?
难道说白话文毫无缺点吗?
喜欢渥太华吗?
犯得着在大人都无须上班的时候让孩子去学校吗?
那还用得着问吗?
你们爱吃花生吗?
他不就是被大家称为"乡巴佬儿"的卡廷吗?
你看见过笋的成长吗?
你看见过被压在瓦砾和石块下面的一棵小草的生长吗?
难道还不够吗?
今天上午有人给你钱吗?

2."呢"读轻声。例：
它的干呢,……
它所有的桠枝呢,……
他现在正在外面等回话呢。
真是摇摇欲坠呢!
那个巨人还在跑呢!
居然觉着有些远呢!
干什么还希望别的呢!
小桥呢?
让贫穷的孩子去学校享受暖气和营养午餐呢?
远着呢!
什么是永远不会回来呢?
其余呢,……
我将什么来比拟你呢?
我怎么比拟得出呢?
我怎舍得你呢?
妻子呢,在外面,她总是听我的。
我为什么不高兴呢?
那么他是如何教育的呢?
还有什么别的权利能与之相比呢?
还没向您请教呢……
怎么不叫人陶醉呢?
怎能不对他产生同情之心呢?
居然觉着有些远呢!

3."吧"读轻声。例：
好吧,……
抽空把它搬走吧。
现在您肯定知道为什么阿诺德的薪水比您高了吧!
这就是人们为什么把及时的大雪称为"瑞雪"的道理吧。

不一定吧!
你们放心吧,……
明天也许就是春天了吧?
看吧,……
就是下小雪吧,……
坚持自己原先的主张吧,……
不坚持吧,……
小学的老师也太倒霉了吧?
就拿奈良的一个角落来说吧,……
就开辟出来种花生吧。
你是出来散步的吧?
完工后就送给你吧!
就让生命顺其自然,水到渠成吧,……
还是走小路吧。
陶校长你打我两下吧!
我看我们的谈话也该结束了吧!
就让我们为他祈祷吧。
明天你就到我的训练场去吧。
让我们说一件最容易做也最令人高兴的事吧,……
多一点儿、再多一点儿喜悦吧,……
你再进来吧。
今天就赠给你吧。
好吧,……
冬天不住成都便住昆明吧。

4. "啦"读轻声。例:

好啦,……
马上就到过夜的地方啦!
活啦。

（二）比况助词"似的"读轻声

故意避免似的　　　　回到了母亲的怀里似的
加以人工似的　　　　开玩笑似的
蓝宝石似的　　　　　流下来似的
牛似的　　　　　　　石子似的
像信号弹似的　　　　要流入空中与心中似的
玉屑似的　　　　　　在里面似的
长在楼顶上似的

四、朗读训练的技巧

将60篇作品反复朗读，甚至到几乎能背的程度，不失为一个办法；但切莫忘记，普通话水平测试主要考查的是应试者的语音标准程度，而不是熟练程度。所以，朗读训练时更应该巧干，具体方法有：

1. 按"朗读提示"中的要求解决重点问题。

2. 找一个同样准备测试的朋友，互相读给对方听，要求对方指出自己的错误及缺陷。

3. 找一个普通话水平明显高于自己的朋友，读给对方听，要求对方指出自己的错误及缺陷。

4. 将自己的朗读用录音机录下来，放给自己听；有条件的，还可将自己的录音与正版录音磁带、光盘对比着听，往往能收到事半功倍的效果。

五、朗读篇目与提示（作品1～60号）

1. 普通话测试要求读400字即可，故本部分满400字处，用"//"标出。

2. 考虑到"实用"的需要，凡涉及到"一""不"变读处皆按变格标注声调符号在该字上方，儿化及"啊"的变读也以变格标注读音。

3. **必读轻声词语中的轻声字以"0"标注在该字上方（非实际**

调值);一般轻读、间或重读的字,我们也注意上标调号。(说明:考虑到实用的需要,只标注易错的必读轻声词,常见的轻声词如结构助词"的""地""得",动态助词"着""了""过",名词后缀"子""头""巴"以及语气词"吗""呢"等一般不作标注。)

作品 1 号

那是力争上游的一种树,笔直的干⁽¹⁾,笔直的枝。它的干呢,通常是丈把高,像是加以人工似的⁽²⁾,一丈以内,绝无旁枝;它所有的桠枝⁽³⁾呢,一律向上,而且紧紧靠拢,也像是加以人工似的,成为一束,绝无横斜逸出;它的宽大的叶子也是片片⁽⁴⁾向上,几乎没有斜生的,更不用说倒垂了;它的皮,光滑而有银色的晕圈⁽⁵⁾,微微泛出淡青色。这是虽在北方的风雪的压迫下却保持着倔强⁽⁶⁾挺立的一种树!哪怕只有碗来粗细罢,它却努力向上发展,高到丈许,两丈,参天耸立,不折不挠⁽⁷⁾,对抗着西北风。

这就是白杨树,西北极普通的一种树,然而决不是平凡的树!

它没有婆娑⁽⁸⁾的姿态,没有屈曲盘旋的虬枝⁽⁹⁾,也许你要说它不美丽,——如果美是专指"婆娑"或"横斜逸出"之类而言,那么,白杨树算不得树中的好女子;但是它却是伟岸,正直,朴质,严肃,也不缺乏温和,更不用提它的坚强不屈与挺拔,它是树中的伟丈夫!当你在积雪初融的高原上走过,看见平坦的大地上傲然挺立这么一株或一排白杨树,难道你就只觉得树只是树,难道你就不想到它的朴质,严肃,坚强不屈,至少也象征了北方的农民;难道你竟一点儿⁽¹⁰⁾也不联想到,在敌后的广大土//地上,到处有坚强不屈,就像这白杨树一样傲然挺立的守卫他们家乡的哨兵!难道你又不更远一点想到这样枝枝叶叶靠紧团结,力求上进的白杨树,宛然象征了今天在华北平原纵横决荡用血写出新中国历史的那种精神和意志。

节选自茅盾《白杨礼赞》

[语音提示]

(1) 干 gàn　　　　　　(2) 似的 shì de
(3) 桠枝 yā zhī　　　　(4) 片 piàn
(5) 晕圈 yùn quān　　　(6) 倔强 jué jiàng
(7) 不折不挠 bù zhé bù náo　(8) 婆娑 pó suō
(9) 虬枝 qiú zhī　　　　(10) 一点儿 yì diǎr

[朗读提示]

文章的基调是热情洋溢的,节奏是高亢激扬的。所选第一自然段前两句描写白杨树的外貌,朗读时声音可以稍显平缓,但语气应坚定。"这是虽在北方的风雪的压迫下▲却保持着倔强挺立的一种树"一句在"压迫下"后略作停顿,"倔强挺立"处加上重音。第一自然段末句语调应逐渐高昂,在"参天耸立""不折不挠"处加上重音。第二自然段承上启下,朗读"极普通"时,语气应更加坚定,并加上重音,顺利实现节奏的转换。第三自然段运用对比凸显它是树中的伟丈夫,朗读时,在第一个分号前声音略显平缓,之后"伟岸,正直,朴质,严肃"处加上重音,"温和"处语速较前四个词语要舒缓。"更不用提它的坚强不屈▲与挺拔,它是树中的▲伟丈夫"

一句在"坚强不屈"后、"伟丈夫"前设计强调性的停顿,并给"伟丈夫"加上重音。结尾的四个反问句点明文章的主题,语义上层层推进,朗读时语调要节节上升,以显示出文章的气势。"难道你就只觉得树▲只是树"一句在第一个"树"后略作停顿,"就像这白杨树一样傲然挺立的▲守卫他们家乡的哨兵"一句在"挺立的"后略作停顿,"宛然象征了今天在华北平原纵横决荡▲用血写出新中国历史的▲那种精神和意志"一句在"纵横决荡""历史的"后略作停顿。

作品 2 号

两个同龄(1)的年轻人同时受雇于一家店铺(2),并且拿同样的薪水。

可是一段时间后,叫阿诺德(3)的那个小伙子青云直上,而那个叫布鲁诺的小伙子却仍在原地踏步。布鲁诺很不满意老板的不公正待遇。终于有一天他到老板那儿(4)发牢骚(5)了。老板一边耐心地听着他的抱怨,一边在心里盘算着怎样(6)向他解释清楚他和阿诺德之间的差别。

"布鲁诺先生,"老板开口说话了,"您现在到集市上去一下,看看今天早上有什么(7)卖的。"

布鲁诺从集市上回来向老板汇报说,今早集市上只有一个农民拉了一车土豆在卖。

"有多少?"老板问。

布鲁诺赶快戴上帽子又跑到集上,然后回来告诉老板一共四十袋土豆。

"价格是多少?"

布鲁诺又第三次跑到集上问来了价格。

"好吧,"老板对他说,"现在请您坐到这把椅子上一句话也不要说,看看阿诺德怎么说。"

阿诺德很快就从集市上回来了。向老板汇报说到现在为止只有一个农民在卖土豆,一共四十口袋,价格是多少多少;土豆质量(8)很不错,他带回来一个让老板看看。这个农民一个钟头(9)以后还会弄来几箱西红柿,据他看价格非常公道。昨天他们铺子的西红柿卖得很快,库存已经不//多了。他想这么便宜(10)的西红柿,老板肯定会要进一些的,所以他不仅带回了一个西红柿做样品,而且把那个农民也带来了,他现在正在外面等回话呢。

此时老板转向了布鲁诺,说:"现在您肯定知道为什么阿诺德的薪水比您高了吧!"

节选自张健鹏、胡足青主编《故事时代》中《差别》

[**语音提示**]

(1) 同龄 tóng líng　　(2) 店铺 diàn pù
(3) 诺 nuò　　　　　(4) 那儿 nàr
(5) 牢骚 láo sāo　　　(6) 怎样 zěn yàng
(7) 什么 shén me　　　(8) 质量 zhì liàng

(9) 钟头 zhōng tóu　　(10) 便宜 pián yi

[朗读提示]

故事中,处处显示出两个年轻人之间的差别,朗读时语气上也应有所不同。在第二自然段第一句"青云直上"与"原地踏步"处加上重音,以显出两者的差别。第二句"很不满意"适当重读,以表现布鲁诺的情绪。"老板一边耐心地听着他的抱怨,一边在心里盘算着▲怎样向他解释清楚▲他和阿诺德之间的差别"这一长句,在"盘算着""解释清楚"后略作停顿,能与老板深思熟虑的情境相吻合。文中多处引用老板的话,显然语气应比较严肃、沉稳,语速可稍慢。"布鲁诺赶快戴上帽子又跑到集上"和"布鲁诺又第三次跑到集上问来了价格"两句中对"赶快""又""第三次"可适当重读,并略带讽刺的口吻,以表现布鲁诺的愚钝。朗读阿诺德回复的话语时,语速可略微加快,语气中充满肯定。最后老板的一句话中"肯定"加以重读,以显示出老板的耐心、智慧并略带轻微的嘲讽。

作品 3 号

我常常遗憾我家门前那块丑石:它黑黝黝[1]地卧在那里,牛似[2]的模样[3];谁也不知道是什么[4]时候留在这里的,谁也不去理会它。只是麦收时节,门前摊了麦子,奶奶总是说:这块丑石,多占地面呀,抽空[5]把它搬走吧。

它不像汉白玉那样的细腻[6],可以刻字雕花,也不像大青石那样的光滑,可以供[7]来浣纱[8]捶布。它静静地卧在那里,院边的槐阴没有庇覆[9]它,花儿也不再在它身边生长。荒草便繁衍[10]出来,枝蔓⁽¹¹⁾上下,慢慢地,它竟锈上了绿苔⁽¹²⁾、黑斑。我们这些做孩子的,也讨厌起它来,曾合伙要搬走它,但力气又不足;虽时时咒骂⁽¹³⁾它,嫌弃它,也无可奈何,只好任它留在那里了。

终有一日,村子里来了一个天文学家。他在我家门前路过,突然发现了这块石头,眼光立即⁽¹⁴⁾就拉直了。他再没有离开,就住了下来;以后又来了好些人,都说这是一块陨石⁽¹⁵⁾,从天上落下来已经有二三百年了,是一件了不起⁽¹⁶⁾的东西。不久便来了车,小心翼翼地将它运走了。

这使我们都很惊奇,这又怪又丑的石头,原来是天上的啊⁽¹⁷⁾!它补过天,在天上发过热、闪过光,我们的先祖或许仰望过它,它给了他们光明、向往、憧憬⁽¹⁸⁾;而它落下来了,在污土里,荒草里,一躺就//是几百年了!

我感到自己的无知,也感到了丑石的伟大,我甚至怨恨它这么多年竟会默默地忍受着这一切!而我又立即深深地感到它那种不屈于误解、寂寞的生存的伟大。

节选自贾平凹《丑石》

[语音提示]
(1) 黑黝黝 hēi yǒu yǒu/hēi yōu yōu　　(2) 似的 shì de
(3) 模样 mú yàng　　(4) 什么 shén me
(5) 抽空 chōu kòng　　(6) 细腻 xì nì
(7) 供 gōng　　(8) 浣纱 huàn shā

(9) 庇覆 bì fù　　　　　　(10) 繁衍 fán yǎn
(11) 枝蔓 zhī màn　　　　(12) 绿苔 lǜ tái
(13) 咒骂 zhòu mà　　　　(14) 立即 lì jí
(15) 陨石 yǔn shí　　　　(16) 了不起 liǎo bu qǐ
(17) 天上的啊 tiān shang de ya　(18) 憧憬 chōng jǐng

[朗读提示]

朗读文章时首先要注意作者对丑石态度的变化。朗读第一、第二自然段时声音平缓，语气略显无奈，在"竟""讨厌"等充满感情色彩的词语上适当重读，突出厌恶之情。在第三自然段文章的感情色彩开始转变，所以在朗读"突然""立即""了不起"时适当重读，表达惊讶之情。朗读第四自然段时应饱含赞叹之情，语调逐渐高昂，至"它给了他们光明、向往、憧憬"时达到高潮。"光明、向往、憧憬"三个词用加重并延长的重音加以强调，每个词间停顿略长，语气坚定。之后"而它落下来了……"这一分句则声音低缓，前后形成鲜明对比。文章的结尾部分揭示了主题，朗读时要用肯定的语气、舒缓的节奏。"我甚至怨恨它▲这么多年竟会默默地忍受着这一切"一句"怨恨""这么多年""忍受"几个词可运用加重并延长的重音加以强调。末句在"生存的伟大"前略作停顿，并用相当缓慢的语速朗读"生存的伟大"，表现出作者的感悟。

作品 4 号

在达瑞八岁的时候，有一天他想去看电影。因为[1]没有钱，他想是向爸妈要钱，还是自己挣[2]钱。最后他选择了后者。他自己调制[3]了一种汽水[4]，向过路的行人出售。可那时正是寒冷的冬天，没有人买，只有两个人例外——他的爸爸和妈妈。

他偶然有一个和非常成功的商人谈话的机会。当他对商人讲述了自己的"破产史"后,商人给了他两个重要的建议:一是尝试为别人解决一个难题;二是把精力集中在你知道的、你会的和你拥有的东西上。

这两个建议很关键。因为对于一个八岁的孩子而言,他不会做的事情很多。于是他穿过大街小巷(5),不停地思考:人们会有什么(6)难题,他又如何利用这个机会?

一天,吃早饭时父亲让达瑞去取报纸。美国的送报员总是把报纸从花园篱笆的一个特制的管子里塞(7)进来。假如你想穿着睡衣舒舒服服(8)地吃早饭和看报纸,就必须离开温暖的房间,冒着寒风,到花园去取。虽然路短,但十分麻烦。

当达瑞为父亲取报纸的时候,一个主意(9)诞生(10)了。当天他就按响邻居的门铃,对他们说,每个月只需付给他一美元,他就每天早上把报纸塞到他们的房门底下。大多数人都同意了,很快他有//了七十多个顾客。一个月后,当他拿到自己赚的钱时,觉得自己简直是飞上了天。

很快他又有了新的机会,他让他的顾客每天把垃圾袋放在门前,然后由他早上运到垃圾桶里,每个月加一美元。之后他还想出了许多孩子赚钱的办法,并把它集结成书,书名为《儿童挣钱的二百五十个主意》。为此,达瑞十二岁时就成了畅销书作家,十五岁有了自己的谈话节目,十七岁就拥有了几百万美元。

节选自[德]博多·舍费尔《达瑞的故事》,刘志明译

[语音提示]

(1) 因为 yīn·wèi　　　　(2) 挣 zhèng
(3) 调制 tiáo zhì　　　　(4) 汽水 qì shuǐ
(5) 巷 xiàng　　　　　　(6) 什么 shén me
(7) 塞 sāi　　　　　　　(8) 舒舒服服 shū shū- fú fú/
　　　　　　　　　　　　　　shū shu- fū fū
(9) 主意 zhǔ yi/zhú yi　 (10) 诞生 dàn shēng

[朗读提示]

文章朗读时语调要平实,娓娓动听。第二自然段中商人的建议应适当强调,放慢语速并运用重音,如"重要的建议""解决""你知道的""你会的""你拥有的"要重读。第三自然段的末句达瑞所做的思考:"人们会有什么难题,他又如何利用这个机会",可通过放慢语速,放轻声音来表现。第五自然段开头"诞生"可适当重读,语气中充满惊喜。朗读末句时应适当加快语速,"飞上了天"语调上扬,以表现达瑞成功的喜悦。朗读第六自然段时语气稍显欢快。末句中"十二岁""十五岁""十七岁"语调逐渐上升,使朗读在高潮中结束。

作品 5 号

这是入冬以来,胶东半岛上第二场雪。

雪纷纷扬扬,下得很大。开始还伴着一阵儿⁽¹⁾小雨,不久就只见大片大片的雪花,从彤云⁽²⁾密布的天空中飘落下来。地面上一

会儿⁽³⁾就白了。冬天的山村,到了夜里就万籁俱寂⁽⁴⁾,只听得雪花簌簌地⁽⁵⁾不断往下落,树木的枯枝被雪压断了,偶尔⁽⁶⁾咯吱⁽⁷⁾一声响。

大雪整整下了一夜。今天早晨,天放晴了,太阳出来了。推开门一看,嗬!好大的雪啊⁽⁸⁾!山川、河流、树木、房屋,全都罩上了一层厚厚的雪,万里江山,变成了粉妆玉砌⁽⁹⁾的世界。落光了叶子的柳树上挂满了毛茸茸亮晶晶的银条儿⁽¹⁰⁾;而那些冬夏常青的松树和柏树⁽¹¹⁾上,则挂满了蓬松松沉甸甸的雪球儿⁽¹²⁾。一阵风吹来,树枝轻轻地摇晃,美丽的银条儿和雪球儿簌簌⁽¹³⁾地落下来,玉屑⁽¹⁴⁾似的⁽¹⁵⁾雪末儿⁽¹⁶⁾随风飘扬,映着清晨的阳光,显出一道道五光十色的彩虹。

大街上的积雪足有一尺多深,人踩上去,脚底下发出咯吱咯吱的响声。一群群孩子在雪地里堆雪人,掷⁽¹⁷⁾雪球儿。那欢乐的叫喊声,把树枝上的雪都震落下来了。

俗话说,"瑞雪兆⁽¹⁸⁾丰年"。这个话有充分的科学根据,并不是一句迷信的成语。寒冬大雪,可以冻死一部分越冬的害虫;融化了的水渗⁽¹⁹⁾进土层深处,又能供应⁽²⁰⁾//庄稼生长的需要。我相信这一场十分及时的大雪,一定会促进明年春季作物,尤其是小麦的丰收。有经验的老农把雪比做是"麦子的棉被"。冬天"棉被"盖得越厚,明春麦子就长得越好,所以又有这样一句谚语⁽²¹⁾:"冬天麦盖三层被,来年枕着馒头睡"。

我想,这就是人们为什么⁽²²⁾把及时的大雪称为"瑞雪"的道理吧。

节选自峻青《第一场雪》

[语音提示]
(1) 一阵儿 yí zhèr　　(2) 彤云 tóng yún
(3) 一会儿 yí huìr　　(4) 万籁俱寂 wàn lài jù jì
(5) 簌簌地 sù sù de　　(6) 偶尔 ǒu'ěr
(7) 咯吱 gē zhī　　(8) 雪啊 xuě ya
(9) 粉妆玉砌 fěn zhuāng yù qì　　(10) 银条儿 yín tiáor
(11) 柏树 bǎi shù　　(12) 雪球儿 xuě qiúr
(13) 簌簌 sù sù　　(14) 玉屑 yù xiè
(15) 似的 shì de　　(16) 雪末儿 xuě mòr
(17) 掷 zhì　　(18) 兆 zhào
(19) 渗 shèn　　(20) 供应 gōng yìng
(21) 谚语 yàn yǔ　　(22) 为什么 wèi shén me

[朗读提示]
文章充满了对瑞雪的赞美。第二自然段描写下雪的场面,朗读时要围绕"雪下得很大"来设计重音,如"纷纷扬扬""大片大片"等。第三、第四自然段饱含着作者的喜爱和赞美之情,朗读时要充分调动自己的视觉和听觉感受,用轻快的节奏、明亮的声音来表现,比如作者初见雪景时充满了惊喜,朗读时就应节奏轻快,语调较高。文章的结尾是议论性的,朗读时语气则要沉稳、舒缓,适当运用重音表达作者的观点,如"及时""丰收""瑞雪"等。

作品 6 号

我常想读书人是世间幸福人,因为⁽¹⁾他除了拥有现实的世界之外,还拥有另一个更为⁽²⁾浩瀚⁽³⁾也更为丰富的世界。现实的世界是人人都有的,而后一个世界却为⁽⁴⁾读书人所独有。由此我想,那些失去或不能阅读的人是多么的不幸,他们的丧失⁽⁵⁾是不可补偿的。世间有诸多的不平等,财富的不平等,权力的不平等,而阅读能力的拥有或丧失却体现为精神的不平等。

一个人的一生,只能经历自己拥有的那一份欣悦,那一份苦难,也许再加上他亲自闻知的那一些关于自身以外的经历和经验。然而,人们通过阅读,却能进入不同时空的诸多他人的世界。这样,具有阅读能力的人,无形间获得了超越有限生命的无限可能性。阅读不仅使他多识了草木虫鱼之名,而且可以上溯⁽⁶⁾远古下及未来,饱览存在的与非存在的奇风异俗。

更为⁽⁷⁾重要的是,读书加惠⁽⁸⁾于人们的不仅是知识的增广,而且还在于精神的感化与陶冶⁽⁹⁾。人们从读书学做人,从那些往哲先贤以及当代才俊的著述中学得他们的人格。人们从《论语》中学得智慧的思考,从《史记》中学得严肃的历史精神,从《正气歌》中学得人格的刚烈,从马克思学得人世//的激情,从鲁迅学得批判精神,从托尔斯泰学得道德的执著[10]。歌德的诗句刻写着睿智[11]的人生,拜伦的诗句呼唤着奋斗的热情。一个读书人,一个有机会拥有超乎个人生命体验的幸运人。

节选自谢冕《读书人是幸福人》

[语音提示]

(1) 因为 yīn·wèi　　　(2) 为 wéi
(3) 浩瀚 hào hàn　　　(4) 为 wéi
(5) 丧失 sàng shī　　　(6) 上溯 shàng sù
(7) 为 wéi　　　　　　(8) 惠 huì
(9) 陶冶 táo yě　　　　(10) 执著 zhí zhuó
(11) 睿智 ruì zhì

[朗读提示]

短文论点鲜明,论据有力。朗读时语气要肯定,态度要明朗,声音要明亮清晰。第一自然段第一、第二句中"幸福人""浩瀚""丰富""独有"可适当重读。第三、第四句中"不幸""不可补偿""精神"可重读,与前两句表现出的读书幸福感产生鲜明的对比。第二自然段中朗读"无形间获得了超越有限生命的无限可能性"一句时语气应逐渐加强,"无形间""超越""无限""可能性"几个词重读,以突出阅读最为重要的意义。第三自然段的排比句气势连贯,可适当加快语速,以显示无可辩驳的力量。最后一句中"超乎""生命体验""幸运人"适当重读。

作品 7 号

一天,爸爸下班回到家已经很晚了,他很累也有点儿[1]烦,他发现五岁的儿子靠在门旁正等着他。

"爸,我可以问您一个问题吗?"

"什么⑵问题?""爸,您一小时可以赚⑶多少钱?""这与⑷你无关,你为什么问这个问题?"父亲生气地说。

"我只是想知道,请告诉我,您一小时赚多少钱?"小孩儿⑸哀求道。"假如你一定要知道的话,我一小时赚二十美金。"

"哦,"小孩儿低下了头,接着又说,"爸,可以借我十美金吗?"父亲发怒了:"如果你只是要借钱去买毫无意义的玩具的话,给我回到你的房间睡觉去。好好⑹想想为什么你会那么自私。我每天辛苦工作,没时间和你玩儿小孩子的游戏。"

小孩儿默默地回到自己的房间关上门。

父亲坐下来还在生气。后来,他平静下来了。心想他可能对孩子太凶了——或许孩子真的很想买什么东西,再说他平时很少要过钱。

父亲走进孩子的房间:"你睡了吗?""爸,还没有,我还醒着。"孩子回答。

"我刚才可能对你太凶了,"父亲说,"我不应该发那么大的火儿⑺——这是你要的十美金。""爸,谢谢您。"孩子高兴地从枕头下拿出一些被弄皱⑻的钞票,慢慢地数着。

"为什么你已经有钱了还要?"父亲不解地问。

"因为⁽⁹⁾原来不够,但现在凑够了。"孩子回答:"爸,我现在有//二十美金了,我可以向您买一个小时的时间吗?明天请早一点儿回家——我想和您一起吃晚餐。"

节选自唐继柳编译《二十美金的价值》

[语音提示]
(1) 有点儿 yǒu diǎr　　(2) 什么 shén me
(3) 赚 zhuàn　　　　　(4) 与 yǔ
(5) 小孩儿 xiǎo hár　　(6) 好好 hǎo hǎo/hǎo hāor
(7) 火儿 huǒr　　　　　(8) 弄皱 nòng zhòu
(9) 因为 yīn·wèi

[朗读提示]
故事情节曲折动人,主要以人物对白展开。朗读时要注意区分不同角色的语气。在朗读前五个自然段中父亲的话时,语气应充满厌烦、愤怒,节奏较快;而孩子的问话则小心谨慎,语气中带着祈求和迫切的意味,要用较高且上扬的语调。之后父亲的话语是略带歉疚的,语调应变得平和舒缓;而此时孩子的语气是充满喜悦的,节奏应较为轻快。朗读孩子的最后一句话时,语速稍微放缓,语气中带着祈求,以表现孩子对父爱的渴求。

作品 8 号

我爱月夜,但我也爱星天。从前在家乡七八月的夜晚在庭院里纳凉的时候,我最爱看天上密密麻麻的繁星。望着星天,我就会忘记一切,仿佛⁽¹⁾回到了母亲的怀里似的⁽²⁾。

三年前在南京我住的地方有一道后门,每晚我打开后门,便看见一个静寂⁽³⁾的夜。下面是一片菜园,上面是星群密布的蓝天。星光在我们的肉眼里虽然微小,然而它使我们觉得光明无处不在。那时候我正在读一些天文学的书,也认得一些星星,好像它们就是我的朋友,它们常常在和我谈话一样。

如今在海上,每晚和繁星相对,我把它们认得很熟⁽⁴⁾了。我躺在舱面上,仰望天空。深蓝色的天空里悬着无数半明半昧⁽⁵⁾的星。船在动,星也在动,它们是这样低,真是摇摇欲坠⁽⁶⁾呢!渐渐地我的眼睛模糊了,我好像看见无数萤火虫在我的周围飞舞。海上的夜是柔和的,是静寂的,是梦幻的。我望着许多认识的星,我仿佛看见它们在对我眨眼⁽⁷⁾,我仿佛听见它们在小声说话。这时我忘记了一切。在星的怀抱中我微笑着,我沉睡着。我觉得自己是一个小孩子,现在睡在母亲的怀里了。

有一夜,那个在哥伦波上船的英国人指给我看天上的巨人。他用手指着://那四颗明亮的星是头,下面的几颗是身子,这几颗是手,那几颗是腿和脚,还有三颗星算是腰带。经他这一番指点,我果然看清楚了那个天上的巨人。看,那个巨人还在跑呢!

节选自巴金《繁星》

[语音提示]
(1) 仿佛 fǎng fú　　(2) 似的 shì de
(3) 静寂 jìng jì　　(4) 熟 shú
(5) 昧 mèi　　(6) 摇摇欲坠 yáo yáo yù zhuì
(7) 眨眼 zhǎ yǎn

[朗读提示]
文章基调是平和、亲切、朴实的。朗读时语调要平实自然些，节奏要舒缓，感情内敛而深沉。第一自然段"我爱月夜，但我也爱星天"一句中"星天"可重读，突出描写对象。对母亲的思念是这篇文章的潜在感情脉络，所以朗读"望着星天，我就会忘记一切，仿佛回到了母亲的怀里似的"这一句时声音要低缓，充满了陶醉与回忆，朗读"母亲的怀里"几个字时声音轻柔，语调较高，语气中洋溢着重回母亲怀抱般的幸福与温暖。第三自然段用拟人的手法写星星，仿佛它们真的在眨眼，在低声说话，朗读时要充分调动自己的视觉、听觉等方面的感受，展开丰富的想象，使自己的思想感情随作者一起运动起来，并用轻快的节奏表现这种动感。段末"母亲的怀里"应重读，与首段相呼应，强调感受的真实，表达作者对繁星的喜爱，也道出了对母亲的爱。

作品 9 号

假日⑴到河滩上转转，看见许多孩子在放风筝。一根根长长的引线，一头系⑵在天上，一头系在地上，孩子同风筝都在天与地之间悠荡⑶，连心也被悠荡得恍恍惚惚了，好像又回到了童年。

儿时放的风筝，大多是自己的长辈或家人编扎⑷的，几根削⑸得很薄⑹的篾⑺，用细纱线扎成各种鸟兽的造型，糊上雪白的纸片,再用彩笔勾勒出面孔与翅膀的图案。通常扎得最多的是"老雕""美人儿"(8)"花蝴蝶"等。

我们家前院就有位叔叔,擅扎风筝(9),远近闻名。他扎的风筝不只体型好看,色彩艳丽,放飞得高远,还在风筝上绷一叶用蒲苇(10)削成(11)的膜片,经风一吹,发出"嗡嗡"的声响,仿佛是风筝的歌唱,在蓝天下播扬,给开阔的天地增添了无尽的韵味,给驰荡的童心带来几分疯狂。

我们那条胡同(12)的左邻右舍的孩子们放的风筝几乎(13)都是叔叔编扎的。他的风筝不卖钱,谁上门去要,就给谁,他乐意自己贴钱买材料。

后来,这位叔叔去了海外,放风筝也渐与孩子们远离了。不过年年叔叔给家乡写信,总不忘提起儿时的放风筝。香港回归之后,他在家信中说到,他这只被故乡放飞到海外的风筝,尽管(14)飘荡游弋(15),经沐风雨,可那线头儿(16)一直在故乡和//亲人手中牵着,如今飘得太累了,也该要回归到家乡和亲人身边来了。

是的。我想,不光是叔叔,我们每个人都是风筝,在妈妈手中牵着,从小放到大,再从家乡放到祖国最需要的地方去啊(17)!

节选自李恒瑞《风筝畅想曲》

[语音提示]

(1) 假日 jià rì   (2) 系 jì

(3) 悠荡 yōu dàng　　(4) 编扎 biān zā
(5) 削 xiāo　　　　　(6) 薄 báo
(7) 篾 miè　　　　　(8) 人儿 rér
(9) 擅扎风筝 shàn zā fēng zheng　(10) 蒲苇 pú wěi
(11) 削成 xiāo chéng　(12) 胡同 hú tòr
(13) 几乎 jī hū　　　(14) 尽管 jǐn guǎn
(15) 游弋 yóu yì　　　(16) 线头儿 xiàn tóur
(17) 啊 ya

[朗读提示]

　　文章的节奏是平缓的，朗读时要用中等的语速，柔和的音色来表现。朗读第一自然段"连心也被悠荡得恍恍惚惚了，好像又回到了童年"一句中"恍恍惚惚"时语速逐渐放缓，表现出作者思绪也随着风筝的悠荡慢慢地回到童年。第二至四自然段是作者对儿时的回忆，朗读时语气中要带着几分喜悦与怀念。第三自然段语速适当加快，朗读"给开阔的天地增添了无尽的韵味，给驰荡的童心带来几分疯狂"一句时，语气应显得欢快。文章最后两个自然段充满对人生的感悟，语气则应逐渐舒缓、深沉。朗读"如今飘得太累了，也该要回归到家乡和亲人身边来了"时语速应放缓，"太累了"可适当延长读音，以表现出游子在海外长期漂泊的艰辛以及对家乡深深的眷念。最后一句点出文章的主旨，语气坚定，"最需要"应重读。

作品10号

　　爸不懂得怎样表达爱，使我们一家人融洽(1)相处(2)的是我妈。他只是每天上班下班，而妈则把我们做过的错事开列清单，然后由他来责骂我们。

有一次我偷了一块糖果,他要我把它送回去,告诉卖糖的说是我偷来的,说我愿意替他拆箱卸货(3)作为赔偿。但妈妈却明白我只是个孩子。

我在运动场打秋千跌断了腿,在前往医院途中一直抱着我的,是我妈。爸把汽车停在急诊室门口,他们叫他驶开,说那空位(4)是留给紧急车辆停放的。爸听了便叫嚷道:"你以为这是什么(5)车?旅游车?"

在我生日会上,爸总是显得有些不大相称(6)。他只是忙于吹气球,布置餐桌,做杂务。把插着蜡烛的蛋糕推过来让我吹的,是我妈。

我翻阅照相册时,人们总是问:"你爸爸是什么样子的?"天晓得(7)!他老是忙着替别人拍照。妈和我笑容可掬(8)地一起拍的照片(9),多得不可胜数(10)。

我记得妈有一次叫他教(11)我骑自行车。我叫他别放手,但他却说是应该放手的时候了。我摔倒之后,妈跑过来扶我,爸却挥手要她走开。我当时生气极了,决心要给他点儿(12)颜色看。于是我马上爬上自行车,而且自己骑给他看。他只是微笑。

我念大学时,所有的家信都是妈写的。他//除了寄支票外,还寄过一封短柬(13)给我,说因为(14)我不在草坪上踢足球了,所以他的草坪长得很美。

每次我打电话回家,他似乎⁽¹⁵⁾都想跟我说话,但结果⁽¹⁶⁾总是说:"我叫你妈来接。"

我结婚⁽¹⁷⁾时,掉眼泪的是我妈。他只是大声擤⁽¹⁸⁾了一下鼻子,便走出房间。

我从小到大都听他说:"你到哪里去?什么时候回家?汽车有没有汽油?不,不准去。"爸完全不知道怎样表达爱。除非……

会不会是他已经表达了,而我却未能察觉?

节选自[美]艾尔玛·邦贝克《父亲的爱》

[语音提示]
(1) 融洽 róng qià　　　　(2) 相处 xiāng chǔ
(3) 拆箱卸货 chāi xiāng xiè huò　(4) 空位 kòng wèi
(5) 什么 shén me　　　　(6) 相称 xiāng chèn
(7) 晓得 xiǎo de　　　　(8) 笑容可掬 xiào róng kě jū
(9) 照片 zhào piàn　　　(10) 不可胜数 bù kě shèng shǔ
(11) 教 jiāo　　　　　　(12) 点儿 diǎr
(13) 短柬 duǎn jiǎn　　　(14) 因为 yīn·wèi
(15) 似乎 sì hū　　　　　(16) 结果 jié guǒ
(17) 结婚 jié hūn　　　　(18) 擤 xǐng

[朗读提示]
文章前九个自然段都用对比来说明爸爸不懂得怎样表达爱,朗读时可运用对比的方式来读。如读到妈妈对"我"的爱,语气是温柔的、赞美的;而读到爸爸对"我"的爱时,要以"埋怨"的口气表现出"不理解"。同时文中又无处不显示出父亲对"我"深沉而强烈的爱,只是"我"未能察觉而已。所以,对能显示父爱的地方,如"叫

嚷道"一句,要用强调性重音来表现父亲的气愤、急切;朗读"你到哪里去?什么时候回家?汽车有没有汽油?不,不准去"几句时,语气威严、坚定,表现出父亲独有的关爱方式。文章最后两个自然段是点睛之笔,"除非……"处要有较长的停顿和拖腔,最后用低缓、深沉的语气来表现作者思考和顿悟的过程。

作品 11 号

一个大问题一直盘踞⁽¹⁾在我脑袋里:

"世界杯"怎么会有如此巨大的吸引力?除去足球本身的魅力⁽²⁾之外,还有什么超乎其上而更伟大的东西?

近来观看世界杯,忽然从中得到了答案:是由于一种无上崇高的精神情感——国家荣誉感!

地球上的人都会有国家的概念,但未必时时都有国家的感情。往往人到异国,思念家乡,心怀故国,这国家概念就变得有血⁽³⁾有肉,爱国之情来得非常具体。而现代社会,科技昌达,信息快捷,事事上网,世界真是太小太小,国家的界限似乎⁽⁴⁾也不那么清晰了。再说足球正在快速世界化,平日里各国球员频繁转会⁽⁵⁾,往来随意,致使越来越多的国家联赛都具有国际的因素。球员们不论国籍,只效力于自己的俱乐部,他们比赛时的激情中完全没有爱国主义的因子⁽⁶⁾。

然而,到了"世界杯"大赛,天下大变。各国球员都回国效力,穿上与光荣的国旗同样色彩的服装。在每一场比赛前,还高唱国歌以宣誓对自己祖国的挚爱[7]与忠诚。一种血缘[8]情感开始在全身的血管[9]里燃烧起来,而且立刻热血沸腾[10]。

在历史时代,国家间经常发生对抗,好男儿戎装[11]卫国。国家的荣誉往往需要以自己的生命去//换取。但在和平时代,唯有这种国家之间大规模对抗性的大赛,才可以唤起那种遥远而神圣的情感,那就是:为祖国而战!

节选自冯骥才《国家荣誉感》

[语音提示]
(1) 盘踞 pán jù
(2) 魅力 mèi lì
(3) 血 xiě
(4) 似乎 sì hū
(5) 转会 zhuǎn huì
(6) 因子 yīn zǐ
(7) 挚爱 zhì 'ài
(8) 血缘 xuè yuán
(9) 血管 xuè guǎn
(10) 热血沸腾 rè xuè fèi téng
(11) 戎装 róng zhuāng

[朗读提示]
作者结合古今事实进行比较,说明世界杯所唤起的爱国情正是其魅力所在,观点鲜明,论证有力。朗读时声音要坚定有力,并适当运用重音。如第二自然段中"精神情感"适当重读,以突出本文中心论点。朗读第四自然段时,语气可稍缓,能与下面"世界杯"比赛表现出的激昂的爱国情怀进行对比。朗读第五、第六自然段时对能体现球员爱国之情的关键词句,如第五自然段中"高唱国歌""祖国""挚爱""忠诚""血缘情感"等都可加上重音并适当延长。文章末句"为祖国而战"富有号召力,朗读时语气应坚定且昂扬。

作品 12 号

夕阳落山不久,西方的天空,还燃烧着一片橘红色的晚霞。大海,也被这霞光染成了红色,而且比天空的景色更要壮观。因为(1)它是活动的,每当一排排波浪涌起的时候,那映照在浪峰上的霞光,又红又亮,简直就像一片片霍霍(2)燃烧着的火焰,闪烁着,消失了。而后面的一排,又闪烁(3)着,滚动着,涌了过来。

天空的霞光渐渐地淡下去了,深红的颜色变成了绯红(4),绯红又变为(5)浅红。最后,当这一切红光都消失了的时候,那突然显得高而远了的天空,则呈现出一片肃穆(6)的神色。最早出现的启明星,在这蓝色的天幕上闪烁起来了。它是那么大,那么亮,整个广漠的天幕上只有它在那里放射着令人注目的光辉,活像一盏悬挂在高空的明灯。

夜色加浓,苍空中的"明灯"越来越多了。而城市各处的真的灯火也次第亮了起来,尤其是围绕(7)在海港周围山坡上的那一片灯光,从半空倒映在乌蓝的海面上,随着波浪,晃动(8)着,闪烁着,像一串流动着的珍珠,和那一片片密布在苍穹(9)里的星斗(10)互相辉映,煞(11)是好看。

在这幽美的夜色中,我踏着软绵绵(12)的沙滩,沿着海边,慢慢地向前走去。海水,轻轻地抚摸⁽¹³⁾着细软的沙滩,发出温柔的∥刷刷声。晚来的海风,清新而又凉爽。我的心里,有着说不出的兴奋⁽¹⁴⁾和愉快。

夜风轻飘飘地吹拂⁽¹⁵⁾着,空气中飘荡着一种大海和田禾相混合的香味儿⁽¹⁶⁾,柔软的沙滩上还残留着白天太阳炙晒⁽¹⁷⁾的余温。那些在各个工作岗位上劳动了一天的人们,三三两两地来到这软绵绵的沙滩上,他们浴着凉爽的海风,望着那缀⁽¹⁸⁾满了星星的夜空,尽情地说笑,尽情地休憩⁽¹⁹⁾。

节选自峻青《海滨仲夏夜》

[**语音提示**]

(1) 因为 yīn·wèi　　(2) 霍霍 huò huò
(3) 闪烁 shǎn shuò　　(4) 绯红 fēi hóng
(5) 为 wéi　　(6) 肃穆 sù mù
(7) 围绕 wéi rào　　(8) 晃动 huàng dòng
(9) 苍穹 cāng qióng　　(10) 星斗 xīng dǒu
(11) 煞 shà　　(12) 软绵绵 ruǎn mián mián
(13) 抚摸 fǔ mō　　(14) 兴奋 xīng fèn
(15) 吹拂 chuī fú　　(16) 香味儿 xiāng wèr
(17) 炙晒 zhì shài　　(18) 缀 zhuì
(19) 休憩 xiū qì

[**朗读提示**]

这篇散文朗读时要用柔和、舒缓的声音来表现。第一自然段写日落前海面上壮观、神奇的景象,应用充满惊喜和赞美的语气来朗读,语速可稍快。第二、第三两段朗读时要充分调动自己的视觉想象,体会色彩、光亮的变化过程。如朗读第二自然段前两句时,语速要放缓,声音柔和、低沉;接下来读到星光、灯光,则要适当运用重音凸显它们的明亮,如"闪烁""大""亮""令人注目"等,可用明亮、欢快的声音来表现。文中将长、短句配合使用,如第三自然段长句中夹杂着短句"随着波浪,晃动着,闪烁着",朗读短句时语速可稍快,以表现出动感;又如朗读第四自然段时后面三个并列性句子的主语"海水""晚来的海风""我的心里"之后都要有相应的并列性停顿,使句子富于韵律美。

作品 13 号

生命在海洋里诞生绝不是偶然的,海洋的物理和化学性质,使它成为孕育原始生命的摇篮。

我们知道,水是生物的重要组成部分,许多动物组织的含水量在百分之八十以上,而一些海洋生物的含水量高达百分之九十五。水是新陈代谢的重要媒介,没有它,体内的一系列生理和生物化学反应就无法进行,生命也就停止。因此,在短时期内动物缺水要比缺少食物更加危险[1]。水对今天的生命是如此重要,它对脆弱的原始生命,更是举足轻重了。生命在海洋里诞生,就不会有缺水之忧。

水是一种良好的溶剂。海洋中含有许多生命所必需的无机盐,如氯化钠[2]、氯化钾、碳酸盐、磷酸盐,还有溶解氧,原始生命可以毫不费力地从中吸取它所需要的元素。

水具有很高的热容量,加之海洋浩大,任凭夏季烈日曝晒[3],

冬季寒风扫荡,它的温度变化却比较小。因此,巨大的海洋就像是天然的"温箱",是孕育原始生命的温床。

阳光虽然为⁽⁴⁾生命所必需,但是阳光中的紫外线却有扼杀⁽⁵⁾原始生命的危险。水能有效地吸收紫外线,因而又为⁽⁶⁾原始生命提供⁽⁷⁾了天然的"屏障"⁽⁸⁾。

这一切都是原始生命得以产生和发展的必要条件。//

节选自童裳亮《海洋与生命》

[语音提示]

(1) 危险 wēi xiǎn　　(2) 氯化钠 lǜ huà nà
(3) 曝晒 pù shài　　(4) 为 wéi
(5) 扼杀 è shā　　(6) 为 wèi
(7) 提供 tí gōng　　(8) 屏障 píng zhàng

[朗读提示]

文章的内容是说明性的,朗读时应语调平实,语速中等。第一自然段总领全文,朗读时一定要清晰明确地表达出来。第二至第五自然段分别从几个角度来说明海洋是孕育原始生命的摇篮,朗读时,在每个自然段的开头可用较长的停顿来体现层次感。每个自然段的末句都是该段的中心,可运用重音、语调的抑扬等技巧加以强调,使听者对所述事物留下鲜明的印象。末段是总结性的段落,朗读时语气坚定,"必要条件"应重读。

作品 14 号

读小学的时候,我的外祖母去世了。外祖母生前最疼爱我,我无法排除自己的忧伤,每天在学校的操场上一圈儿⁽¹⁾又一圈儿地跑着,跑得累倒在地上,扑在草坪上痛哭。

那哀痛的日子,断断续续地持续了很久,爸爸妈妈也不知道如何安慰我。他们知道与其⁽²⁾骗我说外祖母睡着⁽³⁾了,还不如对我说实话:外祖母永远不会回来了。

"什么⁽⁴⁾是永远不会回来呢?"我问着。

"所有时间里的事物,都永远不会回来。你的昨天过去,它就永远变成昨天,你不能再回到昨天。爸爸以前也和你一样小,现在也不能回到你这么小的童年了;有一天你会长大,你会像外祖母一样老;有一天你度过了你的时间,就永远不会回来了。"爸爸说。

爸爸等于给我一个谜语,这谜语比课本上的"日历挂在墙壁,一天撕去一页,使我心里着急⁽⁵⁾"和"一寸光阴一寸金,寸金难买寸光阴"还让我感到可怕;也比作文本上的"光阴似箭⁽⁶⁾,日月如梭"更让我觉得有一种说不出的滋味。

时间过得那么飞快,使我的小心眼儿⁽⁷⁾里不只是着急,还有悲伤。有一天我放学回家,看到太阳快落山了,就下决心说:"我要比太阳更快地回家。"我狂奔回去,站在庭院前喘气的时候,看到太阳//还露⁽⁸⁾着半边脸,我高兴地跳跃⁽⁹⁾起来,那一天我跑赢了太阳。以后我就时常做那样的游戏,有时和太阳赛跑,有时和西北风比快,有时一个暑假才能做完的作业,我十天就做完了;那时我三年级,常常把哥哥五年级的作业拿来做。每一次比赛胜过时间,我就快乐得不知道怎么形容。

如果将来我有什么要教⁽¹⁰⁾给我的孩子,我会告诉他:假若你一直和时间比赛,你就可以成功!

节选自(中国台湾)林清玄《和时间赛跑》

[语音提示]
(1) 一圈儿 yì quār (2) 与其 yǔ qí
(3) 睡着 shuì zháo (4) 什么 shén me
(5) 着急 zháo jí (6) 光阴似箭 guāng yīn sì jiàn
(7) 心眼儿 xīn yǎr (8) 露 lòu
(9) 跳跃 tiào yuè (10) 教 jiāo

[朗读提示]
朗读文章开头的两个自然段时,要把声调压低,节奏放慢,表达失去亲人后的忧伤。在朗读"我"与爸爸的对话时,"我"的语调应较高,且上扬,表现儿童的天真和疑惑;爸爸语重心长的回答则应用较为低缓的语调来朗读。对于引用的俗语等要读得连贯,以便与引号外的内容区别开来。第六、第七两个自然段,作者的感情由"悲哀"逐渐转向"喜悦",所以朗读第六自然段第一句时,语气沉重,语速较慢,后面的句子要读得轻快而明亮。结尾处充满哲理的思考使文章达到最高潮,朗读时语气应肯定,且用升调。

作品 15 号

三十年代初,胡适在北京大学任教授。讲课时他常常对白话文大加称赞⁽¹⁾,引起一些只喜欢文言文而不喜欢白话文的学生的不满。

一次,胡适正讲得得意的时候,一位姓魏的学生突然站了起来,生气地问:"胡先生,难道说白话文就毫无缺点吗?"胡适微笑着回答说:"没有。"那位学生更加激动了:"肯定有!白话文废话太多,打电报用字多,花钱多。"胡适的目光顿时变亮了。轻声地解释说:"不一定吧!前几天有位朋友给我打来电报,请我去政府部门工作,我决定不去,就回电拒绝了。复电是用白话写的,看来也很省字。请同学们根据我这个意思,用文言文写一个回电,看看究竟是白话文省字,还是文言文省字?"胡教授刚说完,同学们立刻认真地写了起来。

十五分钟过去,胡适让同学举手,报告用字的数目,然后挑了一份用字最少的文言电报稿,电文是这样写的:

"才疏学浅,恐难胜任,不堪⁽²⁾从命。"白话文的意思是:学问不深,恐怕很难担任这个工作,不能服从安排。

胡适说,这份写得确实不错,仅用了十二个字。但我的白话电报却只用了五个字:

"干不了⁽³⁾,谢谢!"

胡适又解释说:"干不了"就有才疏学浅、恐难胜任的意思;"谢谢"既//对朋友的介绍表示感谢,又有拒绝的意思。所以,废话多不多,并不看它是文言文还是白话文,只要注意选用字词,白话文是可以比文言文更省字的。

节选自陈灼主编《实用汉语中级教程》(上)中《胡适的白话电报》

[语音提示]

(1) 称赞 chēng zàn　　　　(2) 不堪 bù kān

(3) 干不了 gàn bu liǎo

[朗读提示]

本篇作品内容以胡适和学生的对话为主,叙述部分大都应用平实的语调朗读。而人物之间的对话应充满感情色彩,并符合人物的身份。第二自然段开头的人物说明可用稍强的、自然的中音来读;学生"生气地问"以及"更加激动了"之后的话语则应用较高、较强硬的声音来读,语速也应较快,以表现学生生气的态度以及咄咄逼人的气势;而胡适的话语则是耐心和气、循循善诱的,语气应沉稳,语速可稍慢。

作品 16 号

很久以前,在一个漆黑的秋天的夜晚,我泛舟(1)在西伯利亚一条阴森森的河上。船到一个转弯处,只见前面黑黢黢(2)的山峰下面一星火光蓦地(3)一闪。

火光又明又亮,好像就在眼前……

"好啦,谢天谢地!"我高兴地说,"马上就到过夜的地方啦!"

船夫扭头朝身后的火光望了一眼,又不以为然地划起桨来。

"远着呢!"

我不相信他的话,因为火光冲破朦胧⁽⁴⁾的夜色,明明在那儿闪烁⁽⁵⁾。不过船夫是对的,事实上,火光的确⁽⁶⁾还远着呢。

这些黑夜的火光的特点是:驱散黑暗,闪闪发亮,近在眼前,令人神往。乍⁽⁷⁾一看,再划几下就到了……其实却还远着呢!……

我们在漆黑如墨的河上又划了很久。一个个峡谷和悬崖,迎面驶来,又向后移去,仿佛消失在茫茫的远方,而火光却依然停在前头,闪闪发亮,令人神往——依然是这么近,又依然是那么远……

现在,无论是这条被悬崖峭壁⁽⁸⁾的阴影笼罩的漆黑的河流,还是那一星明亮的火光,都经常浮现在我的脑际,在这以前和在这以后,曾有许多火光,似乎⁽⁹⁾近在咫尺⁽¹⁰⁾,不止使我一人心驰神往。可是生活之河却仍然在那阴森森的两岸之间流着,而火光也依旧非常遥远。因此,必须加劲划桨……

然而,火光啊⁽¹¹⁾……毕竟……毕竟就//在前头!……

节选自[俄]柯罗连科《火光》,张铁夫译

[语音提示]
(1) 泛舟 fàn zhōu　　(2) 黑黢黢 hēi qū qū
(3) 蓦地 mò dì　　(4) 朦胧 méng lóng

(5) 闪烁 shǎn shuò　　(6) 的确 dí què
(7) 乍 zhà　　　　　　(8) 峭壁 qiào bì
(9) 似乎 sì hū　　　　(10) 咫尺 zhǐ chǐ
(11) 火光啊 huǒ guāng nga

[朗读提示]

文章的节奏总体上是舒缓的,但又富于变化,朗读时要根据作者思想感情的发展变化,正确地处理节奏的变化。如朗读第三自然段"我"发现火光时所说的话,语气要显出喜悦,要用紧张的节奏来表现;而朗读船夫的话"远着呢"时,略带拖音,表现出船夫的经验老到。朗读第六自然段"我"仍然深信火光就在不远处时节奏要较快,而发现火光实际很远时,应转入舒缓的节奏。朗读第七自然段"其实却还远着呢"一句时,"远着呢"应加重并延长的重音,表明作者对自己之前错误判断的否定及对船夫说法的肯定。第八自然段朗读"很久""闪闪发亮"加上重音,突出路途的遥远及火光给人的希望与力量。最后一个自然段是文章的重点,省略号处停顿应稍长;朗读第一个"毕竟"时显得意味深长,节奏放慢;朗读第二个"毕竟"时则节奏加快;"就""前头"加上重音,表现出作者乐观积极的人生态度。

作品 17 号

对于一个在北平住惯的人,像我,冬天要是不刮风,便觉得(1)是奇迹(2);济南(3)的冬天是没有风声的。对于一个刚由伦敦回来的人,像我,冬天要能看得见日光,便觉得是怪事;济南的冬天是响晴的。自然,在热带的地方,日光永远是那么毒,响亮的天气,反有点儿(4)叫人害怕。可是,在北方的冬天,而能有温晴的天气,济南真得⁽⁵⁾算个宝地。

设若单单是有阳光,那也算不了⁽⁶⁾出奇。请闭上眼睛想:一个老城,有山有水,全在天底下晒着阳光,暖和⁽⁷⁾安适地睡着,只等春风来把它们唤醒,这是不是⁽⁸⁾理想的境界⁽⁹⁾?小山把济南围了个圈儿,只有北边缺着点⁽¹⁰⁾口儿⁽¹¹⁾。这一圈小山在冬天特别可爱,好像是把济南放在一个小摇篮里,它们安静不动地低声地说:"你们放心吧,这儿⁽¹²⁾准保暖和。"真的,济南的人们在冬天是面上含笑的。他们一看那些小山,心中便觉得有了着落⁽¹³⁾,有了依靠。他们由天上看到山上,便不知不觉地想起:明天也许就是春天了吧?这样的温暖,今天夜里山草也许就绿起来了吧?就是这点儿幻想不能一时实现,他们也并不着急⁽¹⁴⁾,因为⁽¹⁵⁾这样慈善的冬天,干什么⁽¹⁶⁾还希望别的呢!

最妙的是下点儿小雪呀。看吧,山上的矮松越发的青黑,树尖儿⁽¹⁷⁾上顶//着一髻儿⁽¹⁸⁾白花,好像日本看护⁽¹⁹⁾妇。山尖儿全白了,给蓝天镶⁽²⁰⁾上一道银边。山坡上,有的地方雪厚点儿,有的地方草色还露⁽²¹⁾着;这样,一道儿白,一道儿暗黄,给山们穿上一件带水纹儿⁽²²⁾的花衣;看着看着,这件花衣好像被风儿⁽²³⁾吹动,叫你希望看见一点儿更美的山的肌肤。等到快日落的时候,微黄的阳光斜射在山腰上,那点儿薄⁽²⁴⁾雪好像忽然害羞,微微露⁽²⁵⁾出点儿粉色。就是下小雪吧,济南是受不住大雪的,那些小山太秀气。

节选自老舍《济南的冬天》

[语音提示]

(1) 觉得 jué de　　　　(2) 奇迹 qí jì
(3) 济南 jǐ nán　　　　(4) 有点儿 yǒu diǎr
(5) 得 děi　　　　　　(6) 算不了 suàn·bù liǎo
(7) 暖和 nuǎn huo　　(8) 是不是 shì·bu shì
(9) 圈儿 quār　　　　(10) 缺着点 quē zhe diǎr
(11) 口儿 kǒur　　　　(12) 这儿 zhèr
(13) 着落 zhuó luò　　(14) 不着急 bù zháo jí
(15) 因为 yīn·wèi　　　(16) 什么 shén me
(17) 尖儿 jiār　　　　(18) 髻儿 jìr
(19) 看护 kān hù　　　(20) 镶 xiāng
(21) 露 lòu　　　　　(22) 水纹儿 shuǐ wér
(23) 风儿 fēng'ér　　　(24) 薄 báo
(25) 露 lòu

[朗读提示]

作者老舍以清新、淡雅的文字写出了对济南冬天的喜爱,朗读时节奏应比较舒缓。作者对语言的运用十分纯熟,如第一自然段"对于一个在北平住惯的人,像我,冬天要是不刮风,便觉得是奇迹……"一句中长短句配合使用,长句舒缓起伏,短句简捷轻快,这使得文章节奏富于变化,自然和谐。而短句如"像我"的重复,又十分自然地形成了节奏的回环往复。朗读第二自然段时语气轻柔,节奏放缓,表现出安逸与舒适。朗读第三自然段时,语气欢快,语速稍微加快,第一句"最妙的"可适当重读,以突出作者对雪中济南的喜爱之情。

作品 18 号

纯朴的家乡村边有一条河,曲⑴曲弯弯,河中架一弯石桥,弓样的小桥横跨两岸。

每天,不管是鸡鸣晓月,日丽中⑵天,还是月华泻地,小桥都印下串串足迹⑶,洒落串串汗珠。那是乡亲⑷为了追求多棱⑸的希望,兑现⑹美好的遐想⑺。弯弯小桥,不时荡过轻吟低唱,不时露⑻出舒心的笑容。

因而,我稚小⑼的心灵,曾将心声献给小桥:你是一弯银色的新月,给人间普照光辉;你是一把闪亮的镰刀,割刈⑽着欢笑的花果;你是一根晃悠悠的扁担,挑起⑾了彩色的明天!哦⑿,小桥走进我的梦中。

我在飘泊⒀他乡的岁月,心中总涌动着故乡的河水,梦中总看到弓样的小桥。当我访南疆探北国,眼帘闯进座座雄伟的长桥时,我的梦变得丰满了,增添了赤橙黄绿青蓝紫。

三十多年过去,我带着满头霜花回到故乡,第二紧要的便是去看望小桥。

啊!小桥呢?它躲起来了?河中一道长虹,浴着朝霞熠熠闪光⒁。哦,雄浑的大桥敞开胸怀,汽车的呼啸、摩托的笛音、自行车的叮铃,合奏着进行交响乐[15];南来的钢筋、花布,北往的柑橙[16]、家禽,绘出交流欢悦图……

啊!蜕变[17]的桥,传递了家乡进步的消息,透露了家乡富裕的声音。时代的春风,美好的追求,我蓦地[18]记起儿时唱//给小桥的歌,哦,明艳艳的太阳照耀了,芳香甜蜜的花果捧来了,五彩斑斓[19]的岁月拉开了!

我心中涌动的河水,激荡起甜美的浪花。我仰望一碧蓝天,心底轻声呼喊:家乡的桥啊[20],我梦中的桥!

节选自郑莹《家乡的桥》

[语音提示]

(1) 曲 qū (2) 中 zhōng
(3) 足迹 zú jì (4) 乡亲 xiāng qīn
(5) 多棱 duō léng (6) 兑现 duì xiàn
(7) 遐想 xiá xiǎng (8) 露 lù
(9) 稚小 zhì xiǎo (10) 割刈 gē yì
(11) 挑起 tiāo qǐ (12) 哦 ò
(13) 漂泊 piāo bó (14) 熠熠闪光 yì yì shǎn guāng
(15) 乐 yuè (16) 柑橙 gān chéng
(17) 蜕变 tuì biàn (18) 蓦地 mò dì
(19) 斑斓 bān lán (20) 啊 wa

[朗读提示]

文章语言优美、感情真挚,朗读时要调动自己的生活储备,展开联想和想象,进入到作品的意境中,从而唤起自己的激情,用贴切感人的声音把这首桥的赞歌表现出来。朗读时声音总体上要舒缓而柔和。朗读第三自然段排比句时,感情浓厚,语调欢快,展现出儿时的纯真情感。第六自然段描写雄浑的大桥,朗读时则要用明亮的音色、稍快的语速来表现这种热闹繁忙的景象。朗读第七自然段时感情逐渐强烈,在"照耀""捧来""拉开"处重读,语调较高。最后一句是全文感情的高潮所在,家乡的桥成为作者感情的寄托,朗读时充满深情,语速放缓,表达出无限感慨。

作品 19 号

三百多年前,建筑设计师莱伊恩受命设计了英国温泽市政府大厅。他运用工程力学的知识,依据自己多年的实践,巧妙地设计了只用一根柱子支撑(1)的大厅天花板。一年以后,市政府权威人士进行工程验收时,却说只用一根柱子支撑天花板太危险(2),要求莱伊恩再多加几根柱子。

莱伊恩自信只要一根坚固的柱子足以保证大厅安全,他的"固执"惹恼(3)了市政官员,险些被送上法庭。他非常苦恼,坚持自己原先的主张吧,市政官员肯定会另找人修改设计;不坚持吧,又有悖(4)自己为人(5)的准则。矛盾了很长一段时间,莱伊恩终于想出了一条妙计,他在大厅里增加了四根柱子,不过这些柱子并未与天花板接触,只不过是装装样子。

三百多年过去了,这个秘密(6)始终没有被人发现。直到前两年,市政府准备修缮(7)大厅的天花板,才发现莱伊恩当年的"弄虚作假"。消息传出后,世界各国的建筑专家和游客云集,当地政府对此也不加掩饰⁽⁸⁾,在新世纪到来之际,特意将大厅作为一个旅游景点对外开放,旨⁽⁹⁾在引导人们崇尚⁽¹⁰⁾和相信科学。

作为一名建筑师,莱伊恩并不是最出色的。但作为一个人,他无疑非常伟大,这种//伟大表现在他始终恪守⁽¹¹⁾着自己的原则,给高贵的心灵一个美丽的住所。哪怕是遭遇到最大的阻力,也要想办法抵达胜利。

节选自游宇明《坚守你的高贵》

[语音提示]

(1) 支撑 zhī chēng　　(2) 危险 wēi xiǎn
(3) 惹恼 rě'nǎo　　(4) 有悖 yǒu bèi
(5) 为人 wéi rén　　(6) 秘密 mì mì
(7) 修缮 xiū shàn　　(8) 掩饰 yǎn shì
(9) 旨 zhǐ　　(10) 崇尚 chóng shàng
(11) 恪守 kè shǒu

[朗读提示]

朗读作品时可以用中速,语气、语调起伏不必太大。第一自然段第二句中,"一根柱子"适当重读,突出设计的巧妙。第二自然段写莱伊恩的自信和"固执",可适当运用重音体现他恪守原则的精神。朗读他的苦恼和矛盾时要放慢语速,放低声音,并适当运用停连来表现他的犹豫和为难的心情。待他想出妙计时,音色则可以明亮起来,并略带诙谐。第三自然段写如今的市政府对莱伊恩设计的肯定与推崇,这与以前市政府的态度截然相反,所以要用赞扬的语气来朗读。此段末句中"特意"重读。文章结尾的部分揭示了主题,要用坚定有力的声音表达出赞扬和肯定。

作品 20 号

自从传言有人在萨文河畔⁽¹⁾散步⁽²⁾时无意发现了金子后,这里便常有来自四面八方的淘金者。他们都想成为富翁,于是寻遍了整个河床,还在河床上挖出很多大坑,希望借助它们找到更多的金子。的确⁽³⁾,有一些人找到了,但另外一些人因为⁽⁴⁾一无所得而只好扫兴⁽⁵⁾归去。

也有不甘心落空的,便驻扎⁽⁶⁾在这里,继续寻找。彼得·弗雷特就是其中一员。他在河床附近买了一块没人要的土地,一个人默默地工作。他为了找金子,已把所有的钱都押在这块土地上。他埋头苦干⁽⁷⁾了几个月,直到土地全变成了坑坑洼洼⁽⁸⁾,他失望了——他翻遍了整块土地,但连一丁点儿⁽⁹⁾金子都没看见。

六个月后,他连买面包的钱都没有了。于是他准备离开这儿⁽¹⁰⁾到别处去谋生。

就在他即将⁽¹¹⁾离去的前一个晚上,天下起了倾盆⁽¹²⁾大雨,并且一下就是三天三夜。雨终于停了,彼得走出小木屋,发现眼前的土地看上去好像和以前不一样:坑坑洼洼已被大水冲刷平整,松软的土地上长出一层绿茸茸⁽¹³⁾的小草。

"这里没找到金子,"彼得忽有所悟地说,"但这土地很肥沃⁽¹⁴⁾,我可以用来种花,并且拿到镇上去卖给那些富人,他们一定会买些花装扮他们华丽的客//厅。如果真是这样的话,那么我一定会赚许多钱,有朝一日我也会成为富人……"

于是他留了下来。彼得花了不少精力培育花苗,不久田地里长满了美丽娇艳的各色鲜花。

五年以后,彼得终于实现了他的梦想——成了一个富翁。"我是唯一的一个找到真金的人!"他时常不无骄傲地告诉别人,"别人在这儿找不到金子后便远远地离开,而我的'金子'是在这块土地里,只有诚实的人用勤劳才能采集到。"

节选自陶猛译《金子》

[语音提示]

(1) 河畔 hé pàn　　　　(2) 散步 sàn bù
(3) 的确 dí què　　　　(4) 因为 yīn·wèi
(5) 扫兴 sǎo xìng　　　(6) 驻扎 zhù zhā
(7) 干 gàn　　　　　　(8) 坑坑洼洼 kēng keng wā wā
(9) 一丁点儿 yì dīng diǎr (10) 这儿 zhèr
(11) 即将 jí jiāng　　　(12) 倾盆 qīng pén
(13) 绿茸茸 lù róng róng (14) 肥沃 féi wò

[朗读提示]

作品讲述了彼得淘金的故事。朗读时应语气平实,娓娓道来,但要注意表达彼得心情的变化。如朗读第二自然段语调要低沉,其中"所有的钱""整块""一丁点儿"等词语可运用重音,以表现彼得巨大的付出与一无所获之间的强烈对比。第四自然段朗读时语气就要明朗、轻快起来,以表现出发现的惊喜;"不一样"加上重音,语调较高。第五自然段朗读时语气要显得自信而得意,展现出一种豁然开朗的心境。文章的结尾部分彼得如愿以偿,语气应坚定而自豪,"我是唯一的一个找到真金的人""只有诚实的人用勤劳才能采集到"两句中"唯一""真金""诚实""勤劳"可用加重并延长的重音加以强调。

作品 21 号

我在加拿大学习期间遇到过两次募捐(1),那情景至今使我难以忘怀。

一天,我在渥太华(2)的街上被两个男孩子拦住去路。他们十来岁,穿得整整齐齐,每人头上戴着个做工精巧、色彩鲜艳的纸帽,上面写着"为帮助患小儿麻痹(3)的伙伴募捐。"其中的一个,不由分说(4)就坐在小凳上给我擦起皮鞋来,另一个则彬彬有礼(5)地发问:"小姐,您是哪国人?喜欢渥太华吗?""小姐,在你们国家有没有小孩儿(6)患小儿麻痹?谁给他们医疗费?"一连串的问题,使我这个有生以来头一次在众目睽睽(7)之下让别人擦鞋的异乡人,从近乎狼狈的窘态(8)中解脱出来。我们像朋友一样(11)聊起天儿(9)来……

几个月之后,也是在街上。一些十字路口处或车站坐着几位老人。他们满头银发(10),身穿各种老式军装,上面布满了大大小小形形色色的徽章(11)、奖章,每人手捧一大束鲜花,有水仙、石竹、玫瑰⁽¹²⁾及叫不出名字的，一色雪白。匆匆过往的行人纷纷止步，把钱投进这些老人身旁的白色木箱内，然后向他们微微鞠躬⁽¹³⁾，从他们手中接过一朵花。我看了一会儿⁽¹⁴⁾，有人投一两元，有人投几百元，还有人掏出支票填好后投进木箱。那些老军人毫不注意人们捐多少钱，一直不//停地向人们低声道谢。同行⁽¹⁵⁾的朋友告诉我，这是为纪念二次大战中参战的勇士，募捐救济⁽¹⁶⁾残废军人和烈士遗孀⁽¹⁷⁾，每年一次；认捐的人可谓踊跃⁽¹⁸⁾，而且秩序井然，气氛⁽¹⁹⁾庄严。有些地方，人们还耐心地排着队。我想，这是因为他们都知道：正是这些老人们的流血⁽²⁰⁾牺牲换来了包括他们信仰自由在内的许许多多。

我两次把那微不足道的一点儿⁽²¹⁾钱捧给他们，只想对他们说声"谢谢"。

节选自青白《捐诚》

[语音提示]
(1) 募捐 mù juān
(2) 渥太华 wò tài huá
(3) 小儿麻痹 xiǎo ér má bì
(4) 不由分说 bù yóu fēn shuō
(5) 彬彬有礼 bīn bīn yǒu lǐ
(6) 小孩儿 xiǎo hár
(7) 众目睽睽 zhòng mù kuí kuí
(8) 窘态 jiǒng tài
(9) 天 tiār
(10) 银发 yín fà
(11) 徽章 huī zhāng
(12) 玫瑰 méi gui
(13) 鞠躬 jū gōng
(14) 一会儿 yí hùr
(15) 同行 tóng xíng
(16) 救济 jiù jì
(17) 遗孀 yí shuāng
(18) 踊跃 yǒng yuè

(19) 气氛 qì fēn　　　(20) 流血 liú xuè
(21) 一点儿 yì diǎr

[朗读提示]

文章平实叙述，基调是肯定赞扬的。朗读时语调应平实自然，用中等语速，娓娓道来。有些需要强调的地方可以放慢语速、延长声音来表现，这样朗读符合文章的基调，而不至于起伏过大。有些句子的语调也要根据需要而有所变化，如第一次募捐时小男孩的问话，就可以用较高的语调来模仿，且用升调，语速适当加快。第三自然段朗读老军人的募捐活动时，语气应庄重，语速适当放缓。最后一个自然段，朗读"谢谢"时充满深情，以表达作者对募捐者无私奉献的感激。

作品 22 号

没有一片绿叶，没有一缕[1]炊烟，没有一粒泥土，没有一丝花香，只有水的世界，云的海洋。

一阵台风袭[2]过，一只孤单的小鸟无家可归，落到被卷到洋里的木板上，乘[3]流而下，姗姗[4]而来，近了，近了！……

忽然，小鸟张开翅膀，在人们头顶盘旋[5]了几圈儿[6]，"噗啦"[7]一声落到了船上。许是累了？还是发现了"新大陆"？水手撑[8]它它不走，抓它，它乖乖地落在掌心。可爱的小鸟和善良的水手结成[9]了朋友。

瞧，它多美丽，娇巧的小嘴，啄[10]理着绿色的羽毛，鸭子样的扁脚,呈现出春草的鹅黄。水手们把它带到舱里,给它"搭铺"(11),让它在船上安家落户,每天,把分到的一塑料筒(12)淡水匀给(13)它喝,把从祖国带来的鲜美的鱼肉分给它吃,天长日久,小鸟和水手的感情日趋笃厚(14)。清晨,当第二束阳光射进舷窗(15)时,它便敞开(16)美丽的歌喉,唱啊(17)唱,嘤嘤(18)有韵,宛如春水淙淙(19)。人类给它以生命,它毫不悭吝(20)地把自己的艺术青春奉献给了哺育(21)它的人。可能都是这样?艺术家们的青春只会献给尊敬他们的人。

小鸟给远航生活蒙上(22)了一层浪漫色调(23)。返航时,人们爱不释手(24),恋恋不舍(25)地想把它带到异乡。可小鸟憔悴(26)了,给水,不喝!喂肉,不吃!油亮的羽毛失去了光泽。是啊(27),我//们有自己的祖国,小鸟也有它的归宿(28),人和动物都是一样啊,哪儿(29)也不如故乡好!

慈爱的水手们决定放开它,让它回到大海的摇篮去,回到蓝色的故乡去。离别前,这个大自然的朋友与水手们留影纪念。它站在许多人的头上、肩上、掌上、胳膊(30)上,与喂养过它的人们,一起融进那蓝色的画面……

节选自王文杰《可爱的小鸟》

[语音提示]

(1) 缕 lǚ (2) 袭 xí

(3) 乘 chéng　　　　　　(4) 姗姗 shānshān
(5) 盘旋 pánxuán　　　　(6) 圈儿 quār
(7) 噗啦 pūlā　　　　　　(8) 撵 niǎn
(9) 结成 jié chéng　　　 (10) 啄 zhuó
(11) 搭铺 dā pù　　　　 (12) 塑料筒 sù liào tǒng
(13) 匀给 yún gěi　　　　(14) 日趋笃厚 rì qū dǔ hòu
(15) 舷窗 xián chuāng　　(16) 敞开 chǎng kāi
(17) 唱啊 chàng nga　　　(18) 嘤嘤 yīng yīng
(19) 淙淙 cóng cóng　　　(20) 毫不悭吝 háo bù qiān lìn
(21) 哺育 bǔ yù　　　　　(22) 蒙上 méng shang
(23) 色调 sè diào　　　　(24) 爱不释手 ài bú shì shǒu
(25) 恋恋不舍 liàn liàn bù shě　(26) 憔悴 qiáo cuì
(27) 是啊 shì ra　　　　 (28) 归宿 guī sù
(29) 哪儿 nǎr　　　　　　(30) 胳膊 gē bo

[朗读提示]

文章饱含着作者的感情,选取的事例十分温馨、动人。朗读时的感情不应大起大落,而应在平淡的叙述中蕴涵深情,节奏应比较舒缓,如第一自然段就应用舒缓的节奏来奠定抒情的基调。第二自然段中朗读"近了,近了"时放缓语速。第四自然段朗读描写小鸟形态的语句时,语气应轻松活泼,节奏轻快,充满喜爱之情;朗读小鸟与水手们相处融洽的语句时,应感情愉悦。第五自然段感情有了一定的转折,小鸟一反常态精神憔悴,朗读时语气比较沉重,特别是朗读描写小鸟对故乡的依恋时,语气中略带哀愁。"哪儿也不如故乡好!"这一句可以重读,充满感慨,以突出全文的中心思想。

作品 23 号

纽约的冬天常有大风雪,扑面的雪花不但令人难以睁开眼睛,甚至呼吸都会吸入冰冷的雪花。有时前一天晚上还是一片晴朗,第二天拉开窗帘,却已经积雪盈尺,连门都推不开⁽¹⁾了。

遇到这样的情况,公司、商店常会停止上班,学校也通过广播,宣布停课。但令人不解的是,惟有公立小学,仍然开放。只见黄色的校车,艰难地在路边接孩子。老师则一大早就口中喷着热气,铲去车子前后的积雪,小心翼翼⁽²⁾地开车去学校。

据统计,十年来纽约的公立小学只因为⁽³⁾超级暴风雪停过七次课。这是多么令人惊讶⁽⁴⁾的事。犯得着⁽⁵⁾在大人都无须上班的时候让孩子去学校吗?小学的老师也太倒霉了吧?

于是,每逢大雪而小学不停课时,都有家长打电话去骂。妙的是,每个打电话的人,反应全一样——先是怒气冲冲地责问,然后满口道歉,最后笑容满面地挂上电话。原因是,学校告诉家长:

在纽约有许多百万富翁,但也有不少贫困的家庭。后者白天开不起⁽⁶⁾暖气,供⁽⁷⁾不起午餐,孩子的营养全靠学校里免费的中饭,甚至可以多拿些回家当⁽⁸⁾晚餐。学校停课一天,穷孩子就受一天冻,挨⁽⁹⁾一天饿,所以老师们宁愿⁽¹⁰⁾自己苦一点儿⁽¹¹⁾,也不能

停课。//

或许有家长会说:何不让富裕的孩子在家里,让贫穷的孩子去学校享受暖气和营养午餐呢?

学校的答复是:我们不愿让那些穷苦的孩子感到他们是在接受救济,因为施舍⁽¹²⁾的最高原则是保持受施者的尊严。

节选自(台湾)刘墉《课不能停》

[语音提示]

(1) 推不开 tuī bu kāi　　(2) 小心翼翼 xiǎo xīn yì yì
(3) 因为 yīn·wèi　　　　(4) 惊讶 jīng yà
(5) 犯得着 fàn de zháo　(6) 开不起 kāi bu qǐ
(7) 供 gōng　　　　　　(8) 当 dàng
(9) 挨 ái　　　　　　　(10) 宁愿 nìng yuàn
(11) 一点儿 yì diǎr　　　(12) 施舍 shī shě

[朗读提示]

纽约公立小学的做法令人费解却十分感人,总体上要用平和的语气来表现学校的良苦用心。朗读第二自然段"但令人不解的是,惟有公立小学,仍然开放"一句时,语气充满疑惑,语调上升,"公立小学""仍然"适当重读。后面几句中需要强调的地方,如"艰难""一大早""小心翼翼"等词可放慢语速、延长声音,以表现司机和老师们冒雪工作的辛苦,同时也为文章设置了悬念。第三自然段中作者故作疑问,要用较高的语调、较慢的语速表现。朗读第四自然段家长"先是怒气冲冲地责问,然后满口道歉,最后笑容满面地挂上电话"一句时,"责问""笑容满面"重读,形成感情的前后对比。学校的答复要用坦诚而庄重的语气来读,尤其是最后一句的解释,语气要深沉而坚定,语速放缓,以产生震撼人心的力量。

作品 24 号

十年,在历史上不过是一瞬间⁽¹⁾。只要稍加注意,人们就会发现:在这一瞬间里,各种事物都悄悄经历了自己的千变万化。

这次重新⁽²⁾访日,我处处感到亲切和熟悉⁽³⁾,也在许多方面发觉了日本的变化。就拿奈良⁽⁴⁾的一个角落⁽⁵⁾来说吧,我重游了为⁽⁶⁾之感受很深的唐招提寺⁽⁷⁾,在寺内各处匆匆走了一遍,庭院依旧,但意想不到还看到了一些新的东西。其中之一,就是近几年从中国移植来的"友谊⁽⁸⁾之莲"。

在存放鉴真遗像的那个院子里,几株中国莲昂然挺立,翠绿的宽大荷叶正迎风而舞,显得十分愉快。开花的季节已过,荷花朵朵已变为莲蓬累累⁽⁹⁾。莲子⁽¹⁰⁾的颜色正在由青转紫,看来已经成熟了⁽¹¹⁾。

我禁不住⁽¹²⁾想:"因"已转化为"果"。

中国的莲花开在日本。日本的樱花开在中国,这不是偶然。我希望这样一种盛况延续不衰。可能有人不欣赏花,但决不会有人欣赏落在自己面前的炮弹⁽¹³⁾。

在这些日子里,我看到了不少多年不见的老朋友,又结识⁽¹⁴⁾了一些新朋友。大家喜欢涉及的话题之一,就是古长安和古奈良。

那还用得着⁽¹⁵⁾问吗,朋友们缅怀⁽¹⁶⁾过去,正是瞩望⁽¹⁷⁾未来。瞩目于未来的人们必将获得未来。

我不例外,也希望一个美好的未来。

为//了中日人民之间的友谊,我将不浪费今后生命的每一瞬间。

节选自严文井《莲花和樱花》

[语音提示]

(1) 一瞬间 yí shùn jiān　　(2) 重新 chóng xīn
(3) 熟悉 shú·xī　　(4) 奈良 nài liáng
(5) 角落 jiǎo luò　　(6) 为之 wèi zhī
(7) 招提寺 zhāo tí sì　　(8) 友谊 yǒu yì
(9) 累累 léi léi　　(10) 莲子 lián zǐ
(11) 成熟 chéng shú　　(12) 禁不住 jīn bu zhù
(13) 炮弹 pào dàn　　(14) 结识 jié shí
(15) 用得着 yòng de zháo　　(16) 缅怀 miǎn huái
(17) 瞩望 zhǔ wàng

[朗读提示]

移植到日本的中国莲,象征着中日人民之间的友谊,这使作者感到欣喜。朗读第一句时,"十年"可适当拖长读音,而"一瞬间"则加快语速,以突出时间的飞逝。朗读第二段末尾"友谊之莲"时,语气应轻柔而舒缓。第三自然段描写开在日本的莲花硕果累累的景象,要用轻快明亮的声音来读,以表达喜悦之情。第四自然段"我禁不住想"之后要作适当的停顿,以表现作者思考的过程。段中"因""果"适当重读。朗读第六自然段末句"瞩目于未来的人们▲必将▲获得未来"时声音要坚实有力,语速中等,并运用适当的停顿和重音。文章的结尾充满决心和希望,朗读时感情要充沛,语气肯定,声调上扬。

作品 25 号

梅雨潭闪闪的绿色招引着我们,我们开始追捉她那离合的神光了。揪⑴着草,攀着乱石,小心探身下去,又鞠躬⑵过了一个石穹门⑶,便到了汪汪一碧的潭边了。

瀑布⑷在襟袖⑸之间,但是我的心中已没有瀑布了。我的心随潭水的绿而摇荡。那醉人的绿呀!仿佛一张极大极大的荷叶铺着,满是奇异的绿呀。我想张开两臂抱住她,但这是怎样一个妄想啊⑹。

站在水边,望到那面,居然觉着有些远呢!这平铺⑺着、厚积着的绿,着实⑻可爱。她松松地皱缬⑼着,像少妇⑽拖着的裙幅;她滑滑的明亮着,像涂了"明油"一般,有鸡蛋清那样软,那样嫩;她又不杂些尘滓⑾,宛然⑿一块温润的碧玉,只清清的一色——但你却看不透⒀她!

我曾见过北京什刹海⒁拂地⒂的绿杨,脱不了鹅黄的底子,似乎太淡了。我又曾见过杭州虎跑寺⒃近旁高峻而深密的"绿壁",丛叠⒄着无穷的碧草与绿叶的,那又似乎⒅太浓了。其余呢,西湖的波太明了,秦淮河的也太暗了。可爱的,我将什么⒆来比拟[20]你呢？我怎么比拟得出呢？大约潭是很深的，故能蕴蓄[21]着这样奇异的绿；仿佛蔚蓝的天融了一块在里面似的，这才这般的鲜润啊[23]。

那醉人的绿呀！我若能裁你以为带，我将赠给那轻盈[24]的 // 舞女，她必能临风飘举了。我若能挹[25]你以为眼，我将赠给那善歌的盲妹，她必明眸善睐[26]了。我舍不得[27]你，我怎舍得[28]你呢？我用手拍着你，抚摩[29]着你，如同一个十二三岁的小姑娘。我又掬[30]你入口，便是吻着她了。我送你一个名字，我从此叫你"女儿绿"，好吗？

第二次到仙岩的时候，我不禁[31]惊诧[32]于梅雨潭的绿了。

节选自朱自清《绿》

[语音提示]

(1) 揪 jiū   (2) 鞠躬 jū gōng
(3) 石穹门 shí qióng mén   (4) 瀑布 pù bù
(5) 襟袖 jīn xiù   (6) 妄想啊 wàng xiǎng nga
(7) 平铺 píng pū   (8) 着实 zhuó shí
(9) 皱缬 zhòu xié   (10) 少妇 shào fù
(11) 尘滓 chén zǐ   (12) 宛然 wǎn rán
(13) 看不透 kàn bu tòu   (14) 什刹海 shí chà hǎi
(15) 拂地 fú dì   (16) 虎跑寺 hǔ páo sì
(17) 丛叠 cóng dié   (18) 似乎 sì hū
(19) 什么 shén me   (20) 比拟 bǐ nǐ
(21) 蕴蓄 yùn xù   (22) 似的 shì de
(23) 鲜润啊 xiān rùn na   (24) 轻盈 qīng yíng

(25) 揖 yì
(26) 明眸善睐 míng móu shàn lài
(27) 舍不得 shě bu dé
(28) 舍得 shě·dé
(29) 抚摩 fǔ mó
(30) 掬 jū
(31) 不禁 bù jīn
(32) 惊诧 jīng chà

[朗读提示]

文章的基调是深切喜爱、热情赞美的。叙述作者的行踪时声音要明亮轻快,抒情处则节奏舒缓,声音轻柔,表现出陶醉和喜爱。文中大量运用比喻、排比等修辞手法,要通过语调、节奏的变化及停连、重音的使用来显现这种节奏美和韵律美,如第二自然段中"醉人的绿""奇异的绿""妄想"等处可以重读,表达出对潭水的绿的炽热情感。第三自然段中的三个排比句,语调逐渐上扬。至第三句又有所转折,语调稍平,破折号后节奏要放慢。第四自然段中将潭水与别处风景作对比,"太淡了""太浓了""太明了""太暗了"可运用加重并延长的重音,以突出潭水独特的魅力。朗读第五自然段时感情要充沛,尤其在朗读"我舍不得你,我怎舍得你呢"与"我送你一个名字,我从此叫你'女儿绿',好吗"这两句时,声音可轻缓,但感情浓烈,如同对自己的女儿倾诉一般。

作品 26 号

我们家的后园有半亩空地[1],母亲说:"让它荒着怪可惜的,你们那么爱吃花生,就开辟[2]出来种花生吧。"我们姐弟几个都很高兴,买种[3],翻地,播种[4],浇水,没过几个月,居然收获了。

母亲说:"今晚我们过一个收获节,请你们父亲[5]也来尝尝我们的新花生,好不好[6]?"我们都说好。母亲把花生做成了好几样食品,还吩咐⁽⁷⁾就在后园的茅亭里过这个节。

晚上天色不太好,可是父亲也来了,实在很难得。

父亲说:"你们爱吃花生吗?"

我们争着答应:"爱!"

"谁能把花生的好处说出来?"

姐姐说:"花生的味⁽⁸⁾美。"

哥哥说:"花生可以榨油。"

我说:"花生的价钱便宜⁽⁹⁾,谁都可以买来吃,都喜欢吃。这就是它的好处。"

父亲说:"花生的好处很多,有一样最可贵:它的果实埋在地里,不像桃子、石榴、苹果那样,把鲜红嫩绿的果实高高地挂在枝头⁽¹⁰⁾上,使人一见就生爱慕之心。你们看它矮矮地长在地上,等到成熟⁽¹¹⁾了,也不能立刻分辨⁽¹²⁾出来它有没有果实,必须挖出来才知道。"

我们都说是,母亲也点点头。

父亲接下去说:"所以你们要像花生,它虽然不好看,可是很有用,不是外表好看而没有实用的东西。"

我说:"那么,人要做有用的人,不要做只讲体面,而对别人没有好处的人了。"//

父亲说:"对。这是我对你们的希望。"

我们谈到夜深才散。花生做的食品都吃完了,父亲的话却深深地印在我的心上。

节选自许地山《落花生》

[语音提示]

(1) 空地 kòng dì　　　　(2) 开辟 kāi pì
(3) 买种 mǎi zhǒng　　　(4) 播种 bō zhǒng
(5) 父亲 fù·qīn　　　　　(6) 好不好 hǎo bu hǎo
(7) 吩咐 fēn·fù　　　　　(8) 味 wèr
(9) 便宜 pián yi　　　　 (10) 枝头 zhī tóu
(11) 成熟 chéng shú　　　(12) 分辨 fēn biàn

[朗读提示]

文章以对话为主,朗读时的难点就在于恰如其分地表述不同人物的性格特点。朗读时可以通过不同的语气、节奏来区分角色:母亲和蔼可亲,语气温柔且缓慢;父亲语重心长,平实的话语中又不乏严肃,语速不急不缓。孩子们讲话各有特色,如姐姐讲话可以用跳跃的节奏,"美"字第三声,发音要完全;哥哥讲话则平实一些;"我"说话要把握单纯天真,有所领悟的情态,语速可稍快。当然也可以用音色来区分角色,但不必故意模仿不同人物的腔调,以自然音色为主。父亲的话"它虽然不好看,可是很有用"和"我"的话"人要做有用的人"中"有用"应重读。

作品 27 号

我打猎归来,沿着花园的林阴路走着。狗跑在我前边(1)。

突然,狗放慢脚步,蹑足潜行(2),好像嗅(3)到了前边有什么(4)

野物。

我顺着林阴路望去,看见了一只嘴边还带黄色、头上生着柔毛的小麻雀。风猛烈地吹打着林阴路上的白桦(5)树,麻雀从巢(6)里跌落下来,呆呆地伏在地上,孤立无援地张开两只羽毛还未丰满的小翅膀。

我的狗慢慢向它靠近。忽然,从附近一棵树上飞下一只黑胸脯(7)的老麻雀,像一颗石子似的(8)落到狗的跟前。老麻雀全身倒竖(9)着羽毛,惊恐万状,发出绝望、凄惨(10)的叫声,接着向露出(11)牙齿、大张着的狗嘴扑去。

老麻雀是猛扑下来救护幼雀的。它用身体掩护着自己的幼儿……但它整个小小的身体因恐怖(12)而战栗(13)着,它小小的声音也变得粗暴嘶哑(14),它在牺牲自己!

在它看来,狗该是多么庞大的怪物啊(15)!然而,它还是不能站在自己高高的、安全的树枝上……一种比它的理智更强烈的力量,使它从那儿(16)扑下身来。

我的狗站住了,向后退了退……看来,它也感到了这种力量。

我赶紧唤住惊慌失措(17)的狗,然后我怀着崇敬的心情,走开了。

是啊(18),请不要见笑。我崇敬那只小小的、英勇的鸟儿,我崇敬它那种爱的冲动和力量。

爱,我想,比//死和死的恐惧更强大。只有依靠它,依靠这种爱,生命才能维持下去,发展下去。

节选自[俄]屠格涅夫《麻雀》,巴金译

[语音提示]

(1) 前边 qián·biān　　(2) 蹑足潜行 niè zú qián xíng
(3) 嗅 xiù　　(4) 什么 shén me
(5) 桦 huà　　(6) 巢 cháo
(7) 胸脯 xiōng pú　　(8) 似的 shì de
(9) 倒竖 dào shù　　(10) 凄惨 qī cǎn
(11) 露出 lòu chū　　(12) 恐怖 kǒng bù
(13) 战栗 zhàn lì　　(14) 嘶哑 sī yǎ
(15) 怪物啊 guài wu wa　　(16) 那儿 nàr
(17) 惊慌失措 jīng huāng shī cuò　　(18) 是啊 shì ra

[朗读提示]

作品的故事性很强,朗读时要用节奏语调的变化来表现内容的起伏。朗读文章开头时可用中速来叙述背景,"突然"一词语速要加快,表示情况有变,然后放慢语速来表现狗的举动,以引起听者注意。第四自然段中描写"我"的狗慢慢向"它"靠近,朗读时语速应较慢,显示出紧张气氛。读到老麻雀奋不顾身的行为时,语速要加快,语调应较高,以显现老麻雀勇敢而又惊惧的状态。第五自然段中"猛扑""战栗""牺牲"等几个词可重读,突出老麻雀英勇牺牲的精神。朗读文章结尾抒情部分则应感情饱满,语气舒缓有力度。"爱,我想,比死和死的恐惧更强大"一句中"爱"要重读,并可适当延长停顿时间,"更强大"也加上重音,以显出作者对"母爱"的崇敬。

作品 28 号

那年我六岁。离我家仅一箭之遥的小山坡旁,有一个早已被废弃的采石场,双亲从来不准我去那儿⑴,其实那儿风景十分迷人。

一个夏季的下午,我随着一群小伙伴⑵偷偷上那儿去了。就在我们穿越了一条孤寂⑶的小路后,他们却把我一个人留在原地,然后奔⑷向"更危险的地带"了。

等他们走后,我惊慌失措⑸地发现,再也找不到要回家的那条孤寂的小道了。像只无头的苍蝇,我到处乱钻,衣裤上挂满了芒刺⑹。太阳已经落山,而此时此刻,家里一定开始吃晚餐了,双亲正盼着我回家……想着想着,我不由得背⑺靠着一棵树,伤心地呜呜大哭起来……

突然,不远处传来了声声柳笛。我像找到了救星,急忙循声⑻走去。一条小道边的树桩上坐着一位吹笛人,手里还正削⑼着什么。走近细看,他不就是被大家称为⑽"乡巴佬儿⑾"的卡廷吗?

"你好,小家伙儿⑿,"卡廷说,"看天气多美,你是出来散步的吧?"

我怯生生⒀地点点头,答道:"我要回家了。"

"请耐心等上几分钟,"卡廷说,"瞧,我正在削一支柳笛,差不多(14)就要做好了,完工后就送给你吧!"

卡廷边削边不时把尚未成形的柳笛放在嘴里试吹一下。没过多久,一支柳笛便递到我手中。我俩在一阵阵清脆悦耳的笛音//中,踏上了归途……

当时,我心中只充满感激,而今天,当我自己也成了祖父时,却突然领悟到他用心之良苦!那天当他听到我的哭声时,便判定我一定迷了路,但他并不想在孩子面前扮演"救星"的角色,于是吹响柳笛以便让我能发现他,并跟着他走出困境!就这样,卡廷先生以乡下人的纯朴,保护了一个小男孩儿(15)强烈的自尊。

节选自唐若水译《迷途笛音》

[语音提示]

(1) 那儿 nàr　　　　　　(2) 小伙伴 xiǎo huǒ bàr
(3) 孤寂 gū jì　　　　　(4) 奔 bēn
(5) 惊慌失措 jīng huāng shī cuò　(6) 芒刺 máng cì
(7) 背 bèi　　　　　　　(8) 循声 xún shēng
(9) 削 xiāo　　　　　　 (10) 为 wéi
(11) 乡巴佬儿 xiāng ba lǎor　(12) 小家伙儿 xiǎo jiā huor
(13) 怯生生 qiè shēng shēng　(14) 差不多 chà bu duō
(15) 小男孩儿 xiǎo nán hár

[朗读提示]

这篇散文回忆了"我"童年时的一次迷路经历。朗读时语气、语调应力求自然,语速中等,而在结尾抒情部分则要倾注感情。第三自然段写"我"迷路时的惊慌失措,朗读时语速可稍快;而朗读"我"对家中情景的想象时,则要放慢语速,语调低沉,表现"我"的伤心。当朗读到第四自然段"我"听到笛声的反应时,声音则应明亮,节奏也应加快,"突然"适当重读,语气中充满希望。当"我"认出吹笛人,朗读"他不就是被大家称为'乡巴佬儿'的卡廷吗"一句时,语气应充满惊讶和欣喜。作品中也有一些角色的语言,朗读时要注意表现,如卡廷的语气是轻松愉快的,而"我"的回答语音低沉,表现出胆怯和失落。

作品 29 号

在浩瀚无垠[1]的沙漠里,有一片美丽的绿洲,绿洲里藏着一颗闪光的珍珠。这颗珍珠就是敦煌[2]莫高窟[3]。它坐落在我国甘肃省敦煌市三危山和鸣沙山的怀抱中。

鸣沙山东麓[4]是平均高度为十七米的崖壁。在一千六百多米长的崖壁上,凿[5]有大小洞窟七百余个,形成了规模宏伟的石窟群。其中四百九十二个洞窟中,共有彩色塑像[6]两千一百余尊,各种壁画共四万五千多平方米。莫高窟是我国古代无数艺术匠师留给人类的珍贵文化遗产。

莫高窟的彩塑,每一尊都是一件精美的艺术品。最大的有九层楼那么高,最小的还不如一个手掌大。这些彩塑个性鲜明,神态各异。有慈眉善目的菩萨[7],有威风凛凛[8]的天王,还有强壮勇猛的力士……

莫高窟壁画的内容丰富多彩,有的是描绘古代劳动人民打猎、捕鱼、耕田、收割的情景,有的是描绘人们奏乐[9]、舞蹈、演杂技的场面,还有的是描绘大自然的美丽风光。其中最引人注目的是飞天。壁画上的飞天,有的臂挎[10]花篮,采摘鲜花;有的反弹琵琶[11],轻拨[12]银弦[13];有的倒悬[14]身子,自天而降;有的彩带飘拂,漫天遨游[15];有的舒展着双臂,翩翩[16]起舞。看着这些精美动人的壁画,就像走进了//灿烂辉煌的艺术殿堂。

莫高窟里还有一个面积不大的洞窟——藏经洞[17]。洞里曾藏有我国古代的各种经卷[18]、文书、帛画[19]、刺绣、铜像等共六万多件。由于清朝政府腐败无能,大量珍贵的文物被外国强盗掠走[20]。仅存的部分经卷,现在陈列于北京故宫等处。

莫高窟是举世闻名的艺术宝库。这里的每一尊彩塑、每一幅壁画、每一件文物,都是中国古代人民智慧的结晶。

节选自小学《语文》第六册中《莫高窟》

[语音提示]

(1) 无垠 wú yín　　　　　(2) 敦煌 dūn huáng
(3) 窟 kū　　　　　　　　(4) 东麓 dōng lù
(5) 凿 záo　　　　　　　　(6) 塑像 sù xiàng
(7) 菩萨 pú sà　　　　　　(8) 凛凛 lǐn lǐn
(9) 奏乐 zòu yuè　　　　　(10) 挎 kuà
(11) 反弹琵琶 fǎn tán pí·pá　(12) 拨 bō
(13) 弦 xián　　　　　　　(14) 倒悬 dào xuán

(15) 遨游 áo yóu　　　　(16) 翩翩 piān piān
(17) 藏经洞 cáng jīng dòng　(18) 经卷 jīng juàn
(19) 帛画 bó huà　　　　(20) 掠走 lüè zǒu

[朗读提示]

文章语言简洁准确、生动形象,具有一定的节奏感。朗读时要吐字清晰、句读分明,适当运用重音、停连等方法。第一自然段中"这颗珍珠就是▲敦煌莫高窟"中"敦煌莫高窟"适当重读并在它前面设计强调性的停连,凸显文章的主要描写对象。朗读第二自然段中列举的一系列数字时语速可稍缓,以突出莫高窟的规模宏伟。第四自然段介绍壁画的丰富内容,大量运用排比句,朗读时各分句间要有适当的停顿,以体现不同的逻辑层次;语调也不能过于呆板,可采用逐句上升的语势,也可用抑扬相间的语调来形成朗读的层次,并给关键词语加上重音,如"最引人注目""精美动人"等。文章末段点明主题,朗读时声音坚实有力,充满肯定与赞扬之情,末句中"每一尊""每一幅""每一件""智慧的结晶"可加上重音。

作品 30 号

其实你在很久以前并不喜欢牡丹(1),因为它总被人作为富贵膜拜(2)。后来你目睹了一次牡丹的落花,你相信所有的人都会为(3)之感动:一阵清风徐来,娇艳鲜嫩的盛期(4)牡丹忽然整朵整朵地坠落(5),铺撒(6)一地绚丽(7)的花瓣。那花瓣落地时依然鲜艳夺目,如同一只奉上祭坛的大鸟脱落的羽毛,低吟(8)着壮烈的悲歌离去。

牡丹没有花谢花败之时,要么烁(9)于枝头,要么归于泥土,它跨越萎顿⁽¹⁰⁾和衰老,由青春而死亡,由美丽而消遁⁽¹¹⁾。它虽美却不吝惜⁽¹²⁾生命,即使⁽¹³⁾告别也要展示给人最后一次的惊心动魄⁽¹⁴⁾。

所以在这阴冷的四月里,奇迹不会发生。任凭⁽¹⁵⁾游人扫兴⁽¹⁶⁾和诅咒⁽¹⁷⁾,牡丹依然安之若素⁽¹⁸⁾。它不苟且⁽¹⁹⁾、不俯就⁽²⁰⁾、不妥协⁽²¹⁾、不媚俗⁽²²⁾,甘愿自己冷落自己。它遵循自己的花期自己的规律,它有权利为自己选择每年一度的盛大节日。它为什么不拒绝寒冷?

天南海北的看花人,依然络绎不绝⁽²³⁾地涌入洛阳城。人们不会因牡丹的拒绝而拒绝它的美。如果它再被贬谪⁽²⁴⁾十次,也许它就会繁衍⁽²⁵⁾出十个洛阳牡丹城。

于是你在无言的遗憾中感悟到,富贵与高贵只是一字之差⁽²⁶⁾。同人一样,花儿⁽²⁷⁾也是有灵性的,更有品位之高低。品位这东西为⁽²⁸⁾气为魂为//筋骨为神韵,只可意会。你叹服牡丹卓尔不群⁽²⁹⁾之姿,方知品位是多么容易被世人忽略或是漠视的美。

节选自张抗抗《牡丹的拒绝》

[语音提示]

(1) 牡丹 mǔ·dān　　(2) 膜拜 mó bài
(3) 为 wèi　　(4) 盛期 shèng qī
(5) 坠落 zhuì luò　　(6) 铺撒 pū sǎ
(7) 绚丽 xuàn lì　　(8) 低吟 dī yín

(9）烁 shuò　　　　　　（10）萎顿 wěi dùn
(11）消遁 xiāo dùn　　　（12）不吝惜 bú lìn xī
(13）即使 jí shǐ　　　　 （14）惊心动魄 jīng xīn dòng pò
(15）任凭 rèn píng　　　 （16）扫兴 sǎo xìng
(17）诅咒 zǔ zhòu　　　 （18）安之若素 ān zhī ruò sù
(19）不苟且 bù gǒu qiě 　（20）不俯就 bù fǔ jiù
(21）不妥协 bù tuǒ xié　 （22）不媚俗 bú mèi sú
(23）络绎不绝 luò yì bù jué　（24）贬谪 biǎn zhé
(25）繁衍 fán yǎn　　　　（26）差 chā
(27）花儿 huār　　　　　（28）为 wéi
(29）卓尔不群 zhuó'ěr bù qún

[朗读提示]

文章表达了作者对牡丹独特品位的欣赏与赞美。作者用"你"来写，拉近了与读者的距离，总体上节奏比较舒缓。第一、第二两个自然段感情强烈而真挚，语速要放慢，语气应深沉而坚实，两段末句中"壮烈的""惊心动魄"可适当重读。朗读第二自然段"由青春▲而死亡，由美丽▲而消遁"两个分句都可以采用先快后慢的语速，"而"前略作停顿，表现出生命过程的跨越之大、变化之快。第三自然段写牡丹的不媚俗，四个带"不"字的短语可用抑扬交错的语调来读，最后的问句带有反诘语气，"为什么"要加重音强调。最后一个自然段朗读"品位这东西▲为气▲为魂▲为筋骨▲为神韵"一句时要作适当的停顿，第一个停顿在主语、谓语之间，相对较长，谓语中几个并列的"为"字短语间则停顿较短。

作品 31 号

　　森林涵养水源，保持水土，防止水旱灾害的作用非常大。据专家测算，一片十万亩面积的森林，相当于一个两百万立方米的水库,这正如农谚⑴所说的:"山上多栽树,等于修水库。雨多它能吞,雨少它能吐。"

说起森林的功劳,那还多得很。它除了为人类提供⑵木材及许多种生产、生活的原料之外,在维护生态环境方面也是功劳卓著⑶,它用另一种"能吞能吐"的特殊功能孕育了人类。因为⑷地球在形成之初,大气中的二氧化碳含量很高,氧气很少,气温也高,生物是难以生存的。大约在四亿年之前,陆地才产生了森林。森林慢慢将大气中的二氧化碳吸收,同时吐出新鲜氧气,调节气温:这才具备了人类生存的条件,地球上才最终有了人类。

森林,是地球生态系统的主体,是大自然的总调度⑸室,是地球的绿色之肺。森林维护地球生态环境的这种"能吞能吐"的特殊功能是其他任何物体都不能取代的。然而,由于地球上的燃烧物增多,二氧化碳的排放量急剧增加,使得地球生态环境急剧恶化,主要表现为全球气候变暖,水分蒸发加快,改变了气流的循环,使气候变化加剧,从而引发热浪、飓风⑹、暴雨、洪涝⑺及干旱。

为了//使地球的这个"能吞能吐"的绿色之肺恢复健壮,以改善生态环境,抑制⑻全球变暖,减少水旱等自然灾害,我们应该大力造林、护林,使每一座荒山都绿起来。

节选自《中考语文课外阅读试题精选》中《"能吞能吐"的森林》

[语音提示]

(1) 农谚 nóng yàn　　(2) 提供 tí gōng
(3) 卓著 zhuó zhù　　(4) 因为 yīn·wèi
(5) 调度 diào dù　　(6) 飓风 jù fēng
(7) 洪涝 hóng lào　　(8) 抑制 yì zhì

[朗读提示]

文章重点突出，层次清楚，朗读时语速应中等，吐字要清晰，并注意停连、重音的运用及语调的变化。第一自然段中"一片十万亩面积的森林，相当于一个▲两百万立方米的水库"，两个分句中出现的数字要加上重音，"两百万"前面还可作强调性的停顿，并稍微放慢语速，语调升高，带有惊讶的语气，以突出森林在涵养水源方面的巨大作用。朗读第三自然段第一句时，语调可逐渐升高，"主体""总调度室""绿色之肺"可适当重读，使听者留下深刻的印象。"然而"之后的内容语气中带有担忧和焦虑，"急剧"重读，"主要表现为"后面的语句可适当加快语速，缩短分句间的停顿，体现大气污染导致的一系列后果。文章的末段语气坚定有力，末句"使每一座荒山都绿起来"中"每一座""绿起来"重读，语速稍缓，句末用升调，充满期望。

作品 32 号

朋友即将[(1)]远行。

暮春时节，又邀了几位朋友在家小聚。虽然都是极熟[(2)]的朋友，却是终年难得一见，偶尔[(3)]电话里相遇，也无非是几句寻常话。一锅小米稀饭，一碟大头菜，一盘自家酿制[(4)]的泡菜，一只巷口[(5)]买回的烤鸭，简简单单，不像请客，倒[(6)]像家人团聚。

其实,友情也好,爱情也好,久而久之都会转化为亲情。

说也奇怪,和新朋友会谈文学、谈哲学、谈人生道理等等,和老朋友却只话家常,柴米油盐,细细碎碎,种种琐事(7)。很多时候,心灵的契合(8)已经不需要太多的言语来表达。

朋友新烫了个头,不敢回家见母亲,恐怕惊骇(9)了老人家,却欢天喜地来见我们,老朋友颇能以一种趣味性的眼光欣赏这个改变。

年少(10)的时候,我们差不多(11)都在为别人而活,为苦口婆心的父母活,为循循善诱(12)的师长(13)活,为许多观念、许多传统的约束力而活。年岁逐增,渐渐挣脱(14)外在的限制与束缚,开始懂得为自己活,照自己的方式做一些自己喜欢的事,不在乎别人的批评意见,不在乎别人的诋毁(15)流言,只在乎那一份随心所欲的舒坦自然。偶尔,也能够纵容自己放浪一下,并且有一种恶作剧的窃喜。

就让生命顺其自然,水到渠成吧,犹如窗前的//乌桕(16),自生自落之间,自有一份圆融丰满的喜悦。春雨轻轻落着,没有诗,没有酒,有的只是一份相知相属(17)的自在自得。

夜色在笑语中渐渐沉落,朋友起身告辞,没有挽留,没有送别,甚至也没有问归期。

已经过了大喜大悲的岁月,已经过了伤感流泪的年华,知道了聚散原来是这样的自然和顺理成章,懂得这点,便懂得珍惜每一次相聚的温馨⁽¹⁸⁾,离别便也欢喜⁽¹⁹⁾。

节选自(台湾)杏林子《朋友和其他》

[语音提示]

(1) 即将 jí jiāng　　　　(2) 熟 shú
(3) 偶尔 ǒu'ěr　　　　　(4) 酿制 niàng zhì
(5) 巷口 xiàng kǒu　　　(6) 倒 dào
(7) 琐事 suǒ shì　　　　(8) 契合 qì hé
(9) 惊骇 jīng hài　　　　(10) 年少 nián shào
(11) 差不多 chà bu duō　(12) 循循善诱 xún xún shàn yòu
(13) 师长 shī zhǎng　　　(14) 挣脱 zhèng tuō
(15) 诋毁 dǐ huǐ　　　　(16) 乌桕 wū jiù
(17) 相属 xiāng zhǔ　　　(18) 温馨 wēn xīn
(19) 欢喜 huān xǐ

[朗读提示]

文章语言朴实无华,似和老朋友倾诉,所以基调平和舒缓而亲切。文中叙议结合,议论部分朗读语速要稍慢。文章开头"朋友"一词可适当拖长读音,语调稍显低沉,语速较缓。第二自然段"其实,友情也好,爱情也好,久而久之▲都会转化为亲情"中"友情""爱情""亲情"应重读。当读到与新朋友谈天说地时语速可稍快,显得滔滔不绝,读到与老朋友话家常时,语速放缓,显出亲切自然。第六自然段中"年岁逐增,▲渐渐挣脱外在的限制与束缚,▲开始懂得为自己活,照自己的方式做一些自己喜欢的事,▲不在乎别人的批评意见,不在乎别人的诋毁流言,▲只在乎那一份随心所欲的舒坦自然。"这一长句要适当运用重音和停连来表明作者的观点。第七自然段朗读第一句时语调逐渐上升,表现出作者对生命自在自得的喜悦,而朗读第二句时声音则应轻缓、低沉,表现出作者的一份闲适之情。最后一段充满感悟,朗读时语气深沉,节奏舒缓,标示如下:"已经过了▲大喜大悲的岁月,已经过了▲伤感流泪的年华,知道了▲聚散原来是这样的自然和顺理成章,懂得这点,便懂得珍惜每一次相聚的温馨,离别▲便也欢喜。"

作品 33 号

我们在田野散步:我,我的母亲,我的妻子和儿子。

母亲本不愿出来的。她老了,身体不好,走远一点儿[1]就觉得很累。我说,正因为[2]如此,才应该多走走。母亲信服地点点头,便去拿外套。她现在很听我的话,就像我小时候很听她的话一样。

这南方初春的田野,大块小块的新绿随意地铺[3]着,有的浓,有的淡,树上的嫩芽也密了,田里的冬水也咕咕地起着水泡。这一切都使人想着一样东西——生命。

我和母亲走在前面,我的妻子和儿子走在后面。小家伙突然叫起来:"前面是妈妈和儿子,后面也是妈妈和儿子。"我们都笑了。

后来发生了分歧[4]:母亲要走大路,大路平顺;我的儿子要走小路,小路有意思。不过,一切都取决于我。我的母亲老了,她早已习惯听从她强壮的儿子;我的儿子还小,他还习惯听从他高大的父亲;妻子呢,在外面,她总是听我的。一霎时[5]我感到了责任的重大。我想找一个两全的办法,找不出;我想拆散[6]一家人,分成两路,各得其所,终不愿意⁽⁷⁾。我决定委屈儿子,因为我伴同他的时日还长。我说:"走大路。"

但是母亲摸摸孙儿的小脑瓜,变了主意⁽⁸⁾:"还是走小路吧。"她的眼随小路望去:那里有金色的菜花,两行整齐的桑树,//尽头⁽⁹⁾一口水波粼粼⁽¹⁰⁾的鱼塘。"我走不过去的地方,你就背⁽¹¹⁾着我。"母亲对我说。

这样,我们在阳光下,向着那菜花、桑树和鱼塘走去。到了一处,我蹲下来,背起了母亲;妻子也蹲下来,背起了儿子。我和妻子都是慢慢地,稳稳地,走得很仔细,好像我背⁽¹²⁾上的同她背上的加起来,就是整个世界。

节选自莫怀戚《散步》

[语音提示]
(1) 一点儿 yì diǎr   (2) 因为 yīn·wèi
(3) 铺 pū   (4) 分歧 fēn qí
(5) 一霎时 yí shà shí (6) 拆散 chāi sàn
(7) 不愿意 bú yuàn·yì (8) 主意 zhǔ yi/zhúyi
(9) 尽头 jìn tóu   (10) 粼粼 lín lín
(11) 背 bēi   (12) 背 bèi

[朗读提示]
这篇散文表达了作者对生命的感悟和挚爱。朗读中要注意体会和表达出作者的感情。第三自然段中"生命"应重读,突出文章主旨。朗读第四自然段小家伙叫起来一句时,语调应升高,语气欢快。朗读第五自然段中"母亲▲要走大路,大路平顺;我的儿子▲

要走小路,小路有意思"时,要注意使用并列性的停连和对比性的重音,准确理解这些词语对表达文章中心的作用。朗读第六自然段母亲的话"还是走小路吧"一句时,语速稍缓,语气平和,表现出祖母对孙子的慈爱。最后一个自然段语速渐缓,朗读"慢慢地""缓缓地""仔细"语气轻柔,语速缓慢,表现出一家人的和睦幸福。

作品 34 号

地球上是否真的存在"无底洞"?按说地球是圆的,由地壳[1]、地幔[2]和地核三层组成,真正的"无底洞"是不应存在的,我们所看到的各种山洞、裂口、裂缝,甚至火山口也都只是地壳浅部的一种现象。然而中国一些古籍[3]却多次提到海外有个深奥莫测的无底洞。事实上地球上确实有这样一个"无底洞"。

它位于希腊亚各斯古城的海滨。由于濒临[4]大海,大涨潮[5]时,汹涌的海水便会排山倒海[6]般地涌入洞中,形成一股湍湍[7]的急流。据测,每天流入洞内的海水量达三万多吨。奇怪的是,如此大量的海水灌入洞中,却从来没有把洞灌满。曾有人怀疑,这个"无底洞",会不会就像石灰岩地区的漏斗[8]、竖井、落水洞一类的地形。然而从二十世纪三十年代以来,人们就做了多种努力企图寻找它的出口,却都是枉费心机[9]。

为了揭开这个秘密,一九五八年美国地理学会派出一支考察队,他们把一种经久不变的带色染料溶解在海水中,观察染料是如何随着海水一起沉下去。接着又察看了附近海面以及岛上的各条河、湖,满怀希望地寻找这种带颜色的水,结果⁽¹⁰⁾令人失望。难道是海水量太大把有色水稀释⁽¹¹⁾得太淡,以致无法发现? //

至今谁也不知道为什么⁽¹²⁾这里的海水会没完没了⁽¹³⁾地"漏"下去,这个"无底洞"的出口又在哪里,每天大量的海水究竟都流到哪里去了?

节选自罗伯特·罗威尔《神秘的"无底洞"》

[语音提示]

(1) 地壳 dì qiào　　　　(2) 地幔 dì màn
(3) 古籍 gǔ jí　　　　　(4) 濒临 bīn lín
(5) 涨潮 zhǎng cháo　　(6) 排山倒海 pái shān dǎo hǎi
(7) 湍湍 tuān tuān　　　(8) 漏斗 lòu dǒu
(9) 枉费心机 wǎng fèi xīn jī　(10) 结果 jié guǒ
(11) 稀释 xī shì　　　　(12) 为什么 wèi shén me
(13) 没完没了 méi wán méi liǎo

[朗读提示]

文章介绍了地球上神秘的"无底洞"。朗读时节奏要舒缓,吐字要清晰,以便使听者能够准确地把握文章的内容。文章第一自然段开头设问句中"无底洞"适当重读。第一自然段末句中"确实"适当重读,与开头的设问句相呼应。第二自然段末句中"枉费心机"适当放慢语速,以表明人类在未知现象面前的无能为力。最后两个自然段中出现的问句都带有猜测和疑问,朗读时要用升调,以引起读者的思考和兴趣。

作品 35 号

我在俄国见到的景物再没有比托尔斯泰墓更宏伟、更感人的。

完全按照托尔斯泰的愿望,他的坟墓成了世间最美的,给人印象最深刻的坟墓。它只是树林中的一个小小的长方形土丘,上面开满鲜花——没有十字架,没有墓碑,没有墓志铭,连托尔斯泰这个名字也没有。

这位比谁都感到受自己的声名所累[1]的伟人,却像偶尔[2]被发现的流浪汉,不为人知的士兵,不留名姓地被人埋葬了。谁都可以踏进他最后的安息地,围在四周稀疏的木栅栏[3]是不关闭的——保护列夫·托尔斯泰得以安息的没有任何别的东西,惟有人们的敬意;而通常,人们却总是怀着好奇[4],去破坏伟人墓地[5]的宁静。

这里,逼人的朴素禁锢[6]住任何一种观赏的闲情,并且不容许你大声说话。风儿俯临[7],在这座无名者之墓的树木之间飒飒[8]响着,和暖[9]的阳光在坟头[10]嬉戏;冬天,白雪温柔地覆盖这片幽暗的主土地[11]。无论你在夏天或冬天经过这儿,你都想像不到,这个小小的、隆起的长方体里安放着一位当代最伟大的人物。

然而,恰恰是这座不留姓名的坟墓,比所有挖空心思用大理石和奢华⁽¹²⁾装饰建造的坟墓更扣人心弦⁽¹³⁾。在今天这个特殊的日子//里,到他的安息地⁽¹⁴⁾来的成百上千人中间,没有一个有勇气,哪怕仅仅从这幽暗的土丘上摘下一朵花留作纪念。人们重新感到,世界上再没有比托尔斯泰最后留下的、这座纪念碑式的朴素坟墓,更打动人心的了。

节选自[奥]茨威格《世间最美的坟墓》,张厚仁译

[语音提示]

(1) 累 lěi　　　　　(2) 偶尔 ǒu'ěr
(3) 木栅栏 mù zhà lan　(4) 好奇 hào qí
(5) 墓地 mù dì　　　(6) 禁锢 jìn gù
(7) 俯临 fǔ lín　　　(8) 飒飒 sà sà
(9) 和暖 hé nuǎn　　(10) 坟头 fén tóur
(11) 圭土地 guī tǔ dì　(12) 奢华 shē huá
(13) 心弦 xīn xián　　(14) 安息地 ān xī dì

[朗读提示]

文章饱含着作者的崇敬和赞美之情,朗读时声音要舒缓、深沉而庄重,并运用重音、停顿的方法表达出作者对伟人的敬意。文章首句中"景物""没有"后要稍作停顿,"更宏伟""更感人"加上重音,以突出文章主题。第二自然段第一句中"最美"与"最深刻"重读,语调较高,以强调坟墓的与众不同;第二句点明伟人的坟墓极其简陋、出人意料,朗读时语调降低,带着失望和痛心的语气,破折号后的语句感情尤为强烈,三个"没有"开头的排比句语调低沉,最后一个分句语调较高,语速缓慢,"名字"后适当停顿,"也没有"语调降低,充满悲伤与敬意。朗读第三自然段"惟有人们的敬意"中"敬意"适当重读。第四自然段语气舒缓、轻柔,表现出坟墓的幽静与朴素。第五自然段充满赞扬之情,语调较高。

作品 36 号

我国的建筑,从古代的宫殿到近代的一般住房,绝大部分是对称⑴的,左边怎么样,右边怎么样。苏州园林可绝不讲究对称,好像故意避免似的⑵。东边有了一个亭子或者一道回廊,西边决不会来一个同样的亭子或者一道同样的回廊。这是为什么?我想,用图画来比方,对称的建筑是图案画,不是美术画,而园林是美术画,美术画要求自然之趣,是不讲究对称的。

苏州园林里都有假山和池沼⑶。

假山的堆叠,可以说是一项艺术而不仅是技术。或者是重峦叠嶂⑷,或者是几座小山配合着竹子花木,全在乎设计者和匠师们生平多阅历,胸中有丘壑⑸,才能使游览者攀登的时候忘却苏州城市,只觉得身在山间。

至于池沼,大多引用活水。有些园林池沼宽敞⑹,就把池沼作为全园的中心,其他景物配合着布置。水面假如成河道模样⑺,往往安排桥梁。假如安排两座以上的桥梁,那就一座一个样,决不雷同。

池沼或河道的边沿很少砌⑻齐整的石岸,总是高低屈曲⑼任其自然。还在那儿⑽布置几块玲珑的石头,或者种些花草。这也是为了取得从各个角度看都成一幅画的效果。池沼里养着金鱼或各色鲤鱼,夏秋季节荷花或睡莲开//放,游览者看"鱼戏莲叶间",又是入画的一景。

节选自叶圣陶《苏州园林》

[语音提示]

(1) 对称 duì chèn　　　(2) 似的 shì de
(3) 池沼 chí zhǎo　　　(4) 重峦叠嶂 chóng luán dié zhàng
(5) 丘壑 qiū hè　　　　(6) 宽敞 kuān chǎng
(7) 模样 mú yàng　　　(8) 砌 qì
(9) 屈曲 qū qū　　　　(10) 那儿 nàr

[朗读提示]

本文表达了作者对苏州园林的喜爱以及对设计者和匠师们技艺的赞美之情。文章的语言简明流畅、生动形象,总体上可以用平实的语调,中等的语速来朗读。同时应适当运用重音来强调重点,如第一自然段"苏州园林可绝不讲究对称,好像故意避免似的"一句中"绝不""故意"可适当重读,突出苏州园林的与众不同。又如第三自然段"假山的堆叠,可以说是一项艺术而不仅是技术"一句中,"艺术"和"技术"可加重音量表达对比,以突出设计者和匠师们的精湛水平。

作品 37 号

一位访美中国女作家,在纽约遇到一位卖花的老太太。老太太穿着(1)破旧,身体虚弱,但脸上的神情却是那样祥和兴奋(2)。女作家挑了一朵花说:"看起来,你很高兴。"老太太面带微笑地说:

"是的,一切都这么美好,我为什么不高兴呢?""对烦恼,你倒⁽³⁾真能看得开。"女作家又说了一句。没料到,老太太的回答更令女作家大吃一惊:"耶稣⁽⁴⁾在星期五被钉上⁽⁵⁾十字架时,是全世界最糟糕的一天,可三天后就是复活节。所以,当我遇到不幸时,就会等待三天,这样一切就恢复正常了。"

"等待三天",多么富于哲理的话语,多么乐观的生活方式。它把烦恼和痛苦抛下,全力去收获快乐⁽⁶⁾。

沈从文在"文革"期间,陷入了非人的境地。可他毫不在意,他在咸宁时给他的表侄、画家黄永玉写信说:"这里的荷花真好,你若来……"身陷苦难却仍为荷花的盛开欣喜赞叹不已⁽⁷⁾,这是一种趋于澄明⁽⁸⁾的境界,一种旷达洒脱⁽⁹⁾的胸襟⁽¹⁰⁾,一种面临磨难⁽¹¹⁾坦荡从容的气度,一种对生活童子⁽¹²⁾般的热爱和对美好事物无限向往的生命情感。

由此可见,影响一个人快乐的,有时并不是困境及磨难,而是一个人的心态。如果把自己浸泡在积极、乐观、向上的心态中,快乐必然会//占据你的每一天。

节选自《态度创造快乐》

[语音提示]
(1) 穿着 chuān zhuó 　　(2) 兴奋 xīng fèn
(3) 倒 dào 　　　　　　(4) 耶稣 yē sū

(5) 钉上 dìng shang　　(6) 快乐 kuài lè
(7) 赞叹不已 zàn tàn bù yǐ　　(8) 澄明 chéng míng
(9) 旷达洒脱 kuàng dá sǎ·tuō　　(10) 胸襟 xiōng jīn
(11) 磨难 mó nàn　　(12) 童子 tóng zǐ

[朗读提示]

作品用两个典型事例说明人生哲理。叙述事例应在平和、舒缓的语气中进行,语速中等。其中人物的对话要注意角色的区分:女作家的语气是平淡的,用中速;而卖花老太太笑对生活,心态乐观而积极,可用明亮的声音来表现,节奏可稍快。第一自然段末尾老太太的回答,前半段语速可稍缓,语调低沉,表现出"最糟糕的一天"中的低落情绪,后半段语速逐渐加快,语调上扬。第二自然段开头"等待三天"可以放慢语速,拖长读音,以引起听者的思考。后面的议论语句声音要响亮,吐字要饱满有力。在处理第四自然段的排比句时,要用稍快的语速和节节上升的语调表现出一气呵成的气势。朗读末句时语调上扬,充满信心。

作品 38 号

泰山极顶看日出,历来被描绘成十分壮观的奇景。有人说:登泰山而看不到日出,就像一出大戏没有戏眼,味儿⑴终究有点寡淡⑵。

我去爬山那天,正赶上个难得的好天,万里长空,云彩丝儿⑶都不见。素常烟雾腾腾的山头,显得眉目分明。同伴们都欣喜地说:"明天早晨准可以看见日出了。"我也是抱着这种想头,爬上山去。

一路从山脚往上爬,细看山景,我觉得挂在眼前的不是五岳独尊的泰山,却像一幅规模惊人的青绿山水画,从下面倒展(4)开来。在画卷(5)中最先露出(6)的是山根(7)底那座明朝建筑岱宗坊(8),慢慢地便现出王母池、斗(9)母宫、经石峪(10)。山是一层比一层深,一叠比一叠奇,层层叠叠,不知还会有多深多奇。万山丛中,时而点染着极其工细的人物。王母池旁的吕祖殿里有不少尊明塑,塑着吕洞宾等一些人,姿态神情是那样有生气,你看了,不禁(11)会脱口赞叹说:"活啦。"

画卷继续展开,绿阴森森的柏洞(12)露面(13)不太久,便来到对松山。两面奇峰对峙(14)着,满山峰都是奇形怪状的老松,年纪怕都有上千岁了,颜色竟那么浓,浓得好像要流下来似的(15)。来到这儿(16),你不妨权当(17)一次画里的写意人物,坐在路旁的对松亭里,看看山色,听听流//水和松涛。

一时间,我又觉得自己不仅是在看画卷,却又像是在零零乱乱翻着一卷(18)历史稿本。

节选自杨朔《泰山极顶》

[语音提示]

(1) 味儿 wèir (2) 寡淡 guǎ dàn
(3) 云彩丝儿 yún cai sēr (4) 倒展 dào zhǎn
(5) 画卷 huài juàn (6) 露出 lòu chū
(7) 山根 shān' gēr (8) 岱宗坊 dài zōng fāng

(9) 斗 dǒu　　　　　　(10) 峪 yù
(11) 不禁 bù jīn　　　　(12) 柏洞 bǎi dòng
(13) 露面 lòu miàn　　　(14) 对峙 duì zhì
(15) 似的 shì de　　　　(16) 这儿 zhèr
(17) 当 dàng　　　　　 (18) 一卷 yí juàn

[朗读提示]

文章朗读时应语气轻快，语速中等偏快，以表达作者游览泰山时的喜悦之情。第一自然段末句引用的话可稍微放慢语速，显出作者深有体会的样子。第二自然段的语言比较口语化，短句较多，就可用稍快的节奏表现作者愉快的心情。第三自然段在交代景点名称时，要清晰明确地进行表达，可在这些词语前稍作停顿或放慢语速，以凸显景点的转换，条理清晰地向听者展开画卷。末句"活啦"应提高语调，语气中带有赞叹和喜悦。第四自然段末句设想人已入画，语速可稍缓，表现出回归自然、享受自然的闲适和乐趣。

作品 39 号

育才小学校长陶行知在校园看到学生王友用泥块砸自己班上的同学，陶行知当即[1]喝止[2]了他，并令他放学后到校长室去。无疑，陶行知是要好好教育这个"顽皮"的学生。那么他是如何教育的呢？

放学后，陶行知来到校长室，王友已经等在门口准备挨[3]训了。可一见面，陶行知却掏出一块糖果送给王友，并说："这是奖给你的，因为你按时来到这里，而我却迟到了。"王友惊疑地接过糖果。

随后,陶行知又掏出一块糖果放到他手里,说:"这第二块糖果也是奖给你的,因为⁽⁴⁾当我不让你再打人时,你立即就住手了,这说明你很尊重我,我应该奖你。"王友更惊疑了,他眼睛睁得大大的。

陶行知又掏出第三块糖果塞⁽⁵⁾到王友手里,说:"我调查过了,你用泥块砸那些男生,是因为他们不守游戏规则,欺负女生;你砸他们,说明你很正直善良,且有批评不良行为的勇气,应该奖励你啊⁽⁶⁾!"王友感动极了,他流着眼泪后悔地喊道:"陶……陶校长你打我两下吧!我砸的不是坏人,而是自己的同学啊⁽⁷⁾……"

陶行知满意地笑了,他随即掏出第四块糖果递给王友,说:"为你正确地认识错误,我再奖给你一块糖果,只可惜我只有这一块糖果了。我的糖果//没有了,我看我们的谈话也该结束了吧!"说完,就走出了校长室。

节选自《教师博览·百期精华》中《陶行知的"四块糖果"》

[**语音提示**]
(1) 当即 dāng jí (2) 喝止 hè zhǐ
(3) 挨 ái (4) 因为 yīn·wèi
(5) 塞 sāi (6) 你啊 nǐ ya
(7) 同学啊 tóng xué ya

[**朗读提示**]
本文讲述了陶行知如何教育学生的一个故事。朗读时可用朴

实的语气娓娓道来,语速中等。文章的引人之处在于出人意料,朗读第一自然段"好好教育"时加上重音,语调可适当上扬,使听者误以为陶行知要严厉批评教育这个学生。朗读陶行知四次掏出糖果的语句也要用重音加以强调,但要避免单调的重复,需用不同的重音来突出重点,四句中可分别给"糖果""又""第三块""第四块"加上重音,同时语调上扬,惊讶的语气也要逐次加强。学生王友的一系列反应,也需用重音加以强调,如"惊疑""睁得大大的""后悔"等词语重读,以体现教育的效果。第四自然段末尾王友忏悔的话语态度非常诚恳,朗读时语气中充满乞求和悔恨。朗读陶行知的话时,语气要亲切肯定,声音要明朗有力。

作品 40 号

享受幸福是需要学习的,当它即将[1]来临的时刻需要提醒。人可以自然而然地学会感官的享乐,却无法天生地掌握幸福的韵律。灵魂的快意同器官的舒适像一对孪生[2]兄弟,时而相傍[3]相依,时而南辕北辙[4]。

幸福是一种心灵的震颤[5]。它像会倾听音乐的耳朵一样,需要不断地训练。

简而言之,幸福就是没有痛苦的时刻。它出现的频率[6]并不像我们想像的那样少。人们常常只是在幸福的金马车已经驶过去很远时,才拣起地上的金鬃毛[7]说,原来我见过它。

人们喜爱回味幸福的标本,却忽略它披着露水[8]散发[9]清香的时刻。那时候我们往往步履[10]匆匆,瞻前顾后[11]不知在忙着什么⁽¹²⁾。

世上有预报台风的,有预报蝗灾⁽¹³⁾的,有预报瘟疫⁽¹⁴⁾的,有预报地震的。没有人预报幸福。

其实幸福和世界万物一样,有它的征兆⁽¹⁵⁾。

幸福常常是朦胧⁽¹⁶⁾的,很有节制地向我们喷洒甘霖⁽¹⁷⁾。你不要总希望轰轰烈烈的幸福,它多半只是悄悄地扑面而来。你也不要企图把水龙头拧⁽¹⁸⁾得更大,那样它会很快地流失。你需要静静地以平和之心,体验它的真谛⁽¹⁹⁾。

幸福绝大多数是朴素的。它不会像信号弹似的⁽²⁰⁾,在很高的天际闪烁红色的光芒。它披着本色的外衣,亲//切温暖地包裹起我们。

幸福不喜欢喧嚣⁽²¹⁾浮华,它常常在暗淡中降临。贫困中相濡以沫⁽²²⁾的一块糕饼,患难中心心相印的一个眼神,父亲一次粗糙⁽²³⁾的抚摸,女友一张温馨的字条……这都是千金难买的幸福啊⁽²⁴⁾。像一粒粒缀⁽²⁵⁾在旧绸子上的红宝石,在凄凉中愈发熠熠⁽²⁶⁾夺目。

节选自毕淑敏《提醒幸福》

[语音提示]

(1) 即将 jí jiāng　　(2) 孪生 luán shēng
(3) 傍 bàng　　(4) 南辕北辙 nán yuán běi zhé
(5) 震颤 zhèn chàn　　(6) 频率 pín lǜ

(7) 金鬃毛 jīn zōng máo　(8) 露水 lù shuǐ
(9) 散发 sàn fā　(10) 步履 bù lǚ
(11) 瞻前顾后 zhān qián gù hòu　(12) 什么 shén me
(13) 蝗灾 huáng zāi　(14) 瘟疫 wēn yì
(15) 征兆 zhēng zhào　(16) 朦胧 méng lóng
(17) 甘霖 gān lín　(18) 拧 nǐng
(19) 真谛 zhēn dì　(20) 似的 shì de
(21) 喧嚣 xuān xiāo　(22) 相濡以沫 xiāng rú yǐ mò
(23) 粗糙 cū cāo　(24) 啊 wa
(25) 缀 zhuì　(26) 熠熠 yì yì

[朗读提示]

作品语言自然而不失雅致，隽永而又深蕴理趣，朗读时要保持亲切自然的风格，语速中等，语气舒缓。第三自然段末句"原来▲我见过它"朗读时语速放慢，"原来"后略作停顿，带有恍然大悟的语气。朗读第五自然段的排比句时可加快语速，缩短分句间的停顿，末句"没有人预报幸福"语意出现转折，分句前面停顿稍长，语速放缓，"幸福"加上重音。第七至第九自然段描写幸福的各种征兆，朗读时语速稍缓，语气柔和，其中"轰轰烈烈""更大""闪烁""红色"等适当重读，而"悄悄地""静静地""朴素""本色"则应适当轻读，用音量的对比来表明幸福来临时的自然与平静。第九自然段第二句的排比可以用抑扬相间的语调来朗读。

作品 41 号

在里约热内卢的一个贫民窟⁽¹⁾里，有一个男孩子，他非常喜欢足球，可是又买不起，于是就踢塑料盒⁽²⁾，踢汽水瓶，踢从垃圾箱里拣来的椰子壳⁽³⁾。他在胡同⁽⁴⁾里踢，在能找到的任何一片空地⁽⁵⁾

上踢。

有一天,当他在一处干涸⁽⁶⁾的水塘里猛踢一个猪膀胱⁽⁷⁾时,被一位足球教练看见了。他发现这个男孩儿⁽⁸⁾踢得很像是那么回事,就主动提出要送给他一个足球。小男孩儿得到足球后踢得更卖劲⁽⁹⁾了。不久,他就能准确地把球踢进远处随意摆放的一个水桶里。

圣诞节到了,孩子的妈妈说:"我们没有钱买圣诞⁽¹⁰⁾礼物送给我们的恩人,就让我们为他祈祷⁽¹¹⁾吧。"

小男孩儿跟随妈妈祈祷完毕,向妈妈要了一把铲子便跑了出去。他来到一座别墅⁽¹²⁾前的花园里,开始挖坑。

就在他快要挖好坑的时候,从别墅里走出一个人来,问小孩儿在干什么⁽¹³⁾,孩子抬起满是汗珠的脸蛋儿,说:"教练,圣诞节到了,我没有礼物送给您,我愿给您的圣诞树挖一个树坑。"

教练把小男孩儿从树坑里拉上来,说,我今天得到了世界上最好的礼物。明天你就到我的训练场去吧。

三年后,这位十七岁的男孩儿在第六届足球锦标赛上独进二十二球,为巴西第二次捧回了金杯。一个原来不//为⁽¹⁴⁾世人所知的名字——贝利,随之传遍世界。

节选自刘燕敏《天才的造就》

[语音提示]

(1) 贫民窟 pín mín kū　　(2) 塑料盒 sù liào hér
(3) 椰子壳 yē zi kér　　(4) 胡同 hú tòr
(5) 空地 kòng dì　　(6) 干涸 gān hé
(7) 膀胱 páng guāng　　(8) 男孩儿 nán háir
(9) 卖劲 mài jìr　　(10) 圣诞 shèng dàn
(11) 祈祷 qí dǎo　　(12) 别墅 bié shù
(13) 什么 shén me　　(14) 为 wéi

[朗读提示]

作品语言朴实，以叙述为主，朗读时应用平实的语调娓娓道来。作品中有少量的人物语言，朗读时也要注意表现，比如孩子母亲的话，语气应该是柔和舒缓、充满感激的；孩子的话则率真而又坦诚，语速中等，语调较平；教练的话语气应肯定而充满喜悦，声音明朗而轻快。最后一个自然段中"独进""第一次""金杯"适当重读，突出贝利取得的优异成绩。

作品 42 号

记得我十三岁时，和母亲住在法国东南部的耐斯城。母亲没有丈夫，也没有亲戚[1]，够清苦的，但她经常能拿出令人吃惊的东西，摆在我面前。她从来不吃肉，一再说自己是素食者。然而有一天，我发现母亲正仔细地用一小块碎面包擦那给我煎牛排用的油锅。我明白了她称[2]自己为素食者的真正原因。

我十六岁时，母亲成了耐斯市美蒙旅馆的女经理。这时，她更忙碌了。一天，她瘫[3]在椅子上，脸色苍白，嘴唇发灰。马上找来医生,做出诊断:她摄取⁽⁴⁾了过多的胰岛素⁽⁵⁾。直到这时我才知道母亲多年一直对我隐瞒⁽⁶⁾的疾痛——糖尿病。

她的头歪向枕头一边,痛苦地用手抓挠⁽⁷⁾胸口。床架上方,则挂着一枚我二九三二年赢得⁽⁸⁾耐斯市少年乒乓球冠军的银质奖章。

啊,是对我的美好前途的憧憬⁽⁹⁾支撑着她活下去,为了给她那荒唐的梦至少加一点真实的色彩,我只能继续努力,与时间竞争,直至二九三八年我被征入空军。巴黎很快失陷,我辗转⁽¹⁰⁾调到⁽¹¹⁾英国皇家空军。刚到英国就接到了母亲的来信。这些信是由在瑞士的一个朋友秘密地转到⁽¹²⁾伦敦,送到我手中的。

现在我要回家了,胸前佩带着醒目的绿黑两色的解放十字绶//带⁽¹³⁾,上面挂着五六枚我终身难忘的勋章⁽¹⁴⁾,肩上还佩带着军官肩章。到达旅馆时,没有一个人跟我打招呼。原来,我母亲在三年半以前就已经离开人间了。

在她死前的几天中,她写了近二百五十封信,把这些信交给她在瑞士的朋友,请这个朋友定时寄给我。就这样,在母亲死后的三年半的时间里,我一直从她身上吸取着力量和勇气——这使我能够继续战斗到胜利那一天。

节选自[法]罗曼·加里《我的母亲独一无二》

[语音提示]

(1) 亲戚 qīn qi　　(2) 称 chēng
(3) 瘫 tān　　(4) 摄取 shè qǔ
(5) 胰岛素 yí dǎo sù　　(6) 隐瞒 yǐn mán
(7) 抓挠 zhuā nao　　(8) 赢得 yíng dé
(9) 憧憬 chōng jǐng　　(10) 辗转 zhǎn zhuǎn
(11) 调到 diào dào　　(12) 转到 zhuǎn dào
(13) 绶带 shòu dài　　(14) 勋章 xūn zhāng

[朗读提示]

文章带有回忆性，全文始终饱含着"我"对母亲的崇敬与挚爱之情。朗读时语速中等，语气要舒缓而平和，朗读"我"每一次了解真相时的情景，语速要放慢，充满思索和感动。朗读第一自然段时，"从来""一再""真正原因"等词语适当重读，表现出"我"信以为真以及发现真相后的惊讶与感动。朗读第四自然段第一句时，感情尤其要充沛，表达"我"对母爱的理解与回报。朗读第五自然段最后一句母亲去世的情况时，语速缓慢，语调低沉，充满悲痛。文章末句语气则要坚定有力，"力量""勇气""胜利"应重读，以表现出母亲给"我"的巨大的精神动力。

作品 43 号

生活对于任何人都非易事，我们必须有坚韧不拔[1]的精神。最要紧的，还是我们自己要有信心。我们必须相信，我们对每一件事情都具有天赋[2]的才能，并且，无论付出任何代价，都要把这件事完成。当事情结束的时候，你要能问心无愧地说："我已经尽[3]我所能了。"

有一年的春天,我因病被迫在家里休息数⁽⁴⁾周。我注视着我的女儿们所养的蚕正在结茧⁽⁵⁾,这使我很感兴趣。望着这些蚕执著⁽⁶⁾地、勤奋地工作,我感到我和它们非常相似⁽⁷⁾。像它们一样,我总是耐心地把自己的努力集中在一个目标上。我之所以如此,或许是因为⁽⁸⁾有某种力量在鞭策着我——正如蚕被鞭策着去结茧一般。

近五十年来,我致力于科学研究,而研究,就是对真理的探讨。我有许多美好快乐的记忆。少女时期我在巴黎大学,孤独地过着求学的岁月;在后来献身科学的整个时期,我丈夫和我专心致志,像在梦幻⁽⁹⁾中一般,坐在简陋⁽¹⁰⁾的书房里艰辛地研究,后来我们就在那里发现了镭。

我永远追求安静的工作和简单的家庭生活。为了实现这个理想,我竭力⁽¹¹⁾保持宁静的环境,以免受人事的干扰和盛名⁽¹²⁾的拖累⁽¹³⁾。

我深信,在科学方面我们有对事业而不是//对财富的兴趣。我的惟一奢望⁽¹⁴⁾是在一个自由国家中,以一个自由学者的身份从事研究工作。

我一直沉醉于世界的优美之中,我所热爱的科学也不断增加它崭新⁽¹⁵⁾的远景。我认定科学本身就具有伟大的美。

节选自[波兰]玛丽·居里《我的信念》,剑捷译

[语音提示]

(1) 坚韧不拔 jiān rèn bù bá　　(2) 天赋 tiān fù
(3) 尽 jìn　　(4) 数 shù
(5) 结茧 jié jiǎn　　(6) 执著 zhí zhuó
(7) 相似 xiāng sì　　(8) 因为 yīn·wèi
(9) 梦幻 mèng huàn　　(10) 简陋 jiǎn lòu
(11) 竭力 jié lì　　(12) 盛名 shèng míng
(13) 拖累 tuō lěi　　(14) 奢望 shē wàng
(15) 崭新 zhǎn xīn

[朗读提示]

本文作者是伟大的物理学家玛丽·居里,文中表达了她对科学研究事业的执着与热爱。文章语言自然质朴,富有哲理性,所以朗读时要用平实的语调来叙述,有些语句则要用完全肯定的语气来表达,以表现居里夫人对信念的执着和对科学的热爱。如第一自然段"我们必须有▲坚韧不拔的精神","最要紧的,还是我们自己▲要有信心"。第五自然段"我深信,在科学方面我们有▲对事业▲而不是对财富的▲兴趣"一句,可运用强调重音和呼应性、转折性的停连突出重点,加强肯定的语气。最后一句"科学""伟大的美"应重读,点明文章的主旨。

作品 44 号

我为什么(1)非要教书(2)不可?是因为(3)我喜欢当教师的时间安排表和生活节奏。七、八、九三个月给我提供(4)了进行回顾、研究、写作的良机,并将三者有机融合,而善于回顾、研究和总结正是

优秀教师素质中不可缺少的成分。

干这行⁽⁵⁾给了我多种多样的"甘泉"去品尝,找优秀的书籍去研读,到"象牙塔"和实际世界里去发现。教学工作给我提供了继续学习的时间保证,以及多种途径、机遇和挑战。

然而,我爱这一行的真正原因,是爱我的学生。学生们在我的眼前成长、变化。当教师意味着亲历"创造"过程的发生——恰似⁽⁶⁾亲手赋予⁽⁷⁾一团泥土以生命,没有什么比目睹它开始呼吸更激动人心的了。

权利我也有了:我有权利去启发诱导,去激发智慧的火花,去问费心思考的问题,去赞扬回答的尝试,去推荐书籍,去指点迷津。还有什么别的权利能与之相比呢?

而且,教书还给我金钱和权利之外的东西,那就是爱心。不仅有对学生的爱,对书籍的爱,对知识的爱,还有教师才能感受到的对"特别"学生的爱。这些学生,有如冥顽⁽⁸⁾不灵的泥块,由于接受了老师的炽爱⁽⁹⁾才勃发了生机。

所以,我爱教书,还因为,在那些勃发生机的"特//别"学生身上,我有时发现自己和他们呼吸相通,忧乐与共。

节选自[美]彼得·基·贝得勒《我为什么当教师》

[语音提示]

(1) 为什么 wèi shén me　　(2) 教书 jiāo shū

(3) 因为 yīn·wèi　　(4) 提供 tí gōng
(5) 行 háng　　　　(6) 恰似 qià sì
(7) 赋予 fù yǔ　　　(8) 冥顽 míng wán
(9) 炽爱 chì 'ài

[朗读提示]

　　这篇文章字里行间流露出作者对教师这一职业的热爱和对学生的热爱。文章具有一定的抒情性,所以朗读时语速不能过快。第一、第二自然段总体上节奏平稳而舒缓,开篇的设问是对自我心灵的追问,朗读时语调上升不必过高,句末的停顿可稍长,留有思考的余地。朗读第三自然段第三句"当教师▲意味着亲历'创造'过程的发生——恰似亲手赋予一团泥土▲以生命,没有什么比目睹它开始呼吸▲更激动人心的了"时,采用适当的重音与停连,可以将教书育人的快乐与满足表现出来。第四自然段中一长串的排比,朗读时可稍稍加快节奏,来表现它的气势如虹和作者强烈的感情。段末的反问句语气强烈,句末用升调。

作品 45 号

　　中国西部我们通常是指黄河与秦岭相连一线以西,包括西北和西南的十二个省、市、自治区。这块广袤[1]的土地面积为五百四十六万平方公里,占国土总面积的百分之五十七;人口二点八亿,占全国总人口的百分之二十三。

　　西部是华夏文明的源头。华夏祖先的脚步是顺着水边走的:长江上游出土过元谋人[2]牙齿化石,距今约一百七十万年;黄河中游出土过蓝田人头盖骨,距今约七十万年。这两处古人类都比距今约五十万年的北京猿人资格更老。

西部地区是华夏文明的重要发源地。秦皇汉武以后,东西方文化在这里交汇融合,从而有了丝绸之路的驼铃声声,佛院深寺的暮鼓晨钟(3)。敦煌莫高窟(4)是世界文化史上的一个奇迹,它在继承汉晋艺术传统的基础上,形成了自己兼收并蓄的恢宏(5)气度,展现出精美绝伦的艺术形式和博大精深的文化内涵。秦始皇兵马俑(6)、西夏王陵、楼兰古国、布达拉宫、三星堆、大足石刻等历史文化遗产,同样为(7)世界所瞩目(8),成为中华文化重要的象征。

西部地区又是少数民族及其文化的集萃(9)地,几乎(10)包括了我国所有的少数民族。在一些偏远的少数民族地区,仍保留//了一些久远时代的艺术品种,成为珍贵的"活化石",如纳西古乐(11)、戏曲、剪纸、刺绣、岩画等民间艺术和宗教艺术。特色鲜明、丰富多彩,犹如一个巨大的民族民间文化艺术宝库。

我们要充分重视和利用这些得天独厚的资源优势,建立良好的民族民间文化生态环境,为西部大开发做出贡献。

节选自《中考语文课外阅读试题精选》中《西部文化和西部开发》

[语音提示]
(1) 广袤 guǎng mào
(2) 元谋人 yuán móu rén
(3) 暮鼓晨钟 mù gǔ chén zhōng
(4) 莫高窟 mò gāo kū
(5) 恢宏 huī hóng
(6) 兵马俑 bīng mǎ yǒng
(7) 为 wéi
(8) 瞩目 zhǔ mù

(9) 集萃 jí cuì　　　　(10) 几乎 jī hū
(11) 古乐 gǔ yuè

[朗读提示]

这篇作品主要介绍了中国西部地区的文化。朗读时要用陈述性的语气,语速中等,不宜太快,并适量运用重音和停连的技巧,使得重点突出。如文中运用列数字的方法进行准确的说明,朗读时数字前要进行必要的停连处理,给人一个思考的时间,并表达出作者对这些数字的理解,比如"这块广袤的土地▲面积为▲五百四十六万平方公里"一句,从中可看出西部地域之广阔,西部开发之重要。第二、第三、第四自然段的首句作为每一段的中心句,朗读时语速稍缓,"源头""发源地""集萃地"应适当重读。文章末段是全文的总结,朗读时语气坚定,充满号召力。

作品 46 号

高兴,这是一种具体的被看得到摸得着[1]的事物所唤起的情绪。它是心理的,更是生理的。它容易来也容易去,谁也不应该对它视而不见失之交臂,谁也不应该总是做那些使自己不高兴也使旁人不高兴的事。让我们说一件最容易做也最令人高兴的事吧,尊重你自己,也尊重别人,这是每一个人的权利,我还要说这是每一个人的义务。

快乐,它是一种富有概括性的生存状态、工作状态。它几乎[2]是先验的,它来自生命本身的活力,来自宇宙、地球和人间的吸引,它是世界的丰富、绚丽[3]、阔大、悠久的体现。快乐还是一种力量,是埋在地下的根脉[4]。消灭一个人的快乐比挖掘[5]掉一棵大树的根要难得多。

欢欣,这是一种青春的、诗意的情感。它来自面向着未来伸开双臂奔跑的冲力,它来自一种轻松而又神秘、朦胧⁽⁶⁾而又隐秘的激动,它是激情即将⁽⁷⁾到来的预兆,它又是大雨过后的比下雨还要美妙得多也久远得多的回味……

喜悦,它是一种带有形而上⁽⁸⁾色彩的修养和境界。与其⁽⁹⁾说它是一种情绪,不如说它是一种智慧、一种超拔⁽¹⁰⁾、一种悲天悯人⁽¹¹⁾的宽容和理解,一种饱经沧桑的充实和自信,一种光明的理性,一种坚定//的成熟⁽¹²⁾,一种战胜了烦恼和庸俗的清明澄澈⁽¹³⁾。它是一潭清水,它是一抹⁽¹⁴⁾朝霞,它是无边的平原,它是沉默的地平线。多一点儿、再多一点儿喜悦吧,它是翅膀,也是归巢。它是一杯美酒,也是一朵永远开不败的莲花。

节选自王蒙《喜悦》

[语音提示]

(1) 摸得着 mō de zháo　　(2) 几乎 jī hū
(3) 绚丽 xuàn lì　　(4) 根脉 gēn mài
(5) 挖掘 wā jué　　(6) 朦胧 méng lóng
(7) 即将 jí jiāng　　(8) 形而上 xíng'ér shàng
(9) 与其 yǔ qí　　(10) 超拔 chāo bá
(11) 悲天悯人 bēi tiān mǐn rén　　(12) 成熟 chéng shú
(13) 澄澈 chéng chè　　(14) 一抹 yì mǒ

[朗读提示]

全文的基调是热情赞扬的,故朗读时要调动自己的热情,情绪积极而饱满,总体上声音明朗,语调高昂,语速中等偏快。但要根据感情表达的需要适当变化语气和语速。每个自然段开头的一种情绪都应该重读,以突出每段论述的重点。第一自然段部分语句呈递进关系,朗读这些递进的语句时语气更为坚定,语调更为高昂,"生理的""尊重别人""义务"等应重读。第三自然段用了四个排比,可根据内容采用高低、快慢交替的方法来形成朗读的层次。朗读第四自然段中的排比句"它是一潭清水……"时语调可先升后降,语速则由快到慢,以符合表达的内容,避免简单重复。

作品 47 号

在湾仔(1),香港最热闹的地方,有一棵榕树,它是最贵的一棵树,不光在香港,在全世界,都是最贵的。

树,活的树,又不卖何言其贵?只因它老,它粗,是香港百年沧桑的活见证,香港人不忍看着它被砍伐,或者被移走,便跟要占用这片山坡的建筑者谈条件:可以在这儿(2)建大楼盖商厦,但一不准砍树,二不准挪树(3),必须把它原地精心养起来,成为香港闹市中的一景。太古大厦的建设者最后签了合同,占用这个大山坡建豪华商厦的先决条件是同意保护这棵老树。

树长在半山坡上,计划将树下面的成千上万吨山石全部掏空取走,腾出地方来盖楼,把树架在大楼上面,仿佛它原本是长在楼顶上似的(4)。建设者就地(5)造了一个直径十八米、深十米的大花盆,先固定好这棵老树,再在大花盆底下盖楼。光这一项就花了两千三百八十九万港币,堪称⁽⁶⁾是最昂贵的保护措施了。

太古大厦落成之后,人们可以乘⁽⁷⁾滚动扶梯一次到位,来到太古大厦的顶层,出后门,那儿⁽⁸⁾是一片自然景色。一棵大树出现在人们面前,树干⁽⁹⁾有一米半粗,树冠⁽¹⁰⁾直径足有二十多米,独木成林,非常壮观,形成一座以它为中心的小公园,取名叫"榕圃"⁽¹¹⁾。树前面//插着铜牌,说明原由。此情此景,如不看铜牌的说明,绝对想不到巨树根底下还有一座宏伟的现代大楼。

节选自舒乙《香港:最贵的一棵树》

[语音提示]

(1) 湾仔 wān zǎi　　　　(2) 这儿 zhèr
(3) 挪树 nuó shù　　　　(4) 似的 shì de
(5) 就地 jiù dì　　　　　(6) 堪称 kān chēng
(7) 乘 chéng　　　　　　(8) 那儿 nàr
(9) 树干 shù gàn　　　　(10) 树冠 shù guān
(14) 榕圃 róng pǔ

[朗读提示]

文章语言朴实简洁,以叙述、说明为主,故朗读时语气应比较平实,语速应中等,并要适当运用停顿、重音等突出重点。第一自然段中两处"最贵"应重读,以引起听者的注意。第二自然段句首的设问句"树,活的树,又不卖▲何言其贵"中"卖"后可稍作停顿;句末语调上升,停顿稍长,留给听者思考的时间。香港人与大厦建筑者所谈的条件则要用坚定有力、不容置疑的语气读出。朗读第三自然段"两千三百八十九万港币"时吐字要清楚,适当重读,显示出香港人为古树花费之巨大。第四自然段第二句描写榕树的壮观,朗读列举的数字时要突出强调,语调升高,并用惊讶的语气来表现。

作品 48 号

我们的船渐渐地逼近榕树了。我有机会看清它的真面目：是一棵大树，有数不清⑴的丫枝⑵，枝上又生根，有许多根一直垂到地上，伸进泥土里。一部分树枝垂到水面，从远处看，就像一棵大树斜躺在水面上一样。

现在正是枝繁叶茂的时节。这棵榕树好像在把它的全部生命力展示给我们看。那么多的绿叶，一簇⑶堆在另一簇的上面，不留一点儿⑷缝隙⑸。翠绿的颜色明亮地在我们的眼前闪耀，似乎每一片树叶上都有一个新的生命在颤动⑹，这美丽的南国的树！

船在树下泊⑺了片刻，岸上很湿，我们没有上去。朋友说这里是"鸟的天堂"，有许多鸟在这棵树上做窝，农民不许人去捉它们。我仿佛听见几只鸟扑翅的声音，但是等到我的眼睛注意地看那里时，我却看不见⑻一只鸟的影子。只有无数的树根立在地上，像许多根木桩。地是湿的，大概涨潮⑼时河水常常冲上岸去。"鸟的天堂"里没有一只鸟，我这样想到。船开了，一个朋友拨⑽着船，缓缓地流到河中间去。

第二天，我们划着船到一个朋友的家乡去，就是那个有山有塔的地方。从学校出发,我们又经过那"鸟的天堂"。

这一次是在早晨[11],阳光照在水面上,也照在树梢上。一切都//显得非常光明。我们的船也在树下泊了片刻。

起初四周围非常清静。后来忽然起了一声鸟叫。我们把手一拍,便看见一只大鸟飞了起来,接着又看见第二只,第三只。我们继续拍掌,很快地这个树林就变得很热闹了。到处都是鸟声,到处都是鸟影。大的,小的,花的,黑的,有的站在枝上叫,有的飞起来,在扑翅膀[12]。

节选自巴金《小鸟的天堂》

[**语音提示**]
(1) 数不清 shǔ bu qīng
(2) 丫枝 yā zhī
(3) 一簇 yí cù
(4) 一点儿 yì diǎr
(5) 缝隙 fèng xì
(6) 颤动 chàn dòng
(7) 泊 bó
(8) 看不见 kàn bu jiàn
(9) 涨潮 zhǎng cháo
(10) 拨 bō
(11) 早晨 zǎo chen
(12) 翅膀 chì bǎng

[**朗读提示**]
文章记叙了作者划船参观"鸟的天堂"的经过。第二自然段中"全部生命力""新的生命""颤动"应适当重读,表现出榕树蓬勃的朝气。朗读末句"这美丽的南国的树"时,语气中应充满喜悦和赞美。如密林般的丫枝,密不透风的绿叶以及树下的湿地营造出一种深不可测的神秘气氛,特别是"鸟的天堂"里不见一只鸟,形成了悬念,所以朗读第三自然段时要保持一种神秘的色彩,声音轻柔,语速中等可稍慢,给听者留下思考的空间。第五自然段描写了"鸟的天堂"早晨的景色,朗读时语调升高,充满活力。朗读最后一段

开头时声音轻缓,衬托出环境的"清净"。从第二句开始可用轻快的节奏,明亮的音色来表现这种热闹的情景和作者兴奋的心情。

作品 49 号

有这样一个故事。

有人问:世界上什么[1]东西的气力最大?回答纷纭得很,有的说"象",有的说"狮",有人开玩笑似的[2]说:是"金刚",金刚有多少气力,当然大家全不知道。

结果[3],这一切答案完全不对,世界上气力最大的,是植物的种子。一粒种子所可以显现出来的力,简直是超越一切。

人的头盖骨,结合[4]得非常致密与坚固,生理学家和解剖学[5]者用尽了一切的方法,要把它完整地分出来,都没有这种力气。后来忽然有人发明了一个方法,就是把一些植物的种子放在要剖析[6]的头盖骨里,给它以温度与湿度,使它发芽。一发芽,这些种子便以可怕的力量,将一切机械[7]力所不能分开的骨骼[8],完整地分开了。植物种子的力量之大,如此如此。

这,也许特殊了一点儿[9],常人不容易理解。那么,你看见过笋[10]的成长吗?你看见过被压在瓦砾[11]和石块下面的一棵小草的生长吗?它为着向往阳光,为着达成它的生之意志,不管上面的石块如何重,石与石之间如何狭[12],它必定要曲曲折折[13]地,但是顽强不屈(14)地透到地面上来。它的根往土壤(15)钻,它的芽往地面挺,这是一种不可抗拒的力,阻止它的石块,结果也被它掀翻(16),一粒种子的力量之大,//如此如此。

没有一个人将小草叫做"大力士",但是它的力量之大,的确(17)是世界无比。这种力是一般人看不见的生命力。只要生命存在,这种力就要显现。上面的石块,丝毫不足以阻挡。因为(18)它是一种"长期抗战"的力;有弹性(19),能屈能伸的力;有韧性,不达目的(20)不止的力。

节选自夏衍《野草》

[语音提示]

(1) 什么 shén me　　　　(2) 似的 shì de
(3) 结果 jié guǒ　　　　(4) 结合 jié hé
(5) 解剖 jiě pōu　　　　(6) 剖析 pōu xī
(7) 机械 jī xiè　　　　(8) 骨骼 gǔ gé
(9) 一点儿 yì diǎr　　　(10) 笋 sǔn
(11) 瓦砾 wǎ lì　　　　(12) 狭 xiá
(13) 曲曲折折 qū qū zhé zhé　(14) 顽强不屈 wán qiáng bù qū
(15) 土壤 tǔ rǎng　　　(16) 掀翻 xiān fān
(17) 的确 dí què　　　　(18) 因为 yīn·wèi
(19) 弹性 tán xìng　　　(20) 目的 mù dì

[朗读提示]

本文的基调是平实亲切、坚定赞扬的。文章开头两个故事,我们可以用轻快、活泼的语气把它"说"出来,以引起听者的兴趣。第三自然段中"植物的种子""超越一切"应重读,"超越一切"语调升高,一是能点明全文描写对象,二是能体现作者对种子力量的赞美之情。第四自然段第一句中"非常""一切"适当重读,表明人头盖骨的坚硬无比,而第三句中"可怕""完整"重读,可与第一句形成对比,表明种子力量的强大。第五自然段中"曲曲折折""顽强不屈""不可抗拒""掀翻"等词语加重语气,有利于表达文章的主题和作者的感情。第六自然段中,全文主旨得到了升华,要运用重音加以强调,如首句中的"力量之大""世界无比"。末句的重音及停连设计如下:"因为它是一种'长期抗战'的力;有弹性,能屈能伸的力;有韧性,不达目的不止的力。"朗读时语调逐渐上扬,语气坚定。

作品 50 号

著名教育家班杰明曾经接到一个青年人的求救电话,并与那个向往成功、渴望指点的青年人约好了见面的时间和地点。

待那个青年如约而至时,班杰明的房门敞开着,眼前的景象却令青年人颇感意外——班杰明的房间里乱七八糟、狼藉[1]一片。

没等青年人开口,班杰明就招呼道:"你看我这房间,太不整洁了,请你在门外等候一分钟,我收拾一下,你再进来吧。"一边说着,班杰明就轻轻地关上了房门。

不到一分钟的时间,班杰明就又打开了房门并热情地把青年人让进客厅。这时,青年人的眼前展现出另一番景象——房间内的一切已变得井然有序,而且有两杯刚刚倒[2]好的红酒,在淡淡的香水气息里还漾[3]着微波。

可是,没等青年人把满腹的有关人生和事业的疑难问题向班杰明讲出来,班杰明就非常客气地说道:"干杯。你可以走了。"

青年人手持酒杯一下子愣住了,既尴尬⁽⁴⁾又非常遗憾地说:"可是,我……我还没向您请教呢……"

"这些……难道还不够吗?"班杰明一边微笑着,一边扫视着自己的房间,轻言细语地说,"你进来又有一分钟了。"

"一分钟……一分钟……"青年人若有所思地说:"我懂了,您让我明白了一分钟的时间可以做许//多事情,可以改变许多事情的深刻道理。"

班杰明舒心地笑了。青年人把杯里的红酒一饮而尽,向班杰明连连道谢后,开心地走了。

其实,只要把握好生命的每一分钟,也就把握了理想的人生。

节选自纪广洋《一分钟》

[语音提示]
(1) 狼藉 láng jí　　(2) 倒 dào
(3) 漾 yàng　　(4) 尴尬 gān gà

[朗读提示]
文章风格平实而含蓄,所以叙述的语言总体上应节奏舒缓而平稳。朗读第二自然段中"颇感意外"时放缓语速,后面停顿稍长,以引起听者的注意;朗读"乱七八糟、狼藉一片"时加上重音,带有不满的语气。第四自然段中"另一番景象"后的内容要用柔和的声音来表现,"井然有序"加上重音,前后形成鲜明的对比。人物语言则要用语气、语速的变化加以表现。班杰明的话总体上平缓深沉,

第七自然段"这些"处有拖腔,第三自然段中见面招呼时则语速应稍快,语调应稍高,态度热情而又略带请求对方包涵的口气。青年的话语,语气是急切企盼而又充满疑惑的,所以朗读第六自然段中他的话时语速应先快后慢,至省略号后放慢,而朗读第八自然段时语速则应先慢后快,语调先低后高,表现其思考领悟的过程。最后一个自然段中"每一分钟""理想的人生"适当重读,表明全文的主旨。

作品 51 号

有个塌鼻子的小男孩儿[1],因为[2]两岁时得过脑炎,智力受损,学习起来很吃力。打个比方,别人写作文能写二三百字,他却只能写三五行[3]。但即便[4]这样的作文,他同样能写得很动人。

那是一次作文课,题目是《愿望》。他极其认真地想了半天,然后极认真地写,那作文极短。只有三句话:我有两个愿望,第二个是,妈妈天天笑眯眯地看着我说:"你真聪明[5]。"第二个是,老师天天笑眯眯地看着我说:"你一点儿[6]也不笨。"

于是,就是这篇作文,深深地打动了他的老师,那位妈妈式的老师不仅给了他最高分,在班上带感情地朗读了这篇作文,还一笔一画地批道:你很聪明,你的作文写得非常感人,请放心,妈妈肯定会格外喜欢你的,老师肯定会格外喜欢你的,大家肯定会格外喜欢你的。

捧着作文本,他笑了,蹦蹦跳跳地回家了,像只喜鹊。但他并没有把作文本拿给妈妈看,他是在等待,等待着一个美好的时刻。

那个时刻终于到了,是妈妈的生日——一个阳光灿烂的星期天:那天,他起得特别早,把作文本装在一个亲手做的美丽的大信封里,等着妈妈醒来。妈妈刚刚睁眼醒来,他就笑眯眯地走到妈妈跟前说:"妈妈,今天是您的生日(7),我要//送给您一件礼物。"

果然,看着这篇作文,妈妈甜甜地涌出了两行(8)热泪,一把搂住小男孩儿,搂得很紧很紧。

是的,智力可以受损,但爱永远不会。

节选自张玉庭《一个美丽的故事》

[语音提示]
(1) 男孩儿 nán hár　　　(2) 因为 yīn·wèi
(3) 行 háng　　　　　　(4) 即便 jí biàn
(5) 聪明 cōng·míng　　 (6) 一点儿 yì diǎr
(7) 生日 shēng·rì　　　 (8) 行 háng

[朗读提示]
文章语言朴实简洁,但人物表现出的爱心却十分感人。朗读时语气要平和而亲切,要用娓娓动听的声音将听者带进作品中。第二自然段中"极其认真""极认真""极短"三处"极"都应重读,并适当拖长读音,以形成对比,引起听者的关注。朗读小男孩的作文可用认真、天真的语气表现出他的真诚。第三自然段老师的批语可以模仿老师的声音,用温柔的、充满喜爱和鼓励的语气来表达,语调偏高,三处"格外"重读。第五自然段小男孩儿对妈妈说的话则可用挚爱、喜悦的语气及较高的语调来表现。文章结尾语气舒

缓而沉稳,充满感动,其中"爱"重读,点明文章的中心。

作品 52 号

小学的时候,有一次我们去海边远足,妈妈没有做便饭,给了我十块钱买午餐。好像走了很久,很久,终于到海边了,大家坐下来便吃饭,荒凉的海边没有商店,我一个人跑到防风林外面去,级任老师要大家把吃剩的饭菜分给我一点儿。有两三个男生留下一点儿给我,还有一个女生,她的米饭拌了酱油,很香。我吃完的时候,她笑眯眯(2)地看着我,短头发,脸圆圆的。

她的名字叫翁香玉。

每天放学的时候,她走的是经过我们家的一条小路,带着一位比她小的男孩儿(3),可能是弟弟。小路边是一条清澈(4)见底的小溪,两旁竹阴覆盖,我总是远远地跟在她后面,夏日的午后特别炎热,走到半路她会停下来,拿手帕(5)在溪水里浸湿,为小男孩儿擦脸。我也在后面停下来,把肮脏(6)的手帕弄湿了擦脸,再一路远远跟着她回家。

后来我们家搬到镇上去了,过几年我也上了中学。有一天放学回家,在火车上,看见斜对面一位短头发、圆圆脸的女孩儿,一身素净的白衣黑裙。我想她一定不认识我了。火车很快到站了,我随着人群挤向门口,她也走近了,叫我的名字。这是她第二次和我说话。

她笑眯眯的,和我一起走过月台。以后就没有再见过//她了。

这篇文章收在我出版的《少年心事》这本书里。

书出版后半年,有一天我忽然收到出版社转来⁽⁷⁾的一封信,信封上是陌生的字迹,但清楚地写着我的本名。

信里面说她看到了这篇文章心里非常激动,没想到在离开家乡,漂泊⁽⁸⁾异地这么久之后,会看见自己仍然在一个人的记忆里,她自己也深深记得这其中的每一幕,只是没想到越过遥远的时空,竟然另一个人也深深记得。

节选自苦伶《永远的记忆》

[语音提示]
(1) 一点儿 yì diǎr　　(2) 笑眯眯 xiào mī mī
(3) 男孩 nán hár　　　(4) 清澈 qīng chè
(5) 手帕 shǒu pà　　　(6) 肮脏 āng zāng
(7) 转来 zhuǎn lái　　(8) 漂泊 piāo bó

[朗读提示]
作者用淡淡的文字讲述这个记忆中的女孩儿,让人感受到这段记忆的美好。在朗读这段回忆时,语气要柔和、舒缓,娓娓道来。文中需要强调的地方,比如第一自然段末句中"笑眯眯""短头发""脸圆圆的"可加重语气,以便与第四自然段中"短头发、圆圆脸"及第五自然段中"笑眯眯"呼应。第二自然段对女孩儿的名字可用重音加以强调,前面稍作停顿。结尾处"深深记得"中的"深深",可以

用延长、放慢语速的方法来表达记忆的深刻和永恒。

作品 53 号

在繁华的巴黎大街的路旁,站着一个衣衫褴褛⁽¹⁾、头发斑白、双目失明的老人。他不像其他乞丐⁽²⁾那样伸手向过路行人乞讨,而是在身旁立一块木牌,上面写着:"我什么也看不见⁽³⁾!"街上过往的行人很多,看了木牌上的字都无动于衷⁽⁴⁾,有的还淡淡一笑,便姗姗而去⁽⁵⁾了。

这天中午,法国著名诗人让·彼浩勒也经过这里。他看看木牌上的字,问盲老人:"老人家,今天上午有人给你钱吗?"

盲老人叹息着回答:"我,我什么也没有得到。"说着,脸上的神情非常悲伤。

让·彼浩勒听了,拿起笔悄悄地在那行字的前面添上了"春天到了,可是"几个字,就匆匆地离开了。

晚上,让·彼浩勒又经过这里,问那个盲老人下午的情况。盲老人笑着回答说:"先生,不知为什么,下午给我钱的人多极了!"让·彼浩勒听了,摸着胡子满意地笑了。

"春天到了,可是我什么也看不见!"这富有诗意的语言,产生这么大的作用,就在于它有非常浓厚的感情色彩。是的,春天是美好的,那蓝天白云,那绿树红花,那莺歌燕舞,那流水人家,怎么不叫人陶醉(6)呢?但这良辰美景,对于一个双目失明的人来说,只是一片漆黑。当人们想到这个盲老人,一生中竟连万紫千红的春天//都不曾看到,怎能不对他产生同情之心呢?

节选自小学《语文》第六册中《语言的魅力》

[**语音提示**]
(1) 褴褛 lán lǚ　　　　　(2) 乞丐 qǐ gài
(3) 看不见 kàn bu jiàn　　(4) 无动于衷 wú dòng yú zhōng
(5) 姗姗而去 shān shān 'ér qù　(6) 陶醉 táo zuì

[**朗读提示**]
叙述故事时可用舒缓的节奏、中等的语速,娓娓道来。在诗人与盲老人的对话中,诗人的语气是友善而关切的,带有明知故问的意味。而盲老人的两次回答情绪上完全相反,第一次声音低沉而缓慢,表现出他的悲伤和失望;第二次则声音明亮轻快,充满喜悦。朗读文章末段"春天到了,可是我什么也看不见"一句时,感情真挚而饱满,语速放缓,语调先高后低,语气由喜悦转为悲伤。与之相应的是,朗读后面几句描写春天的语句时,节奏欢快,感情愉悦,而描写老人无法看到美景时,语速稍缓,语气沉重,以形成鲜明对比。末句是充满抒情性的议论,朗读时语气坚定,语调逐渐升高。

作品 54 号

有一次,苏东坡的朋友张鹗(1)拿着一张宣纸来求他写一幅字,而且希望他写一点儿(2)关于养生方面的内容。苏东坡思索了一会儿(3),点点头说:"我得到了一个养生长寿古方,药只有四味,今天就赠给你吧。"于是,东坡的狼毫⁽⁴⁾在纸上挥洒起来,上面写着:"二曰⁽⁵⁾无事以当⁽⁶⁾贵,二曰早寝⁽⁷⁾以当富,三曰安步以当车,四曰晚食以当肉。"

这哪里有药?张鹗一脸茫然地问。苏东坡笑着解释说,养生长寿的要诀⁽⁸⁾,全在这四句里面。

所谓"无事以当贵",是指人不要把功名利禄⁽⁹⁾、荣辱过失考虑得太多,如能在情志上潇洒⁽¹⁰⁾大度,随遇而安,无事以求,这比富贵更能使人终其天年。

"早寝以当富",指吃好穿好、财货充足,并非就能使你长寿。对老年人来说,养成良好的起居习惯,尤其是早睡早起,比获得任何财富更加宝贵。

"安步以当车",指人不要过于讲求安逸⁽¹¹⁾、肢体不劳,而应多以步行来替代骑马乘⁽¹²⁾车,多运动才可以强健体魄⁽¹³⁾,通畅气血⁽¹⁴⁾。

"晚食以当肉",意思是人应该用已饥方食、未饱先止代替对美味佳肴⁽¹⁵⁾的贪吃无厌。他进一步解释,饿了以后才进食,虽然是粗茶淡饭,但其香甜可口会胜过山珍;如果饱了还要勉强吃,即使⁽¹⁶⁾美味佳肴摆在眼前也难以//下咽⁽¹⁷⁾。

苏东坡的四味"长寿药",实际上是强调了情志、睡眠、运动、饮食四个方面对养生长寿的重要性,这种养生观点即使在今天仍然值得借鉴。

节选自蒲昭和《赠你四味长寿药》

[语音提示]

(1) 张鹗 zhāng'è　　　　(2) 一点儿 yì diǎr
(3) 一会儿 yí hùr　　　　(4) 狼毫 láng háo
(5) 曰 yuē　　　　　　　(6) 当 dàng
(7) 寝 qǐn　　　　　　　(8) 要诀 yào jué
(9) 利禄 lì lù　　　　　　(10) 潇洒 xiāo sǎ
(11) 安逸 ān yì　　　　　(12) 乘 chéng
(13) 体魄 tǐ pò　　　　　(14) 气血 qì xuè
(15) 佳肴 jiā yáo　　　　(16) 即使 jí shǐ
(17) 下咽 xià yàn

[朗读提示]

作品是一则历史故事。文中有较多的文言词句,书面色彩很浓,而且四字短语较多,使文章形成了一定的节奏。朗读时要注意语速不能过快,节奏要稳重,不能跳跃。第一自然段介绍长寿古方的内容"一曰无事以当贵……"中"曰"可适当延长声音,后面稍作停顿,以引起听者注意,"无事以当贵"则要用稍慢的语速来读。朗读第二自然段开头"所谓"一词也可适当延长读音,后面引用的内容加上重音。最后一段朗读"情志、睡眠、运动、饮食"这几个词语时,要运用重音加以强调,中间停顿稍长,突出养生应注重的四个方面。

作品 55 号

人活着,最要紧的是寻觅⁽¹⁾到那片代表着生命绿色和人类希望的丛林,然后选一高高的枝头⁽²⁾站在那里观览人生,消化痛苦,孕育歌声,愉悦世界!

这可真是一种⁽³⁾潇洒的人生态度,这可真是一种心境爽朗的情感风貌。

站在历史的枝头微笑,可以减免许多烦恼。在那里,你可以从众生相⁽⁴⁾所包含的甜酸苦辣、百味人生中寻找你自己;你境遇中的那点儿⁽⁵⁾苦痛,也许相比之下,再也难以占据一席之地;你会较⁽⁶⁾容易地获得从不悦中解脱灵魂的力量,使之不致变得灰色。

人站得高些,不但能有幸早些领略到希望的曙光⁽⁷⁾,还能有幸发现生命的立体的诗篇。每一个人的人生,都是这诗篇中的一个词、一个句子或者一个标点。你可能没有成为一个美丽的词,一个引人注目的句子,一个惊叹号,但你依然是这生命的立体诗篇中的一个音节、一个停顿、一个必不可少的组成部分。这足以使你放弃前嫌⁽⁸⁾,萌生⁽⁹⁾为人类孕育新的歌声的兴致⁽¹⁰⁾,为世界带来更多的诗意。

最可怕的人生见解,是把多维的生存图景看成平面。因为那平面上刻下的大多是凝固⁽¹¹⁾了的历史——过去的遗迹⁽¹²⁾;但活着的人们,活得却是充满着新生智慧的,由//不断逝去的"现在"组成的未来。人生不能像某些鱼类躺着游,人生也不能像某些兽类爬着走,而应该站着向前行,这才是人类应有的生存姿态。

节选自[美]本杰明·拉什《站在历史的枝头微笑》

[语音提示]

(1) 寻觅 xún mì　　　　　(2) 枝头 zhī tóu
(3) 潇洒 xiāo sǎ　　　　　(4) 众生相 zhòng shēng xiàng
(5) 那点儿 nà diǎr　　　　(6) 较 jiào
(7) 曙光 shǔ guāng　　　　(8) 前嫌 qián xián
(9) 萌生 méng shēng　　　(10) 兴致 xìng zhì
(11) 凝固 níng gù　　　　　(12) 遗迹 yí jì

[朗读提示]

文章富于哲理性,朗读时应节奏明快,语速中等,声音明亮。第一自然段中"最要紧""生命绿色""人类希望"等适当重读,表明全文论述的观点。朗读段末四字短语"观览人生,消化痛苦,孕育歌声,愉悦世界"时,"观览人生"语调可适当上扬,"消化痛苦"可适当降低语调,"孕育歌声"语调可再次上扬,"愉悦世界"语调恢复平稳,通过抑扬相间的语调突出重点,打动听者。朗读第二自然段中两处"真是一种"可适当拖长读音,表达作者的感叹。朗读第四自然段中"你可能没有成为……"一句,开始语气要缓和,语调较低,至转折处语调上升,并给"音节""停顿""必不可少的组成部分"加上延长的重音。朗读第五自然段首句中"最可怕"适当重读,予以强调;末句感情强烈,语调逐渐上扬,"站着向前行""应有""生存姿态"加上重音,表明作者对人生的态度。

作品 56 号

中国的第二大岛、台湾省的主岛台湾,位于中国大陆架的东南方,地处⁽¹⁾东海和南海之间,隔着台湾海峡和大陆相望。天气晴朗的时候，站在福建沿海较⁽²⁾高的地方，就可以隐隐约约地望见岛上的高山和云朵。

台湾岛形状狭长⁽³⁾，从东到西，最宽处⁽⁴⁾只有一百四十多公里；由南至北，最长的地方约有三百九十多公里。地形像一个纺织用的梭子⁽⁵⁾。

台湾岛上的山脉纵贯南北，中间的中央山脉⁽⁶⁾犹如全岛的脊梁⁽⁷⁾。西部为海拔近四千米的玉山山脉，是中国东部的最高峰。全岛约有三分之二的地方是平地，其余为山地。岛内有缎带般的瀑布⁽⁸⁾，蓝宝石似的⁽⁹⁾湖泊⁽¹⁰⁾，四季常青的森林和果园，自然景色十分优美。西南部的阿里山和日月潭，台北市郊的大屯山⁽¹¹⁾风景区，都是闻名世界的游览胜地。

台湾岛地处热带和温带之间，四面环海，雨水充足，气温受到海洋的调剂⁽¹²⁾，冬暖夏凉，四季如春，这给水稻和果木生长提供⁽¹³⁾了优越的条件。水稻、甘蔗、樟脑⁽¹⁴⁾是台湾的"三宝"。岛上还盛产⁽¹⁵⁾鲜果和鱼虾。

台湾岛还是一个闻名世界的"蝴蝶王国"。岛上的蝴蝶共有四百多个品种，其中有不少是世界稀有的珍贵品种。岛上还有不少鸟语花香的蝴//蝶谷，岛上居民利用蝴蝶制作的标本和艺术品，远销许多国家。

节选自《中国的宝岛——台湾》

[语音提示]

(1) 地处 dì chǔ　　　　(2) 较 jiào
(3) 狭长 xiá cháng　　(4) 处 chù
(5) 梭子 suō zi　　　　(6) 山脉 shān mài
(7) 脊梁 jǐ liang　　　(8) 瀑布 pù bù
(9) 似的 shì de　　　　(10) 湖泊 hú pō
(11) 大屯山 dà tún shān　(12) 调剂 tiáo jì
(13) 提供 tí gōng　　　(14) 樟脑 zhāng nǎo
(15) 盛产 shèng chǎn

[朗读提示]

文章语言简洁、形象而又准确。朗读时可用平实而舒缓的语气,语速中等,而且应有一定的节奏感。如第三自然段中的排比"岛内有缎带般的瀑布……",第四自然段中四字短语的运用及长短句的交替,都琅琅上口。文中有几处数字说明,准确而有说服力,这些数字之前要有必要的停顿处理,留给听者一个思考与比较的时间。文中不少地方介绍台湾岛的风土人情,这些地方都可适当重读,予以强调,如第三自然段的"阿里山""日月潭""大屯山风景区",第四自然段的"水稻""甘蔗""樟脑""三宝",第五自然段的"蝴蝶王国"。

作品 57 号

对于中国的牛,我有着一种特别尊敬的感情。

留给我印象最深的,要算在田垄⑴上的一次"相遇"。

一群朋友郊游,我领头在狭窄的阡陌⑵上走,怎料迎面来了几头耕牛,狭道容不下⁽³⁾人和牛,终有一方要让路。它们还没有走近,我们已经预计斗不过⁽⁴⁾畜牲⁽⁵⁾,恐怕难免踩到田地泥水里,弄⁽⁶⁾得鞋袜又泥又湿了。正踟蹰⁽⁷⁾的时候,带头的一头牛,在离我们不远的地方停下来,抬起头看看,稍迟疑一下,就自动走下田去。一队耕牛,全跟着它离开阡陌,从我们身边经过。

我们都呆了,回过头来,看着深褐色⁽⁸⁾的牛队,在路的尽头⁽⁹⁾消失,忽然觉得自己受了很大的恩惠。

中国的牛,永远沉默地为⁽¹⁰⁾人做着沉重的工作。在大地上,在晨光或烈日下,它拖着沉重的犁⁽¹¹⁾,低头一步又一步,拖出了身后一列又一列松土,好让人们下种⁽¹²⁾。等到满地金黄或农闲时候,它可能还得⁽¹³⁾担当⁽¹⁴⁾搬运负重的工作;或终日绕着石磨⁽¹⁵⁾,朝同一方向,走不计程的路。

在它沉默的劳动中,人便得到应得的收成。

那时候,也许,它可以松一肩重担⁽¹⁶⁾,站在树下,吃几口嫩草。偶尔⁽¹⁷⁾摇摇尾巴,摆摆耳朵,赶走飞附身上的苍蝇,已经算是它最闲适的生活了。

中国的牛,没有成群奔跑的习//惯,永远沉沉实实的,默默地工作,平心静气。这就是中国的牛!

节选自小思《中国的牛》

[语音提示]

(1) 田垄 tián lǒng
(2) 阡陌 qiān mò
(3) 容不下 róng bu xià
(4) 斗不过 dòu bu guò
(5) 畜牲 chù sheng
(6) 弄 nòng
(7) 踟蹰 chí chú
(8) 深褐色 shēn hè sè
(9) 尽头 jìn tóu
(10) 为 wèi
(11) 犁 lí
(12) 下种 xià zhǒng
(13) 得 děi
(14) 担当 dān dāng
(15) 石磨 shí mò
(16) 重担 dàn
(17) 偶尔 ǒu'ěr

[朗读提示]

这是一篇托物言志的散文。文章以作者和牛队在田垄上的一次"相遇"为切入点,赞美了中国的牛不为名利、任劳任怨、沉沉实实的优良品格;也借对中国牛的抒写,赞扬了中国劳动人民所具有的坚韧、勤劳、稳重、踏实的精神和品格。文章第一自然段中"中国的牛"适当重读,突出全文描写对象。第二至四自然段讲述作者与牛相遇的经历,情节出人意料,作者的感情从犹豫到惊讶,从惊讶到感激,朗读时要把握作者感情的变化,并用舒缓的语气娓娓道来。其它段落集中表达了作者对中国牛的品质的赞美,朗读时语气要坚实而肯定,语速应中等。末句语调要高昂,"中国的牛"可用加重及延长的重音加以强调。

作品58号

不管我的梦想能否成为事实,说出来总是好玩儿(1)的:

春天,我将要住在杭州。二十年前,旧历的二月初,在西湖我看见了嫩柳与菜花,碧浪与翠竹。由我看到的那点儿⁽²⁾春光,已经可以断定,杭州的春天必定会教⁽³⁾人整天生活在诗与图画之中。所以,春天我的家应当是在杭州。

夏天,我想青城山应当算作最理想的地方。在那里,我虽然只住过十天,可是它的幽静已拴住⁽⁴⁾了我的心灵。在我所看见过的山水中,只有这里没有使我失望。到处都是绿,目之所及,那片淡而光润的绿色都在轻轻地颤动⁽⁵⁾,仿佛要流入空中与心中似的⁽⁶⁾。这个绿色会像音乐,涤清⁽⁷⁾了心中的万虑。

秋天一定要住北平。天堂是什么⁽⁸⁾样子,我不知道,但是从我的生活经验去判断,北平之秋便是天堂。论天气,不冷不热。论吃的,苹果、梨、柿子、枣儿⁽⁹⁾、葡萄⁽¹⁰⁾,每样都有若干种。论花草,菊花种类之多,花式之奇,可以甲天下。西山有红叶可见,北海可以划船——虽然荷花已残,荷叶可还有一片清香。衣食住行,在北平的秋天,是没有一项不使人满意的。

冬天,我还没有打好主意⁽¹¹⁾,成都或者相当得合适,虽然并不怎样和暖,可是为了水仙,素心腊梅,各色的茶花,仿佛就受一点儿⁽¹²⁾寒//冷,也颇值得去了。昆明的花也多,而且天气比成都好,可是旧书铺⁽¹³⁾与精美而便宜⁽¹⁴⁾的小吃远不及成都那么多。好吧,就暂这么规定:冬天不住成都便住昆明吧。

在抗战中,我没能发国难财⁽¹⁵⁾。我想,抗战胜利以后,我必能阔起来。那时候,假若飞机减价,二二百元就能买一架的话,我就自备一架,择黄道吉日慢慢地飞行。

节选自老舍《住的梦》

[语音提示]

(1) 好玩儿 hǎo wár　　(2) 那点儿 nà diǎr
(3) 教 jiào　　(4) 拴住 shuān zhù
(5) 颤动 chàn dòng　　(6) 似的 shì de
(7) 涤清 dí qīng　　(8) 什么 shén me
(9) 枣儿 zǎor　　(10) 葡萄 pú·táo
(11) 主意 zhǔ yi/zhú yi　　(12) 一点儿 yì diǎr
(13) 书铺 shū pù　　(14) 便宜 pián yi
(15) 国难 guó nàn

[朗读提示]

作者描绘了抗战胜利后四季应去居住的地方,充满了对未来生活的无限向往和憧憬,态度积极而乐观。所以,朗读时语气应轻松愉快,第二至第五自然段的开头"春天""夏天""秋天""冬天"以及适合居住的五处地点适当重读,以表明作者对这些地方的向往。由于作者的描写以自己的经历为基础,有些地方带有回忆性和抒情性,例如第三自然段对青城山的描写,朗读时节奏要舒缓,声音要柔和,以表现其寂静和优美。但第四自然段中介绍北平所用的排比,则可用较快的语速表现一气呵成的气势,表明住北平的好处不胜枚举。最后一段朗读时语气轻快而幽默,显示出作者的乐观主义精神。

作品59号

　　我不由得停住了脚步。

　　从未见过开得这样盛的藤萝,只见一片辉煌的淡紫色,像一条瀑布[1],从空中垂下,不见其发端[2],也不见其终极,只是深深浅浅的紫,仿佛在流动,在欢笑,在不停地生长。紫色的大条幅上,泛[3]着点点银光,就像迸溅[4]的水花。仔细看时,才知那是每一朵紫花中的最浅淡的部分,在和阳光互相挑逗[5]。

　　这里除了光彩,还有淡淡的芳香。香气似乎[6]也是浅紫色的,梦幻一般轻轻地笼罩[7]着我。忽然记起十多年前,家门外也曾有过一大株紫藤萝,它依傍[8]一株枯槐[9]爬得很高,但花朵从来都稀落,东一穗[10]西一串伶仃[11]地挂在树梢,好像在察颜观色,试探什么[12]。后来索性连那稀零的花串也没有了。园中别的紫藤花架也都拆掉,改种了果树。那时的说法是,花和生活腐化有什么必然关系。我曾遗憾地想:这里再看不见藤萝花了。

　　过了这么多年,藤萝又开花了,而且开得这样盛,这样密,紫色的瀑布遮住了粗壮的盘虬卧龙[13]般的枝干,不断地流着,流着,流向人的心底。

　　花和人都会遇到各种各样的不幸,但是生命的长河是无止境的。我抚摸了一下那小小的紫色的花舱⁽¹⁴⁾,那里满装了生命的酒酿⁽¹⁵⁾,它张满了帆,在这//闪光的花的河流上航行。它是万花中的一朵,也正是由每一个一朵,组成了万花灿烂的流动的瀑布。

在这浅紫色的光辉和浅紫色的芳香中,我不觉加快了脚步。

节选自宗璞《紫藤萝瀑布》

[语音提示]

(1) 瀑布 pù bù
(2) 发端 fā duān
(3) 泛 fàn
(4) 迸溅 bèng jiàn
(5) 挑逗 tiǎo dòu
(6) 似乎 sì hū
(7) 笼罩 lǒng zhào
(8) 依傍 yī bàng
(9) 枯槐 kū huái
(10) 一穗 yí suì
(11) 伶仃 líng dīng
(12) 什么 shén me
(13) 盘虬卧龙 pán qiú wò lóng
(14) 花舱 huā cāng
(15) 酒酿 jiǔ niàng

[朗读提示]

作者从花儿自衰到盛的过程感悟生命之美好和永恒,表达了热爱生命、珍惜生命的思想感情。朗读文章时要体会作者感情的几次起伏,语调也应随着感情色彩而变化。第二、第四两个自然段写紫藤萝花的色彩,朗读时要抓住其繁茂和蓬勃的特点加以表现。朗读第二自然段时语速可稍快,表现出作者的喜悦和赞美之情;朗读第四自然段时则语速又适当放慢,以表现作者的感慨。朗读第三自然段回忆部分时语气应低沉而悲伤。朗读第五自然段时语速加快,语气坚定,语调上扬,感情积极向上。

作品60号

在一次名人访问中,被问及上个世纪最重要的发明是什么(1)时,有人说是电脑,有人说是汽车,等等。但新加坡的一位知名人士却说是冷气机。他解释,如果没有(2)冷气,热带地区如东南亚国家,就不可能有很高的生产力,就不可能达到今天的生活水准。他的回答实事求是,有理有据。

看了上述报道,我突发奇想:为什么没有记者问:"二十世纪最糟糕的发明是什么?"其实二○○二年十月中旬,英国的一家报纸就评出了"人类最糟糕的发明"。获此"殊荣(3)"的,就是人们每天大量使用的塑料(4)袋。

诞生于上个世纪三十年代的塑料袋,其家族包括用塑料制成的快餐饭盒、包装纸、餐用杯盘、饮料瓶、酸奶杯、雪糕杯等等。这些废弃物形成的垃圾(5),数量多、体积大、重量轻、不降解(6),给治理工作带来很多技术难题和社会问题。

比如,散落(7)在田间、路边及草丛中的塑料餐盒,一旦被牲畜(8)吞食,就会危及健康甚至导致死亡。填埋废弃塑料袋、塑料餐盒的土地,不能生长庄稼和树木,造成土地板结(9),而焚烧(10)处理(11)这些塑料垃圾,则会释放出多种化学有毒气体,其中一种称为⁽¹²⁾二噁英⁽¹³⁾的化合物,毒性极大。

此外,在生产塑料袋、塑料餐盒的//过程中使用的氟利昂⁽¹⁴⁾,对人体免疫⁽¹⁵⁾系统和生态环境造成的破坏也极为严重。

节选自林光如《最糟糕的发明》

[语音提示]

(1) 什么 shén me　　(2) 没有 méi·yǒu
(3) 殊荣 shū róng　　(4) 塑料 sù liào
(5) 垃圾 lā jī　　　　(6) 不降解 bú jiàng jiě
(7) 散落 sàn luò　　 (8) 牲畜 shēng chù
(9) 板结 bǎn jié　　 (10) 焚烧 fén shāo
(11) 处理 chǔ lǐ　　 (12) 称为 chēng wéi
(13) 二噁英 èr 'è yīng (14) 氟利昂 fú lì'áng
(13) 免疫 miǎn yì

[朗读提示]

这篇作品主要介绍了塑料袋的各种危害。第一、第二两个自然段提出两个截然相反的问题,都能引起读者的兴趣,朗读"最重要""最糟糕"时要加上重音。第一个问题的答案出人意料,所以朗读"但新加坡的一位知名人士却说是冷气机"一句时,可用较高的语调表现出惊讶,并引起听者注意。第二个问题的答案"塑料袋"也应重读,突出其为"人类最糟糕的发明"。第三至第五自然段说明塑料袋的危害,具有知识性和科学性,朗读时要用平实、客观而严肃的语气进行说明,使听者深刻认识其危害。第四自然段末句中"二噁英"加上强调性的重音,使人们对这种陌生的毒性极大的气体有所认识。

第五节 命题说话

普通话水平测试第五项为"命题说话",要求被测试者在脱离文字材料的前提下,依据抽签确定的话题说一段话,限时三分钟,旨在考查被测试者的语音标准程度、词汇语法规范程度和自然流畅程度。三分钟内所说的全部音节都作为评分的依据。根据《普通话水平测试大纲》规定,此项共30分(《江苏省普通话水平测试评分细则(试行)》规定,此项共40分)。

一、命题说话的主要要求

1. 语音标准。《普通话水平测试大纲》规定,此项共20分;《江苏省普通话水平测试评分细则(试行)》规定,此项共25分。

一指声母、韵母和声调符合普通话的规范,无方音出现,无各种错误和缺陷;二指轻声、儿化以及"一""不""啊"和上声的变读必须符合规范。

2. 词汇语法规范。《普通话水平测试大纲》规定,此项共5分;《江苏省普通话水平测试评分细则(试行)》规定,此项共10分。

一指遣词造句完全符合普通话规范,没有明显病句;二指不使用典型的方言词汇、典型的方言语法格式。

3. 自然流畅。《普通话水平测试大纲》规定,此项共5分;《江苏省普通话水平测试评分细则(试行)》规定,此项共5分。

一指符合口语习惯,既然是"说话",就得口语化,少用或尽量不用书面化的词汇语句;二指语速恰当,3分钟说出约700个音节。

二、篇目及篇目分析

30则话题供普通话水平测试第五项——命题说话测试使用。30则话题仅是对话题范围的规定,并不规定话题的具体内容。

（一）我的愿望（或理想）

你可以开门见山地表达出"我"的愿望（或理想），不要说什么"每个人都有自己的愿望（或理想）"等套话。接着，可分两个层次具体展开叙述：第一，这一愿望（或理想）产生的缘由，于是，讲述一个有头有尾尤其是有高潮的感人故事就成了你的任务。第二，你还可以表达一下实现这一愿望（或理想）的美好憧憬，即实现了这一愿望（或理想）后，你将怎样怎样。

（二）我的学习生活

你可用先分后总的方式组织说话。先用蒙太奇的手法叙述几个学习生活的片段，如：在教室里上课、在图书馆看书、在家中和父母亲戚讨论问题，以及在宿舍里与同学们争论等等，顺序可以是时间的，也可以是空间的。最后用一两句有针对性的话概括一下学习生活的总特点。当然，你也可以用"我的学习生活，要从……说起"开头，然后，讲述一个自己的有关学习的故事。

（三）我最尊敬的人

选择一个你最尊敬的对象，这个人可以是你身边的，对你产生过影响的人，也可以是虽然你熟悉的，但却从来没有见过面的某人物。以选择你学生时代的某一老师为例，开头可以睹"物"思人，接着用一个动人的故事来体现"最尊敬"三个字：如上课时你提出不同意见，老师是如何反应的；再如你遇到困难，老师又是如何帮助的等等。

（四）我喜爱的动物（或植物）

开头直接指出你所喜爱的动物（或植物），接着用几句话简要介绍一下该动物（或植物）的外形、特点等，然后具体谈谈自己为什么喜爱它。展开的方式有多种：最好是叙述一个与此相关的动人故事，当然也可以列述喜爱的种种理由。在列述时必须注意与前面已介绍的该动物（或植物）的特征结合起来。

（五）童年的记忆

最常用的组材方式是先用几个词概括一下童年生活的特点，然后围绕此特点列举一些事件加以具体表述。提醒：事件的选择要符合儿童的身份，要能体现儿童之真、儿童之"傻"、儿童之趣。如能引起考官会意的笑容，你就成功了；因为这样便可以引起考官们的兴趣，转移他们的注意力，说不定可以忽略你可能出现的某些语音方面的错误。

（六）我喜爱的职业

一般可从以下几个方面来表述，其一，"是什么"，即"我"喜爱的职业，可以是教师、医生等一些传统的职业，也可以是软件工程师、人力资源主管等一些新兴的职业；其二，"为什么"，即"我"喜爱这个职业的原因或缘起；其三，"怎么样"，即我对这个职业的个性理解，这部分应该作为话题的中心加以重点阐述。当然，你也可以讲述一个感人的故事，通过故事告诉别人我是怎样从不喜欢这个职业到喜欢这个职业的。

（七）难忘的旅行

开头，你可以先交待一下那次难忘的旅行的时间、地点、人物，接着具体讲述旅行的过程及体验。以去一座城市为例，可先简要说明你对这座城市的印象，然后介绍具体的路线及游览的地方，并根据说话时间的长短有选择性地举一两个具体的点加以表述。当然，特别难忘的部分应重点阐述，一般的则可一带而过，让听者感觉到有层次。如果考官也感到这次旅行难忘，你就成功了。

（八）我的朋友

开头可引用某一格言，引出自己的这位朋友。然后分别从他（她）的外貌、为人处事、和你的友谊等几方面加以表述，而叙述的方法最好是落实到具体的一两个吸引人的事例上，并注意前后层次的自然过渡。

（九）我喜爱的文学（或其他）艺术形式

先将文学或其他艺术形式细化为一个具体的事物，如一部文学作品、一部电影、一件艺术品等；然后再围绕此展开进一步的表述。如果以一部文学作品为例，你可以分别从作者、作品内容、艺术特点、你的感悟等几个角度来具体阐述你的"喜爱"之处；你也可以讲述一个故事，谈谈自己是怎样喜欢上这部文学作品的。

（十）谈谈卫生与健康

第一种方法是，开头先亮出你的观点，表述一下卫生与健康的关系，如"讲卫生是健康身体的前提，而要拥有健康就必须讲卫生"；接下来，可以从正、反两方面阐述卫生与健康的关系，在阐述的过程中，既要摆事实，又得讲道理，力求做到有理有据，切忌浮于表面的说教。当然，你说一个"因卫生而健康"或"因不卫生而不健康"的故事也同样在理。

（十一）我的业余生活

开头总括一下你业余生活的特点，然后叙述你的种种业余生活。可以是由某种业余爱好引发的诸如摄影、写作、书法等活动；也可以是因为某种需要而促成的活动，如充电学习、体育运动等等。接着挑你花费时间最多、感受最深的一项活动加以叙述，谈谈在此过程中的体验，并适当生发这项活动给你的启发。总之，穿插一个完整而能给人以深刻印象的故事是关键。

（十二）我喜爱的季节（或天气）

可以直接引出你喜欢的某一季节（或某一天气）。接着具体说明喜欢它的原因。当然，你更可以通过一个具体的事例来表明自己喜爱这个季节（或天气）的前因后果。

（十三）学习普通话的体会

你可以举一个因方言而引起误会的例子，说明普通话推广的作用。说话的重点部分，具体谈谈你应对的方法及体会，可分条列述，如怎样学好拼音字母，怎样掌握发音部位；怎样多读报刊、不明确的及时查字典；怎样坚持用普通话进行日常会话等等。应注意的是，引用方言不能多，一句足够了。

(十四)谈谈服饰

可将本话题缩小为对某一具体服饰的介绍。如旗袍,你可以先介绍一下旗袍的演变过程,接着从审美的角度来评价穿着旗袍的优点,可体现女性的优雅姿态,凸现女性的身材等。当然,你也可以讲一个有关自己的某一服饰的故事。

(十五)我的假日生活

以某一假期作为时间对象,具体讲述一项你参与的活动。可按下面的顺序组织语句:先用几句话简要概括介绍一下组织此项活动的目的、参加的人员等;再具体说明活动展开的过程,其中重点叙述在此活动过程中你自身获得的某些体验;最后作个总括,或抒发感慨,或表达愿望。

(十六)我的成长之路

此话题的中心词是"路",因而话题的展开应有个"路",也就是过程。首先简要说明一下你成长过程中所受到的来自方方面面的影响;然后举一两个促使你不断成长的具体事例,注意突出在这些事件中你自身的转变及感受;最后谈谈自己对成长的一些认识。

(十七)谈谈科技发展与社会生活

你可以从正、反两方面具体谈谈科技发展对社会生活产生的影响。就正面而言,科技发展促使人们在生活观念、生活方式上的改变,极大地提高了效率,发展了生产力;从反面来说,科技发展也产生了种种不利的因素。别忘了以某一具体的事物为例,如网络的发展、通讯事业的发展等等。

(十八)我知道的风俗

可从这一风俗的由来、演变过程、现在的状态等几方面逐一说明。如端午节吃粽子,先讲述诗人屈原的动人传说,然后介绍各地不同的粽子,最后说说现在人们会更多地将端午节作为一个家人聚会的节日。如果简化一下,你也可以介绍一下自己所知道的一种风俗,以及由这个风俗而引出的一个故事。

(十九) 我和体育

可以以"我对体育认识的转变"为话题来组织说话的内容。起初是不喜欢,接着描述一两个亚运会、奥运会上体育健儿们勇夺奖牌的情景,于是自己在无形之中受到了感染,便主动积极地参与到体育活动中去。你也可以进一步谈谈参加体育活动给自己身心发展带来的益处。当然,你还可以说说使你喜欢上某一体育运动的一个相关故事。

(二十) 我的家乡(或熟悉的地方)

开头可直接指出"我"的家乡(或熟悉的地方)是哪里;接着作具体介绍,或描述它的美丽景色,或讲述那儿的风土人情,然后举一个在那儿发生的你自己的故事来说明对此地的某种情结。

(二十一) 谈谈美食

"民以食为天",可以先介绍一下中华美食的相关知识,如美食传统、八大菜系等;接着谈谈你个人的喜好,以川菜为例,可以有选择性地介绍一两道有名的特色菜如"毛血旺""酸菜鱼"等,也可以介绍一两家本地有名的川菜馆;最后作一个概括性总结。当然,也可以讲一个有关美食的生动故事。

(二十二) 我喜欢的节日

本话题可分三部分来讲述。一,你可以列述一下各种节日,有传统的春节、中秋节、重阳节等;有泊来的圣诞节、情人节、感恩节等。二,讲随着年龄的增长自己喜欢的节日有所改变,小时候……中学后……而现在我最喜欢……三,是说话的中心,可以分别从节日的起源、过节的方式、你喜欢的原因等几方面展开。如果你想"偷懒",也可以讲一个你过某一个节日的故事。

(二十三) 我所在的集体(学校、机关、公司等)

先简要介绍一下你所在的集体(学校、机关、公司等)。接着用几个形容词来概括一下这个集体总的特点,如"融洽的""团结互助的""积极向上的"等,并分别用一两个较典型的事例来印证这些特点。最后表达一下你为自己身处这样的集体中而感到自豪或幸福。如果有困难,你也可以通过不同故事讲述你这个集体中的一个个不同的人物。

(二十四)谈谈社会公德(或职业道德)

如果你选择的是"社会公德",你可以分别从良好社会公德的益处、目前存在着一些不良现象、我们的态度等几方面去展开话题。如果你选择的是"职业道德",则可根据你的身份,确定话题的立足点。倘若你是一名教师,那么就可以从教师应具备哪些良好的职业道德、你对此的理解和做法等角度去展开。当然,你也可以讲述一个遵守(或不遵守)社会公德(或职业道德)的故事。

(二十五)谈谈个人修养

你可以用"古语'修身、齐家、治国、平天下'中将修身放在第一位"作为开头,强调个人修养的重要性,接着谈谈个人修养的必要性。然后重点说说你个人在增强自身修养上的一些具体做法,如背诵一些脍炙人口的美文,加强自己文学方面的素养;听一些经典的戏曲、歌剧,提高自己音乐方面的素养等等。同样,你也可以通过一个故事向考官介绍一个个人修养很好(或不好)的人。

(二十六)我喜欢的明星(或其他知名人士)

首先,选择好一个你喜欢的明星(或其他知名人士)作为讲述的对象。接着适当介绍他(她)的一些情况。然后重点谈谈你为什么特别喜欢他(她),展开的方式有多种,可以讲述一个触动你心灵的关于他(她)的故事,也可以从他(她)的人格、对事业的态度等几方面分条列述。

(二十七)我喜爱的书刊

首先明确一下你喜爱的具体书刊,接着简单介绍一下它的相关知识,然后结合书刊本身具体谈谈你喜欢它的原因。可分不同的角度展开:如内容丰富,符合我的阅读需要;文章文字优美,符合我的审美需求等。应结合一些能引人注意的事例具体地讲述,也可讲诉一个有关的故事。

(二十八)谈谈对环境保护的认识

你可以先"提出问题",列举一两个因不注意保护环境而产生恶果的具体事件;接着"分析问题",针对上述事件分析原因,着重谈谈环境保护的重要性;然后"解决问题",从观念到具体的操作层面,有的放矢地提出几条具体意见。最后呼吁一下,要大家从我做起,从小事做起,共同保护我们生长的环境。当然,也可以讲一个与此有关的小故事。

(二十九)我向往的地方

开头直截了当地指出心中向往的某个地方,接着叙述为什么会产生这样的向往,即向往的缘起。可以是因看一部书而引发的,也可以是受一部纪录片的触动等。这些应该通过具体的故事表述出来。最后假想一下,自己到了那个心驰神往的地方,可能会出现的种种情景。如果考官"心有戚戚焉",那就该祝贺你了。

(三十)购物(消费)的感受

本话题可以把它具体化为某一次购物(或消费),这样更容易组织语句。你可先叙述一下那次购物的情况,最好能有一个矛盾的起因、发展、高潮到解决的过程。接着,你对此发表几点感想,可从不同群体的角度出发去谈,如消费者、经销商、生产厂家等。

三、话题内容的整合

你是否注意到这 30 个话题之间有些有着明显的内在联系,可以将他们整合起来?且看下面:

难忘的旅行

我"命题说话"的题目是"难忘的旅行"。

最令我难忘的旅行是初二时到苏州天平山的那次秋游。

那是一个 11 月下旬的星期六。好久没有见过这么晴朗的天了,碧蓝碧蓝的,就像蓝色的海洋。

我们几个小伙伴高高兴兴地来到天平山下。实际上,天平山并不高,只不过200来米,但在我们江南水乡,就显得特别地高。站在山下遥望山顶,大石上的人就如蚂蚁在蠕动,偶尔白云飘过,真令人神往。

天平山与写下《岳阳楼记》的范仲淹关系密切,那儿既有他小时候念书的钵盂泉,也有他们家的祖坟。所以,我们带着敬仰的心情来到这儿。

天平山的美景,主要是山脚下的那几百棵古枫。天平红枫,自古与北京香山、南京栖霞山、长沙岳麓山齐名。那天正是枫叶红透的时候。它的叶子是三角形的,向上逆着光看,那红紫色的绚丽光彩令我们高声欢呼。这些枫树,据说是明朝时范仲淹的后代范允临从福建带回种植在这儿的,已有400多年历史。我们在这些三人合抱的的枫树间奔跑欢笑。

不久,我们来到了"一线天",所谓的"一线天"是一条石缝,登山的路通过这里,只能让一个人通过。

穿过"一线天",翻过"中白云",我们一边欣赏着山坡上正在凋零落叶的各种树木,一边回想着枫叶的美丽,不由得感慨万千。

气喘吁吁地登上了山顶。这时候,白云已经散去。从山顶向下看,那些枫树,就如红色的波浪,我们真想驾着一条小船,在这个波浪中穿行……

这次旅行过去好多年了,但我一直忘不了那一片红。

话题如果换成"我喜爱的动物(植物)",就可以如下操作:

我"命题说话"的题目是"我喜爱的植物"。

我喜爱的植物是枫树,这要从初二时到天平山的那次秋游说起。(那是……穿行……)从此,枫叶就成了我的最爱。

话题如果换成"我的业余生活",就可以如下操作:

我"命题说话"的题目是"我的业余生活"。

在我的业余生活中,旅游占了很大的比重。就拿初二时到天平山的那次秋游来说吧。(那是……穿行……)你们说,我的业余生活丰富吗?

话题如果换成"我喜爱的季节(天气)",就可以如下操作:

我"命题说话"的题目是"我喜爱的季节"。

我最喜爱的季节是秋季,这要从初二时到天平山的那次秋游说起。(那是……穿行……)从此,秋季就成了我的最爱。

话题如果换成"我的假日生活",就可以如下操作:

我"命题说话"的题目是"我的假日生活"。

在我的假日生活中,旅游占了很大的比例。就拿初二时到天平山的那次秋游来说吧。(那是……穿行……)你们说,我的假日生活丰富吗?

话题如果换成"我的愿望",就可以如下操作:

我"命题说话"的题目是"我的愿望"。

我的愿望是在苏州天平山旁造一座别墅。这要从初二时到天平山的那次秋游说起。(那是……穿行……)从此,我一直在想,如果在天平山旁造一座小房子,天天看那儿的美景,呼吸那儿的新鲜空气,那该多好哇!

话题如果换成"我向往的地方",就可以如下操作:

我"命题说话"的题目是"我向往的地方"。

我最向往的地方是苏州天平山。这要从初二时到天平山的那次秋游说起。(那是……穿行……)我一直在想,如果在天平山旁我有一座小房子,天天看那儿的美景,那该多好哇!

同理,也可以将"我最尊敬的人""我喜欢的明星""我的朋友""我所在的集体""我和体育"等话题组合起来,以一个体育明星的故事为核心;也可以将"我喜爱的职业""我喜爱的文学艺术形式""我喜爱的书刊""我的成长之路"等话题组合起来,说说某个书刊对自己后来的影响;也可将"谈谈卫生与健康""谈谈对环境保护的认识"等话题组合起来,准备一个与环境卫生有关的故事;也可将"我所知道的风俗""谈谈美食""我喜欢的节日"等话题组合起来,叙说一个有关节日饮食的故事;也可将"谈谈社会公德""谈谈个人修养""谈谈服饰""购物的感受"等话题组合起来，叙述购买服饰时的遭遇。总之，预先准备好五六个与众不同的故事，抽到签后随机应变。

四、常见问题的分析与诊治

除本书前面提到的读单音节字词、读多音节词语以及朗读短文中出现的一般问题外，应试者在命题说话时还可能出现以下几个问题。

1. 叙说话题时语音出错。

众所周知，给人的第一印象特别重要，所以说，开口的第一句话必须语音标准。一般情况下，第一句话应该是"我'命题说话'的题目是……"如果将"命"的后鼻音"mìng"误作了前鼻音"mìn"、将"说"的卷舌音"shuō"误作平舌音"suō"、将"是"的卷舌音"shì"误作平舌音"sì"，那么，测试员就会在后面盯着你这两个问题找茬。如果你对这两个字的发音不够自信，可以直接报话题。所以说，语音不够标准者必须事先翻阅词典，牢记30个题目的每一个字的准确读音。

2. 说话不满限定时间。

按规定，命题说话限时三分钟，不足三分钟者要酌情扣分，说话时间少于或等于30秒，可将"命题说话"所有分数扣完。三分钟期满自然中断，但一些应试者该开始时却说不出话，一些应试者说话中长时间停顿，一些应试者往往不满三分钟就无话可说。造成这种情况的原因主要有两个。

其一，准备不充分。应试者或一向不善言辞，或过于大意，抽到命题后来不及准备即仓促上阵，刚一开口即无话可继。这种情况虽为少数，却也不应忽视。既然准备参加普通话测试，就得预先准备，参加测试前先仔细分析30个话题，就如前文所说，将之分成大致同类的几组，每组预先准备一两个故事，抽到签后，根据具体话题组织一下，即可上阵了。

其二,牵涉到应试者的心理素质。一到测试现场就把预先准备的东西忘得一干二净,无论怎样提醒自己"要镇静"都无济于事。这时候,可先说些别的,如自己当前的心情等,一般能自然镇静下来再入正题;即使进不了正题,有话总比无话强。同时,也可多准备一些内容,此壶不开换一壶,即使稍微游离一点正题也比闭口不说强。

3. 说话过于书面化。

命题说话主要考核的是应试者的"说",即要求说话者按照日常生活中口语交谈的语音语调进行表述,强调自然流畅,即无论语音、语调、语气、语态等都呈自然流畅的日常说话(口语交流)状态,不能有背书的痕迹。有些应试者预先写好 30 个话题的讲稿,并背得滚瓜烂熟,一到现场选中其一即如竹筒倒豆般全部倾出,岂不知"命题说话"不是"背书",出现"背书"现象要扣 0.5~1 分。也有些应试者为使自己的说话动人,故意使用一些典雅、优美的词句,排比、对偶、呼告一哄而上,将命题说话当成了美文朗诵,所缺者就是平时说话时的那份自然,其结果可想而知。产生这一问题的根源是一些应试者将普通话与方言的使用范围人为地区别开来,将普通话的适用范围定位于书面语,而将方言的适用范围定位于日常口语和日常思维。解决这问题有两条途径:从长远角度而言,平时养成用普通话思维的习惯,养成用普通话日常交流的习惯,将普通话从书面语中"解放"出来,努力使自己的思维、口语与标准的普通话合拍;从眼前急需而言,准备命题说话时根本不必将具体内容写下,心中有个提纲即可,到时随机组织。准备充分当然是好事,但过于充分却适得其反。

4. 游离话题。

或许是平时说话习惯于漫无目标信口开河,或许是不问青红皂白抛出自己早已准备好的内容,一些应试者三分钟后尚未进入正题。1994 年《普通话水平测试大纲》对说话者游离话题未作具体的规定,而 2003 年《普通话水平测试大纲》对游离话题却有了明确的规定,其评分细则说:"对于应试人不按测试目的、要求说话(如反复纠错、简单重复、完全离题等),测试员应及时干预。干预无效,本项测试成绩判为0分。"有的省份(如江苏省)《计算机辅助普通话水平测试评分细则》对"游离话题"的界定更严格,扣分也更多。所以,命题说话时一定要注意你的内容,尽量地靠上去。

5. 反复纠错与简单重复。

偶尔纠错无所谓,但由于过于小心,有些应试者经常在说后一句话时纠正自己前一句话中的发音错误,致使自己的说话成了不断的纠错练习,严重地影响了水平的发挥。错就错吧,就这么过去,成绩再不理想也是自己的。有些应试者经常简单地重复某一句话,如不停地说"这件事已经过去三年了"。之所以出现这种情况实际上就是无话可说,诊治办法见第2条。

6. 口头禅颇多。

命题说话时并不反对用一些口头的习惯用语,如"这叫我怎么说呢!""看来……""这可是……的呀!""这个……""那个……"等等。有时候,这些语句的运用还能达到特殊的效果。但是,如果用得太多,一段话中反复出现这样的习惯用语,把它们变成了口头禅,就适得其反了,如有些女生口头语中大量的"然后"……这种情况平时就得注意,同学、同事间互相提醒,养成良好的习惯,抽到话题后再作准备就来不及了。

7. 以套话开头。

在平时的普通话水平测试中,常发现一些应试者一开口就陷入了俗套。如话题是"难忘的旅行",其开头往往是"从小时候到现在,我经过了不知多少次旅行,但给我印象最深令我难以忘怀的一次是……"如话题是"我的朋友",其开头往往是"每个人都有自己的朋友,我也有不少朋友,其中印象最深的一位是……"设想一下,如果你是测试员,连续听到四五个这样的开端,你的心情如何?这种问题的普遍出现有其根源,其一,如上文第3条所说,将普通话仅定位于书面语交流;其二,受一些中小学作文选的影响,认为这样表述是正途。解决这一问题并不难,掌握一个原则,命题说话时尽量"开门见山",不必绕圈子。

8. 打招呼要求从宽发落。

在普通话测试中,常发现这样一种情况,一些应试者一进考场就先与测试员打招呼,诸如"工作繁忙准备时间不足""近几日感冒鼻塞可能发音不准"等等,其目的无非是恳求测试员手下留情。试想,测试员会因为你的求情而放弃原则吗?即使有同情之心,也还有一整套的考核制度在制约着测试的公正、公平。说这些话起不到任何作用,只能令人生厌,更何况"言多必失",说不定测试员就从你这些话中听出了你语音中的致命缺陷!这种招呼在计算机辅助测试中更无用。

9. 缺少实实在在的内容。

或许是受话题分为"叙述类""议论类"和"说明类"等几种的影响,一些应试者说话时架空议论,致使空洞乏味。我们认为,无论抽到什么命题,都应把事例的叙述或分析作为主体,也就是说,无论针对什么命题,都应准备一个故事,而且这个故事必须曲折动人,能吸引测试员。事实上,事前准备几个曲折动人的故事并非难事。总之,尽量用"记叙文",少涉及"议论文"和"说明文"。

10. 忽视自己的语音缺陷。

一般来说,参加测试的人员都有自己的难以克服的语音缺陷,或前后鼻音不分,或平翘难辨,或"n""l"不明,或"h""f"不清,或尖音难掩……就测试员而言,尽量发现你的这些问题并适度扣分是职责;但就被测者而言,当然不希望这些问题被人发现。所以,当你准备说话内容时,千万要注意到自己的这些缺陷,遣词造句时尽量回避有关音节,尤其对话题中的音节,发音时一定要仔细斟酌。事实证明,除前后鼻音不分与平翘难辨外,其他缺陷都有掩饰的可能。当然,在日后的学习、工作中真正解决这些问题,才是根本。

11. 用语不规范。

其一,使用了方言词语或方言句式。受各地方言影响,误用方言词汇、方言语调和方言语法。如将"喝酒""抽烟"误作"吃酒""吃香烟",将"按电铃"误作"揿电铃";还有"放点盐巴、清油","把腰杆都累断了","冬天为了多读书,冷得鼻子都流出来了","他今天不得来了","周围同学都懂不起""谢谢你哈""为什么嘛""好气人哦"等等。

其二,说话句子不通,出现明显的语病。如在"我的业余生活"中说"上网,听音乐和看书是我唯一的业余爱好",在"我的家乡"中说"我的家乡基本比较落后"等等。这些就牵涉到中小学语文的基本功了。

其三,说话的词调轻重格式不恰当。如"一个愉快的假日"中,谈到"假日""愉快""暑假""春节"等词语的轻重格式都说成"重轻格式",呈现方言语调。之所以犯错误,就是误认为只要用普通话的语音表示,方言就成了普通话。解决这些问题,要靠平时积累,听、读规范的普通话作品,遇到与方言有区别的地方要多作思考。

另外,还有使用了自造词语、受文言影响过多使用了单音节词语等等问题。这些问题,平时训练时就得注意。

12. 出现明显的港台腔。

受港台播音员或港台影视剧的影响,一些青少年刻意模仿那种腔调,以示时尚,如"地方"的"方"应为轻声"fang",却故意说成阴平"fāng";"谢谢"的第二个"谢"应是轻声"xie",却故意拿腔拿调地夸张成去声"xiè"。

13. 套用"朗读短文"中的某一篇作品。

一些自作聪明者,会套用"朗读短文"中的某一作品,以此作为命题说话的主要内容。此举不可取,这种情况作"离题、内容雷同"处理。而且根据评分细则,要扣 6 分,实在是得不偿失。

五、评分举例和案例分析

（一）评分举例

案例一

作品 3 号　我最尊敬的人

1. 语音标准程度：错误点很多。例如：声母方面："l"等；韵母方面："un""an""o""en"等；声调方面：阴平调值偏低等等，问题较多。归入五档，扣 11 分。

2. 词汇、语法规范程度：个别地方用词不当，例如：我能得到如今的"成就"（应为"成绩"）。扣 0.5 分。

3. 自然流畅程度：比较流畅。扣 0 分。

4. 缺少时间：无缺时情况。扣 0 分。

5. 离题、内容雷同：基本符合题意。扣 0 分。

6. 无效话语：基本没有无效话语。扣 0 分。

本项得分总计：28.5 分

案例二

作品 19 号　我和体育

1. 语音标准程度：平翘舌音、后鼻音等都有问题；调值偏高；音步较小，发音短促，听上去不太舒服。归入四档，扣 7 分。

2. 词汇、语法规范程度：思维混乱，语病较多，例如："我和体育是非常有渊源的"、"在一个场馆的万人下"、"和我的家长有息息相关的条件"、"比完赛之后"等等，共有九处。扣 4 分。

3. 自然流畅程度：可能因为说了一些表意不清楚的句子，所以感觉上前后衔接不太自然。扣 0.5 分。

4. 缺少时间：无缺时现象。扣 0 分。

5. 离题、内容雷同：基本符合题意。扣 0 分。

6. 无效话语：没有。扣 0 分。

本项得分总计：28.5 分

案例三

作品 6 号　我喜爱的职业

1. 语音标准程度："ai"的归音有偏误；轻声词把握有问题；有元音鼻化现象。归入 3 档，扣 6 分。

2. 词汇、语法规范程度：句子割裂，影响语法结构的完整性；有"作出良好的基础"等病句共 3 处。扣 1.5 分。

3. 自然流畅程度：说话断断续续，语音的链条衔接不紧密，并有 4 处大的停顿。扣 2 分。

4. 缺少时间：开始缺时 25 秒，中间有 2 处各缺时 10 秒和 7 秒，结尾缺时 25 秒，共缺时 1 分 07 秒。扣 4 分。

5. 离题、内容雷同：基本符合题意。扣 0 分。

6. 无效话语：无。扣 0 分。

本项得分总计：26.5 分

案例四

作品 30 号　购物的感受

1. 语音标准程度：翘舌音有问题；方音较明显；语音错误 13 个。归入四档，扣 7 分。

2. 词汇、语法规范程度：有"人多容易好照顾"等病句 2 个。扣 1 分。

3. 自然流畅程度：语言不连贯，断断续续；语调生硬，比较严重。扣 3 分。

4. 缺少时间：结尾缺时 39 秒，扣 2 分。

5. 离题、内容雷同：基本符合题意。扣 0 分。

6. 无效话语：无。扣 0 分。

本项得分总计：27 分

案例五

作品 26 号　我喜欢的明星

1. 语音标准程度:后鼻音、翘舌音、轻声词都有问题。语音错误超过 30 次,且方音重。归入六档,扣 13 分。

2. 词汇、语法规范程度:"反而"等词语使用有误,共 4 处。扣 2 分。

3. 自然流畅程度:语句欠流畅。扣 1 分。

4. 缺少时间:无。扣 0 分。

5. 离题、内容雷同:前 1 分 50 秒所说内容符合题意,后 1 分 10 秒临时转换话题,作离题处理。扣 4 分。

6. 无效话语:无。扣 0 分。

本项得分总计:20 分

案例六

作品 13 号　学习普通话的体会

1. 语音标准程度:语音错误较多,例如:翘舌音等;方音比较明显。归入五档,扣 10 分。

2. 词汇、语法规范程度:语法结构混乱,语病较多,例如,"掌握得非常重要""代表象征的中国的象征""为祖国的发展会有很大的影响"等等,共有 6 处。扣 3 分。

3. 自然流畅程度:语言基本流畅,但口语化较差。扣 0.5 分。

4. 缺少时间:无。扣 0 分。

5. 离题、内容雷同:基本符合题意。扣 0 分。

6. 无效话语:经常重复相同或大体相同的内容,例如:普通话对我来说／对我们来说／对我们中国人来说是非常重要的,前后共有 10 处。无效语料在三分之一以上。扣 4 分。

本项得分总计:22.5 分

(二)范例评析

案例七

作品 6 号　我喜爱的职业

被试为北方方言,语调自然,有些微北方方言语调,但不明显,被试的测试状态为本色,根据机测评分标准,评定如下:

1. 语音标准程度:语音错误:5个,有些微方音。归入二档,扣3分。

2. 词汇、语法规范程度:错误2个,句子杂糅。扣1分。

3. 自然流畅程度:语言稍欠流畅,扣0.5分。

4. 缺少时间:无缺时情况。扣0分。

5. 离题、内容雷同:基本符合题意。扣0分。

6. 无效话语:基本没有无效话语。扣0分。

本项得分总计:35.5分

案例八

作品23号　我所在的集体

被试为北方方言,语音标准的清晰度高,被试的测试状态为播稿,几乎没有语音错误,语调自然,但口语化略差,表现句式书面语色彩浓,说话时的音高处理得稍微高了一点,这些因素使得整个说话显得语调有些生硬、做作。根据机测评分标准,评定如下:

1. 语音标准程度:语音错误:2个,有些微方音。归入一档,扣1分。

2. 词汇、语法规范程度:词汇语法错误:1个,"面对陌生的面孔,我惊呆了"(表意不当)。扣0.5分。

3. 自然流畅程度:"说话"的前部分句与句之间的停歇大于生理停歇的时间;口语化较差。扣0.5分。

4. 缺少时间:无缺时情况。扣0分。

5. 离题、内容雷同:基本符合题意。扣0分。

6. 无效话语:基本没有无效话语。扣0分。

本项得分总计:38分

第三章 普通话水平测试训练的有关资料

一、汉语拼音方案

（1957年11月1日国务院全体会议第60次会议通过）
（1958年2月11日第一届全国人民代表大会第五次会议批准）

1. 字母表

字母	名称
Aa	ㄚ
Bb	ㄅㄝ
Cc	ㄘㄝ
Dd	ㄉㄝ
Ee	ㄜ
Ff	ㄝㄈ
Gg	ㄍㄝ
Hh	ㄏㄚ
Ii	ㄧ
Jj	ㄐㄧㄝ
Kk	ㄎㄝ
Ll	ㄝㄌ
Mm	ㄝㄇ

字母	名称
Nn	ㄋㄝ
Oo	ㄛ
Pp	ㄆㄝ
Qq	ㄑㄧㄡ
Rr	ㄚㄦ
Ss	ㄝㄙ
Tt	ㄊㄝ
Uu	ㄨ
Vv	ㄌㄝ
Ww	ㄨㄚ
Xx	ㄒㄧ
Yy	ㄧㄚ
Zz	ㄗㄝ

V 只用来拼写外来语、少数民族语言和方言。
字母的手写体依照拉丁字母的一般书写习惯。

2. 声母表

b	p	m	f	d	t	n	l
ㄅ玻	ㄆ坡	ㄇ摸	ㄈ佛	ㄉ得	ㄊ特	ㄋ讷	ㄌ勒

g	k	h	j	q	x
ㄍ哥	ㄎ科	ㄏ喝	ㄐ基	ㄑ欺	ㄒ希

zh	ch	sh	r	z	c	s
ㄓ知	ㄔ蚩	ㄕ诗	ㄖ日	ㄗ资	ㄘ雌	ㄙ思

在给汉字注音的时候，为了使拼式简短，zh、ch、sh 可以省作 ẑ、ĉ、ŝ。

3. 韵母表

	i ㄧ 衣	u ㄨ 乌	ü ㄩ 迂
a ㄚ 啊	ia ㄧㄚ 呀	ua ㄨㄚ 蛙	
o ㄛ 喔		uo ㄨㄛ 窝	
e ㄜ 鹅	ie ㄧㄝ 耶		üe ㄩㄝ 约
ai ㄞ 哀		uai ㄨㄞ 歪	
ei ㄟ 欸		uei ㄨㄟ 威	
ao ㄠ 熬	iao ㄧㄠ 腰		
ou ㄡ 欧	iou ㄧㄡ 忧		
an ㄢ 安	ian ㄧㄢ 烟	uan ㄨㄢ 弯	üan ㄩㄢ 冤
en ㄣ 恩	in ㄧㄣ 因	uen ㄨㄣ 温	ün ㄩㄣ 晕
ang ㄤ 昂	iang ㄧㄤ 央	uang ㄨㄤ 汪	
eng ㄥ 亨的韵母	ing ㄧㄥ 英	ueng ㄨㄥ 翁	
ong （ㄨㄥ）轰的韵母	iong ㄩㄥ 雍		

(1)"知、蚩、诗、日、资、雌、思"等字的韵母用 i,即:知、蚩、诗、日、资、雌、思等字拼作 zhi、chi、shi、ri、zi、ci、si。

(2)韵母儿写成 er,用做韵尾的时候写成 r。例如:"儿童"拼作 ertong,"花儿"拼作 huar。

(3)韵母ㄝ单用的时候写成 ê。

(4) i 行的韵母,前面没有声母的时候,写成 yi(衣),ya(呀),ye(耶),yao(腰),you(忧),yan(烟),yin(因),yang(央),ying(英),yong(雍)。

u 行的韵母,前面没有声母的时候,写成 wu(乌),wa(蛙),wo(窝),wai(歪),wei(威),wan(弯),wen(温),wang(汪),weng(翁)。

ü 行的韵母,前面没有声母的时候,写成 yu(迂),yue(约),yuan(冤),yun(晕);ü 上两点省略。

ü 行的韵母跟声母 j,q,x 拼的时候,写成 ju(居),qu(区),xu(虚),ü 上两点也省略;但是跟声母 n,l 拼的时候,仍然写成 nü(女),lü(吕)。

(5)iou,uei,uen 前面加声母的时候,写成 iu,ui,un,例如 niu(牛),gui(归),lun(论)。

(6)在给汉字注音的时候,为了使拼式简单,ng 可以省作 ŋ。

4. 声调符号

阴平	阳平	上声	去声
－	´	ˇ	`

声调符号标在音节的主要母音上。轻声不标。例如:

妈 mā	麻 má	马 mǎ	骂 mà	吗 ma
阴平	阳平	上声	去声	轻声

5. 隔音符号

a,o,e 开头的音节连接在其它音节后面的时候,如果音节的界限发生混淆,用隔音符号(')隔开,例如:pi'ao(皮袄)。

二、普通话异读词审音表

(1985年12月修订)

说 明

一、本表所审,主要是普通话有异读的词和有异读的作为"语素"的字。不列出多音多义字的全部读音和全部义项,与字典、词典形式不同。例如:"和"字有多种义项和读音,而本表仅列出原有异读的八条词语,分列于 hè 和 huo 两种读音之下(有多种读音,较常见的在前。下同);其余无异读的音、义均不涉及。

二、在字后注明"统读"的,表示此字不论用于任何词语中只读一音(轻声变读不受此限),本表不再举出词例。例如:"阀"字注明"fá(统读)",原表"军阀""学阀""财阀"条和原表所无的"阀门"等词均不再举。

三、在字后不注"统读"的,表示此字有几种读音,本表只审订其中有异读的词语的读音。例如"艾"字本有 ài 和 yì 两音,本表只举"自怨自艾"一词,注明此处读 yì 音;至于 ài 音及其义项,并无异读,不再赘列。

四、有些字有文白二读,本表以"文"和"语"作注。前者一般用于书面语言,用于复音词和文言成语中;后者多用于口语中的单音词及少数日常生活事物的复音词中。这种情况在必要时各举词语为例。例如:"杉"字下注"(一)shān(文):紫~、红~、水~;(二)shā(语):~篙、~木"。

五、有些字除附举词例之外,酌加简单说明,以便读者分辨。说明或按具体字义,或按"动作义""名物义"等区分,例如:"畜"字下注"(一)chù(名物义):~力、家~、牲~、幼~;(二)xù(动作义):~产、~牧、~养"。

六、有些字的几种读音中某音用处较窄，另音用处甚宽，则注"除××(较少的词)念乙音外，其他都念甲音"，以避免列举词条繁而未尽、挂一漏万的缺点。例如："结"字下注"除'～了个果子'、'开花～果'、'～巴'、'～实'念 jiē 之外，其他都念 jié"。

七、由于轻声问题比较复杂，除《初稿》涉及的部分轻声词之外，本表一般不予审订，并删去部分原审的轻声词，例如"麻刀(dao)""容易(yi)"等。

八、本表酌增少量有异读的字或词，作了审订。

九、除因第二、六、七各条说明中所举原因而删略的词条之外，本表又删汰了部分词条。主要原因是：1. 现已无异读(如"队伍""理会")；2. 罕用词语(如"俵分""仔密")；3. 方言土音(如"归里包堆〔zuī〕""告送〔song〕")；4. 不常用的文言词语(如"乌虖""甔甀")；5. 音变现象(如"胡里八涂〔tū〕""毛毛腾腾〔tēngtēng〕")；6. 重复累赘(如原表"色"字的有关词语分列达23条之多)。删汰条目不再编入。

十、人名、地名的异读审订，除原表已涉及的少量词条外，留待以后再审。

A

阿(一) ā	～訇	～罗汉	～木林
	～姨		
(二) ē	～谀	～附	～胶
	～弥陀佛		
挨(一) āi	～个	～近	
(二) ái	～打	～说	
癌 ái(统读)			
霭 ǎi(统读)			
蔼 ǎi(统读)			
隘 ài(统读)			
谙 ān(统读)			

俺 ǎn（统读）
昂 áng（统读）
凹 āo（统读）
拗（一）ào　　　～口
　（二）niù　　　执～　　脾气很～
坳 ào（统读）

B

拔 bá（统读）
把 bà　　　　　印～子
白 bái（统读）
膀 bǎng　　　　翅～
蚌（一）bàng　　蛤～
　（二）bèng　　～埠
傍 bàng（统读）
磅 bàng　　　　过～
龅 bāo（统读）
胞 bāo（统读）
薄（一）báo（语）常单用，如"纸很～"。
　（二）bó（文）多用于复音词。～弱　　稀～
　　　　　　　　淡～　　尖嘴～舌　　单～
　　　　　　　　厚～
堡（一）bǎo　　碉～　　～垒
　（二）bǔ　　　～子　　吴～　　瓦窑～
　　　　　　　　柴沟～
　（三）pù　　　十里～
暴（一）bào　　～露
　（二）pù　　　一～（曝）十寒
爆 bào（统读）
焙 bèi（统读）

惫 bèi(统读)
背 bèi　　　　　　～脊　　　～静
鄙 bǐ(统读)
俾 bǐ(统读)
笔 bǐ(统读)
比 bǐ(统读)
臂（一）bì　　　　手～　　　～膀
　（二）bei　　　　胳～
庇 bì(统读)
髀 bì(统读)
避 bì(统读)
辟 bì　　　　　　　复～
裨 bì　　　　　　　～补　　　～益
婢 bì(统读)
痹 bì(统读)
壁 bì(统读)
蝙 biān(统读)
遍 biàn(统读)
骠（一）biāo　　　　黄～马
　（二）piào　　　　～骑　　　～勇
傧 bīn(统读)
缤 bīn(统读)
濒 bīn(统读)
殡 bìn(统读)
屏（一）bǐng　　　　～除　　　～弃　　　～气
　　　　　　　　　　～息
　（二）píng　　　　～藩　　　～风
柄 bǐng(统读)
波 bō(统读)

播 bō(统读)
菠 bō(统读)
剥 (一) bō(文)　　～削
　　(二) bāo(语)
泊 (一) bó　　淡～　　飘～　　停～
　　(二) pō　　湖～　　血～
帛 bó(统读)
勃 bó(统读)
铍 bó(统读)
伯 (一) bó　　～～(bo)　老～
　　(二) bǎi　　大～子(丈夫的哥哥)
箔 bó(统读)
簸 (一) bǒ　　颠～
　　(二) bò　　～箕
膊 bo　　　　胳～
卜 bo　　　　萝～
醭 bú(统读)
哺 bǔ(统读)
捕 bǔ(统读)
鹁 bǔ(统读)
埠 bù(统读)

C

残 cán(统读)
惭 cán(统读)
灿 càn(统读)
藏 (一) cáng　　矿～
　　(二) zàng　　宝～
糙 cāo(统读)
嘈 cáo(统读)

螬 cáo(统读)
厕 cè(统读)
岑 cén(统读)

差(一) chā(文)	不~累黍	不~什么	偏~
	色~	~别	视~
	误~	电势~	一念之~
	~池	~错	言~语错
	一~二错	阴错阳~	~等
	~额	~价	~强人意
	~数	~异	
(二) chà(语)	~不多	~不离	~点儿
(三) cī	参~		

猹 chá(统读)
搽 chá(统读)
阐 chǎn(统读)
羼 chàn(统读)

| 颤(一) chàn | ~动 | 发~ |
| (二) zhàn | ~栗(战栗) | 打~(打战) |

韂 chàn(统读)
伥 chāng(统读)

场(一) chǎng	~合	~所	冷~
	捧~		
(二) cháng	外~	圩~	~院
	一~雨		
(三) chang	排~		

钞 chāo(统读)
巢 cháo(统读)

| 嘲 cháo | ~讽 | ~骂 | ~笑 |

耖 chào(统读)

车(一) chē　　　安步当～　杯水～薪　闭门造～
　　　　　　　　螳臂当～
　(二) jū　　　　(象棋棋子名称)
晨 chén(统读)
称 chèn　　　　～心　　　～意　　　　～职
　　　　　　　　对～　　　相～
撑 chēng(统读)
乘(动作义,念 chéng) 包～制　～便　　　　～风破浪
　　　　　　　　～客　　　～势　　　　～兴
橙 chéng(统读)
惩 chéng(统读)
澄(一) chéng(文)　～清(如"～清混乱""～清问题")
　(二) dèng(语)　单用,如"把水～清了"。
痴 chī(统读)
吃 chī(统读)
弛 chí(统读)
褫 chǐ(统读)
尺 chǐ　　　　　～寸　　　～头
豉 chǐ(统读)
侈 chǐ(统读)
炽 chì(统读)
舂 chōng(统读)
冲 chòng　　　　～床　　　～模
臭(一) chòu　　　遗～万年
　(二) xiù　　　乳～　　　铜～
储 chǔ(统读)
处 chǔ(动作义)　～罚　　　～分　　　～决
　　　　　　　　～理　　　～女　　　～置
畜(一) chù(名物义)　～力　　家～　　　牲～

	幼～		
（二）xù（动作义）	～产	～牧	～养

触 chù（统读）
搐 chù（统读）
绌 chù（统读）
黜 chù（统读）
闯 chuǎng（统读）

创（一）chuàng	草～	～举	首～
	～造	～作	
（二）chuāng	～伤	重～	
绰（一）chuò	～～有余		
（二）chuo	宽～		

疵 cī（统读）
雌 cí（统读）
赐 cì（统读）

伺 cì	～候
枞（一）cōng	～树
（二）zōng	～阳〔地名〕

从 cóng（统读）
丛 cóng（统读）

攒 cuán	万头～动	万箭～心

脆 cuì（统读）

撮（一）cuō	～儿	一～儿盐	一～儿匪帮
（二）zuǒ	一～儿毛		

措 cuò（统读）

D

搭 dā（统读）

答（一）dá	报～	～复
（二）dā	～理	～应

打 dá　　　　　　苏～　　　一～（十二个）
大（一）dà　　　　～夫（古官名）
　　　　　　　　　～王（如爆破～王、钢铁～王）
　（二）dài　　　　～夫（医生）
　　　　　　　　　～王（如山～王）
　　　　　　　　　～城〔地名〕
呆 dāi（统读）
傣 dǎi（统读）
逮（一）dài（文）如"～捕"
　（二）dǎi（语）单用，如"～蚊子""～特务"
当（一）dāng　　　～地　　　　～间儿
　　　　　　　　　～年（指过去）～日（指过去）
　　　　　　　　　～天（指过去）～时（指过去）
　　　　　　　　　螳臂～车
　（二）dàng　　　一个～俩　　安步～车
　　　　　　　　　适～　　　　～年（同一年）
　　　　　　　　　～日（同一时候）～天（同一天）
档 dàng（统读）
蹈 dǎo（统读）
导 dǎo（统读）
倒（一）dǎo　　　颠～　　颠～是非　颠～黑白
　　　　　　　　　颠三～四　倾箱～箧　排山～海
　　　　　　　　　～板　　～嚼　　　～仓
　　　　　　　　　～嗓　　～戈　　　潦～
　（二）dào　　　～粪（把粪弄碎）
悼 dào（统读）
纛 dào（统读）
凳 dèng（统读）
羝 dī（统读）

氐 dī〔古民族名〕

堤 dī(统读)

提 dī　　　　　　～防

的 dí　　　　　　～当　　　～确

抵 dǐ(统读)

蒂 dì(统读)

缔 dì(统读)

谛 dì(统读)

点 diɑn　　　　　打～(收拾、贿赂)

跌 diē(统读)

蝶 dié(统读)

订 dìng(统读)

都(一) dōu　　　～来了

　(二) dū　　　～市　　首～　　　大～(大多)

堆 duī(统读)

吨 dūn(统读)

盾 dùn(统读)

多 duō(统读)

咄 duō(统读)

掇(一) duō("拾取、采取"义)

　(二) duo　　　　撺～　　掇～

裰 duō(统读)

踱 duó(统读)

度 duó　　　　　　忖～　　～德量力

E

婀 ē(统读)

F

伐 fá(统读)

阀 fá(统读)

砝 fǎ(统读)
法 fǎ(统读)
发 fà　　　　　理～　　脱～　　结～
帆 fān(统读)
藩 fān(统读)
梵 fàn(统读)
坊(一) fāng　　牌～　　～巷
　(二) fáng　　粉～　　磨～　　碾～
　　　　　　　 染～　　油～　　谷～
妨 fáng(统读)
防 fáng(统读)
肪 fáng(统读)
沸 fèi(统读)
汾 fén(统读)
讽 fěng(统读)
肤 fū(统读)
敷 fū(统读)
俘 fú(统读)
浮 fú(统读)
服 fú　　　　　～毒　　～药
拂 fú(统读)
辐 fú(统读)
幅 fú(统读)
甫 fǔ(统读)
复 fù(统读)
缚 fù(统读)

G

噶 gá(统读)
冈 gāng(统读)

刚 gāng(统读)
岗 gǎng　　　　　～楼　　～哨　　～子
　　　　　　　　门～　　站～　　山～子
港 gǎng(统读)
葛(一) gé　　　　～藤　　～布　　瓜～
　(二) gě〔姓〕(包括单、复姓)
隔 gé(统读)
革 gé　　　　　　～命　　～新　　改～
合 gě(一升的十分之一)
给(一) gěi(语)单用。
　(二) jǐ(文)　　补～　　供～　　供～制
　　　　　　　　～予　　配～　　自～自足
亘 gèn(统读)
更 gēng　　　　　五～　　～生
颈 gěng　　　　　脖～子
供(一) gōng　　　～给　　提～　　～销
　(二) gòng　　　口～　　翻～　　上～
佝 gōu(统读)
枸 gǒu　　　　　～杞
勾 gòu　　　　　～当
估(除"～衣"读 gù 外,都读 gū)
骨(除"～碌""～朵"读 gū 外,都读 gǔ)
谷 gǔ　　　　　　～雨
锢 gù(统读)
冠(一) guān(名物义)　　　～心病
　(二) guàn(动作义)　　　沐猴而～　　～军
犷 guǎng(统读)
庋 guǐ(统读)
桧(一) guì〔树名〕

(二) huì[人名]"秦~"。

刽 guì(统读)

聒 guō(统读)

蝈 guō(统读)

过(除姓氏读 guō 外,都读 guò)

H

虾 há	~蟆		
哈(一) hǎ	~达		
(二) hà	~什蚂		
汗 hán	可~		
巷 hàng	~道		
号 háo	寒~虫		
和(一) hè	唱~	附~	曲高~寡
(二) huo	搀~	搅~	暖~
	热~	软~	
貉(一) hé(文)	一丘之~		
(二) háo(语)	~绒	~子	

壑 hè(统读)

褐 hè(统读)

| 喝 hè | ~彩 | ~道 | ~令 |
| | ~止 | 呼幺~六 | |

鹤 hè(统读)

黑 hēi(统读)

亨 hēng(统读)

| 横(一) héng | ~肉 | ~行霸道 | |
| (二) hèng | 蛮~ | ~财 | |

訇 hōng(统读)

| 虹(一) hóng(文) | ~彩 | ~吸 | |
| (二) jiàng(语)单说。 | | | |

讧 hòng(统读)
囫 hú(统读)
瑚 hú(统读)
蝴 hú(统读)
桦 huà(统读)
徊 huái(统读)
踝 huái(统读)
浣 huàn(统读)
黄 huáng(统读)
荒 huang　　　　饥~(指经济困难)
晦 huì(统读)
贿 huì(统读)
会 huì　　　　一~儿　　多~儿
　　　　　　　~厌(生理名词)
混 hùn　　　　~合　　~乱　　~凝土
　　　　　　　~淆　　~血儿　　~杂
蠖 huò(统读)
霍 huò(统读)
豁 huò　　　　~亮
获 huò(统读)

J

羁 jī(统读)
击 jī(统读)
奇 jī　　　　~数
芨 jī(统读)
缉 (一) jī　　　通~　　侦~
　　(二) qī　　　~鞋口
几 jī　　　　茶~　　条~
圾 jī(统读)

戢 jí(统读)
疾 jí(统读)
汲 jí(统读)
棘 jí(统读)
藉 jí   狼~(籍)
嫉 jí(统读)
脊 jí(统读)
纪(一) jǐ〔姓〕
　(二) jì   ~念   ~律   纲~
                    ~元
偈 jì   ~语
绩 jì(统读)
迹 jì(统读)
寂 jì(统读)
笈 jí   笈~
辑 jí   逻~
茄 jiā   雪~
夹 jiā   ~带藏掖 ~道儿   ~攻
                    ~棍   ~生   ~杂
                    ~竹桃   ~注
浃 jiā(统读)
甲 jiǎ(统读)
歼 jiān(统读)
鞯 jiān(统读)
间(一) jiān   ~不容发   中~
　(二) jiàn   中~儿   ~道   ~谍
                    ~断   ~或   ~接
                    ~距   ~隙   ~续
                    ~阻   ~作   挑拨离~

趼 jiǎn(统读)

俭 jiǎn(统读)

缰 jiāng(统读)

膙 jiǎng(统读)

嚼（一）jiáo(语)　　　味同～蜡　　咬文～字

　　（二）jué(文)　　　咀～　　　过屠门而大～

　　（三）jiào　　　　　倒～(倒嚼)

侥 jiǎo　　　　　　　　～幸

角（一）jiǎo　　　　　　八～(大茴香)　～落

　　　　　　　　　　　独～戏

　　　　　　　　　　　～膜　　～度　　　～儿(犄角)

　　　　　　　　　　　～楼　　勾心斗～　号～

　　　　　　　　　　　口～(嘴～)鹿～菜　头～

　　（二）jué　　　　　～斗　　～儿(脚色)　口～(吵嘴)

　　　　　　　　　　　主～儿　配～儿　～力

　　　　　　　　　　　捧～儿

脚（一）jiǎo　　　　　　根～

　　（二）jué　　　　　～儿(也作"角儿"，脚色)

剿（一）jiǎo　　　　　　围～

　　（二）chāo　　　　　～说　　～袭

校 jiào　　　　　　　　～勘　　～样　　　～正

较 jiào(统读)

酵 jiào(统读)

嗟 jiē(统读)

疖 jiē(统读)

结(除"～了个果子""开花～果""～巴""～实"念 jiē 之外，其他都念 jié)

睫 jié(统读)

芥（一）jiè　　　　　　～菜（一般的芥菜）　～末

(二) gài	~菜(也作"盖菜")		~蓝菜
矜 jīn	~持	自~	~怜
仅 jǐn	~~	绝无~有	
谨 jǐn(统读)			
觐 jìn(统读)			
浸 jìn(统读)			
斤 jin	千~(起重的工具)		
茎 jīng(统读)			
粳 jīng(统读)			
鲸 jīng(统读)			
境 jìng(统读)			
痉 jìng(统读)			
劲 jìng	刚~		
窘 jiǒng(统读)			
究 jiū(统读)			
纠 jiū(统读)			
鞠 jū(统读)			
鞫 jū(统读)			
掬 jū(统读)			
苴 jū(统读)			
咀 jǔ	~嚼		
矩(一) jǔ	~形		
(二) ju	规~		
俱 jù(统读)			
龟 jūn	~裂(也作"皲裂")		
菌(一) jūn	细~	病~	杆~
	霉~		
(二) jùn	香~	~子	
俊 jùn(统读)			

K

卡（一）kǎ	~宾枪	~车	~介苗
	~片	~通	
（二）qiǎ	~子	关~	

揩 kāi(统读)
慨 kǎi(统读)
忾 kài(统读)
勘 kān(统读)

| 看 kān | ~管 | ~护 | ~守 |

慷 kāng(统读)
拷 kǎo(统读)

| 坷 kē | ~拉（垃） | | |

疴 kē(统读)

壳（一）ké(语)	~儿	贝~儿	脑~
	驳~枪		
（二）qiào(文)	地~	甲~	躯~
可（一）kě	~~儿的		
（二）kè	~汗		

恪 kè(统读)
刻 kè(统读)

克 kè	~扣		
空（一）kōng	~心砖	~城计	
（二）kòng	~心吃药		

眍 kōu(统读)
矻 kū(统读)
酷 kù(统读)
框 kuàng(统读)
矿 kuàng(统读)
傀 kuǐ(统读)

溃（一）kuì　　　　　～烂
　　（二）huì　　　　～脓
篑 kuì(统读)
括 kuò(统读)

L

垃 lā(统读)
邋 lā(统读)
罱 lǎn(统读)
缆 lǎn(统读)
蓝 lan　　　　　　苤～
琅 láng(统读)
捞 lāo(统读)
劳 láo(统读)
醪 láo(统读)
烙（一）lào　　　　～印　　　～铁　　　～饼
　　（二）luò　　　炮～（古酷刑）
勒（一）lè(文)　　～逼　　　～令　　　～派
　　　　　　　　　～索　　　悬崖～马
　　（二）lēi(语)多单用。
擂（除"～台""打～"读 lèi 外，都读 léi）
礌 léi(统读)
羸 léi(统读)
蕾 lěi(统读)
累（一）lèi(辛劳义，如"受～"〔受劳～〕)
　　（二）léi(如"～赘"）
　　（三）lěi(牵连义，如"带～""～及""连～""赔～""牵～""受～"[受牵累])
蠡（一）lí　　　　　管窥～测
　　（二）lǐ　　　　～县　　　范～

喱 lí(统读)
连 lián(统读)
敛 liǎn(统读)
恋 liàn(统读)
量(一) liàng　　　～入为出　忖～
　(二) liang　　　　打～　　掂～
踉 liàng　　　～跄
潦 liáo　　　～草　　～倒
劣 liè(统读)
捩 liè(统读)
趔 liè(统读)
拎 līn(统读)
遴 lín(统读)
淋(一) lín　　　～浴　　～漓　　～巴
　(二) lìn　　　～硝　　～盐　　～病
蛉 líng(统读)
榴 liú(统读)
馏(一) liú(文)　如"干～""蒸～"
　(二) liù(语)　如"～馒头"。
镏 liú　　　～金
碌 liù　　　～碡
笼(一) lóng(名物义)　～子　　牢～
　(二) lǒng(动作义)　～络　　～括　　～统
　　　　　　　　　　～罩
偻(一) lóu　　　佝～
　(二) lǚ　　　伛～
䁖 lou　　　眍～
虏 lǔ(统读)
掳 lǔ(统读)

露(一) lù(文)　　　　赤身~体　　~天　　　　~骨
　　　　　　　　　　~头角　　藏头~尾　　抛头~面
　　　　　　　　　　~头(矿)
　(二) lòu(语)　　　~富　　　~苗　　　　~光
　　　　　　　　　　~相　　　~马脚　　　~头
栌 lú(统读)
捋(一) lǚ　　　　　~胡子
　(二) luō　　　　~袖子
绿(一) lǜ(语)
　(二) lù(文)　　　~林　　　鸭~江
孪 luán(统读)
挛 luán(统读)
掠 lüè(统读)
囵 lún(统读)
络 luò　　　　　　~腮胡子
落(一) luò(文)　　~膘　　　~花生　　　~魄
　　　　　　　　　　涨~　　　~槽　　　　着~
　(二) lào(语)　　~架　　　~色　　　　~炕
　　　　　　　　　　~枕　　　~儿
　　　　　　　　　　~子(一种曲艺)
　(三) là(语),遗落义。　　　丢三~四　　~在后面

M

脉(除"~~"念 mòmò 外,一律念 mài)
漫 màn(统读)
蔓(一) màn(文)　　~延　　　不~不枝
　(二) wàn(语)　　瓜~　　　压~
牤 māng(统读)
氓 máng
芒 máng(统读)

铆 mǎo(统读)

瑁 mào(统读)

虻 méng(统读)

盟 méng(统读)

祢 mí(统读)

眯(一) mí　　　　～了眼(灰尘等入目,也作"迷")
　(二) mī　　　　～了一会儿(小睡)
　　　　　　　　　～缝着眼(微微合目)

靡(一) mí　　　　～费
　(二) mǐ　　　　风～　　　委～　　　披～

秘(除"～鲁"读 bì 外,都读 mì)

泌(一) mì(语)　　分～
　(二) bì(文)　　～阳〔地名〕

娩 miǎn(统读)

缈 miǎo(统读)

皿 mǐn(统读)

闽 mǐn(统读)

茗 míng(统读)

酩 mǐng(统读)

谬 miù(统读)

摸 mō(统读)

模(一) mó　　　　～范　　～式　　～型
　　　　　　　　　～糊　　～特儿　～棱两可
　(二) mú　　　　～子　　～具　　～样

膜 mó(统读)

摩 mó　　　　　　按～　　抚～

嬷 mó(统读)

墨 mò(统读)

糖 mò(统读)

沫 mò(统读)

缪 móu　　　　　　绸～

N

难 (一) nán　　　　困～(或变轻声)
　　　　　　　　　～兄～弟(难得的兄弟,现多用作贬义)
　　(二) nàn　　　排～解纷　发～　　　刁～
　　　　　　　　　责～
　　　　　　　　　～兄～弟(共患难或同受苦难的人)

蝻 nǎn(统读)

蛲 náo(统读)

讷 nè(统读)

馁 něi(统读)

嫩 nèn(统读)

恁 nèn(统读)

妮 nī(统读)

拈 niān(统读)

鲇 nián(统读)

酿 niàng(统读)

尿 (一) niào　　　糖～病
　　(二) suī(只用于口语名词)　尿(niào)～　～脬

嗫 niè(统读)

宁 (一) níng　　　安～
　　(二) nìng　　　～可　　无～　　　〔姓〕

忸 niǔ(统读)

脓 nóng(统读)

弄 (一) nòng　　　玩～
　　(二) lòng　　　～堂

暖 nuǎn(统读)

衄 nǜ(统读)

疟（一）nüè（文）　　～疾
　（二）yào（语）　　发～子
娜（一）nuó　　　　婀～　　袅～
　（二）nà（人名）

O

殴 ōu（统读）
呕 ǒu（统读）

P

杷 pá（统读）
琶 pá（统读）
牌 pái（统读）
排 pǎi　　　　　　～子车
迫 pǎi　　　　　　～击炮
湃 pài（统读）
爿 pán（统读）
胖 pán　　　　　　心广体～（～为安舒貌）
蹒 pán（统读）
畔 pàn（统读）
乓 pāng（统读）
滂 pāng（统读）
脬 pāo（统读）
胚 pēi（统读）
喷（一）pēn　　　　～嚏
　（二）pèn　　　　～香
　（三）pen　　　　嚏～
澎 péng（统读）
坯 pī（统读）
披 pī（统读）
匹 pǐ（统读）

僻 pì(统读)
譬 pì(统读)
片(一) piàn　　　　～子　　　唱～　　　画～
　　　　　　　　　相～　　　影～　　　～儿会
　　(二) piān(口语一部分词)　～子　　　～儿
　　　　　　　　　唱～儿　　画～儿　　相～儿
　　　　　　　　　影～儿

剽 piāo(统读)
缥 piāo　　　　　～缈(飘渺)
撇 piē　　　　　～弃
聘 pìn(统读)
乒 pīng(统读)
颇 pō(统读)
剖 pōu(统读)
仆(一) pū　　　　前～后继
　　(二) pú　　　～从
扑 pū(统读)
朴(一) pǔ　　　　俭～　　　～素　　　～质
　　(二) pō　　　～刀
　　(三) pò　　　～硝　　　厚～
蹼 pǔ(统读)
瀑 pù　　　　　　～布
曝(一) pù　　　　一～十寒
　　(二) bào　　～光(摄影术语)

Q

栖 qī　　　　　　两～
戚 qī(统读)
漆 qī(统读)
期 qī(统读)

蹊 qī	~跷			
蛴 qí(统读)				
畦 qí(统读)				
萁 qí(统读)				
骑 qí(统读)				
企 qǐ(统读)				
绮 qǐ(统读)				
杞 qǐ(统读)				
憩 qì(统读)				
洽 qià(统读)				
签 qiān(统读)				
潜 qián(统读)				
荨(一) qián(文)	~麻			
（二） xún(语)	~麻疹			
嵌 qiàn(统读)				
欠 qian	打哈~			
戕 qiāng(统读)				
镪 qiāng	~水			
强(一) qiáng	~渡	~取豪夺	~制	
	博闻~识			
（二） qiǎng	勉~	牵~	~词夺理	
	~迫	~颜为笑		
（三） jiàng	倔~			
襁 qiǎng(统读)				
跄 qiàng(统读)				
悄(一) qiāo	~~儿的			
（二） qiǎo	~默声儿的			
橇 qiāo(统读)				
翘(一) qiào(语)	~尾巴			

(二) qiáo(文)　　～首　　～楚　　连～
怯 qiè(统读)
挈 qiè(统读)
趄 qie　　　趔～
侵 qīn(统读)
衾 qīn(统读)
噙 qín(统读)
倾 qīng(统读)
亲 qìng　　　～家
穹 qióng(统读)
黢 qū(统读)
曲(麯)qū　　　大～　　红～　　神～
渠 qú(统读)
瞿 qú(统读)
蠼 qú(统读)
苣 qǔ　　　～荬菜
龋 qǔ(统读)
趣 qù(统读)
雀 què　　　～斑　　～盲症

R

髯 rán(统读)
攘 rǎng(统读)
桡 ráo(统读)
绕 rào(统读)
任 rén〔姓,地名〕
妊 rèn(统读)
扔 rēng(统读)
容 róng(统读)
糅 róu(统读)

茹 rú(统读)
孺 rú(统读)
蠕 rú(统读)
辱 rǔ(统读)
挼 ruó(统读)

S

靸 sǎ(统读)
噻 sāi(统读)
散(一) sǎn　　　　懒～　　零零～～　　～漫
　(二) sàn　　　　零～
丧 sāng　　　　　哭～着脸
扫(一) sǎo　　　　～兴
　(二) sào　　　　～帚
埽 sào(统读)
色(一) sè(文)
　(二) shǎi(语)
塞(一) sè(文)动作义。
　(二) sāi(语)名物义，如："活～""瓶～"；动作义，如："把洞～住"。
森 sēn(统读)
煞(一) shā　　　　～尾　　收～
　(二) shà　　　　～白
啥 shá(统读)
厦(一) shà(语)
　(二) xià(文)　　～门　　噶～
杉(一) shān(文)　紫～　　红～　　　水～
　(二) shā(语)　　～篙　　～木
衫 shān(统读)
姗 shān(统读)

苫(一) shàn(动作义,如"～布")
（二）shān(名物义,如"草～子")
墒 shāng(统读)
猞 shē(统读)
舍 shè　　　　　　宿～
慑 shè(统读)
摄 shè(统读)
射 shè(统读)
谁 shéi,又音 shuí
娠 shēn(统读)
什(甚)shén　　　～么
蜃 shèn(统读)
葚(一) shèn(文)　　桑～
（二）rèn(语)　　桑～儿
胜 shèng(统读)
识 shí　　　常～　　～货　　　～字
似 shì　　　～的
室 shì(统读)
螫(一) shì(文)
（二）zhē(语)
匙 shi　　　　钥～
殊 shū(统读)
蔬 shū(统读)
疏 shū(统读)
叔 shū(统读)
淑 shū(统读)
菽 shū(统读)
熟(一) shú(文)
（二）shóu(语)

署 shǔ(统读)
曙 shǔ(统读)
漱 shù(统读)
戍 shù(统读)
蟀 shuài(统读)
孀 shuāng(统读)
说 shuì　　　　　　游～
数 shuò　　　　　　～见不鲜
硕 shuò(统读)
朔 shuò(统读)
艘 sōu(统读)
嗾 sǒu(统读)
速 sù(统读)
塑 sù(统读)
虽 suī(统读)
绥 suí(统读)
髓 suǐ(统读)
遂(一) suì　　　　不～　　毛～自荐
　(二) suí　　　　半身不～
隧 suì(统读)
隼 sǔn(统读)
莎 suō　　　　　　～草
缩(一) suō　　　　收～
　(二) sù　　　　　～砂密(一种植物)
唆 suō(统读)
索 suǒ(统读)

T

趿 tā(统读)
鳎 tǎ(统读)

獭 tǎ(统读)
沓(一) tà   重～
  (二) ta   疲～
  (三) dá   一～纸
苔(一) tái(文)
  (二) tāi(语)
探 tàn(统读)
涛 tāo(统读)
悌 tì(统读)
佻 tiāo(统读)
调 tiáo   ～皮
帖(一) tiē   妥～   伏伏～～   俯首～耳
  (二) tiě   请～   字～儿
  (三) tiè   字～   碑～
听 tīng(统读)
庭 tíng(统读)
骰 tóu(统读)
凸 tū(统读)
突 tū(统读)
颓 tuí(统读)
蜕 tuì(统读)
臀 tún(统读)
唾 tuò(统读)

W

娲 wā(统读)
挖 wā(统读)
瓦 wà   ～刀
喎 wāi(统读)
蜿 wān(统读)

玩 wán(统读)
惋 wǎn(统读)
脘 wǎn(统读)
往 wǎng(统读)
忘 wàng(统读)
微 wēi(统读)
巍 wēi(统读)
薇 wēi(统读)
危 wēi(统读)
韦 wéi(统读)
违 wéi(统读)
唯 wéi(统读)
圩(一) wéi　　　～子
　(二) xū　　　～(墟)场
纬 wěi(统读)
委 wěi　　　　～靡
伪 wěi(统读)
萎 wěi(统读)
尾(一) wěi　　～巴
　(二) yǐ　　　马～儿
尉 wèi　　　　～官
文 wén(统读)
闻 wén(统读)
紊 wěn(统读)
喔 wō(统读)
蜗 wō(统读)
硪 wò(统读)
诬 wū(统读)
梧 wú(统读)

牾 wǔ(统读)
乌 wù　　　　　　　～拉(也作"靰鞡")　　～拉草
杌 wù(统读)
鹜 wù(统读)

X

夕 xī(统读)
汐 xī(统读)
晰 xī(统读)
析 xī(统读)
皙 xī(统读)
昔 xī(统读)
溪 xī(统读)
悉 xī(统读)
熄 xī(统读)
蜥 xī(统读)
螅 xī(统读)
惜 xī(统读)
锡 xī(统读)
樨 xī(统读)
袭 xí(统读)
檄 xí(统读)
峡 xiá(统读)
暇 xiá(统读)
吓 xià　　　　　　　杀鸡～猴
鲜 xiān　　　　　　　屡见不～　　数见不～
锨 xiān(统读)
纤 xiān　　　　　　　～维
涎 xián(统读)
弦 xián(统读)

陷 xiàn(统读)
霰 xiàn(统读)
向 xiàng(统读)
相 xiàng　　　～机行事
淆 xiáo(统读)
哮 xiào(统读)
些 xiē(统读)
颉 xié　　　～颃
携 xié(统读)
偕 xié(统读)
挟 xié(统读)
械 xiè(统读)
馨 xīn(统读)
囟 xìn(统读)
行 xíng　　　操～　德～　发～
　　　　　　品～
省 xǐng　　　内～　反～　～亲
　　　　　　不～人事
芎 xiōng(统读)
朽 xiǔ(统读)
宿 xiù　　　星～　二十八～
煦 xù(统读)
蓿 xu　　　苜～
癣 xuǎn(统读)
削(一) xuē(文)　剥～　～减　瘦～
　(二) xiāo(语)　切～　～铅笔　～球
穴 xué(统读)
学 xué(统读)
雪 xuě(统读)

血(一) xuè(文)用于复音词及成语,如"贫～""心～""呕心沥～""～泪史""狗～喷头"等。
　(二) xiě(语)口语多单用,如"流了点儿～"及几个口语常用词,如:"鸡～""～晕""～块子"等。

谑 xuè(统读)
寻 xún(统读)
驯 xùn(统读)
逊 xùn(统读)
熏 xùn　　　　　　煤气～着了
徇 xùn(统读)
殉 xùn(统读)
蕈 xùn(统读)

Y

押 yā(统读)
崖 yá(统读)
哑 yǎ　　　　　　～然失笑
亚 yà(统读)
殷 yān　　　　　　～红
芫 yán　　　　　　～荽
筵 yán(统读)
沿 yán(统读)
焰 yàn(统读)
夭 yāo(统读)
肴 yáo(统读)
杳 yǎo(统读)
舀 yǎo(统读)
钥(一) yào(语)　　～匙
　(二) yuè(文)　　锁～
曜 yào(统读)

耀 yào(统读)
椰 yē(统读)
噎 yē(统读)
叶 yè　　　　　　～公好龙
曳 yè　　　　　　弃甲～兵　　摇～　　　～光弹
屹 yì(统读)
轶 yì(统读)
谊 yì(统读)
懿 yì(统读)
诣 yì(统读)
艾 yì　　　　　　自怨自～
荫 yìn(统读)("树～""林～道"应作"树阴""林阴道")
应(一) yīng　　　～届　　～名儿　　～许
　　　　　　　　提出的条件他都～了
　　　　　　　　是我～下来的任务
　(二) yìng　　　～承　　～付　　～声
　　　　　　　　～时　　～验　　～邀
　　　　　　　　～用　　～运　　～征
　　　　　　　　里～外合
萦 yíng(统读)
映 yìng(统读)
佣 yōng　　　　　～工
庸 yōng(统读)
臃 yōng(统读)
壅 yōng(统读)
拥 yōng(统读)
踊 yǒng(统读)
咏 yǒng(统读)
泳 yǒng(统读)

莠 yǒu(统读)
愚 yú(统读)
娱 yú(统读)
愉 yú(统读)
伛 yǔ(统读)
屿 yǔ(统读)
吁 yù　　　　　　呼～
跃 yuè(统读)
晕(一) yūn　　　　～倒　　头～
　(二) yùn　　　　月～　　血～　　～车
酝 yùn(统读)

Z

匝 zā(统读)
杂 zá(统读)
载(一) zǎi　　　　登～　　记～
　(二) zài　　　　搭～　　怨声～道　　重～
　　　　　　　　　装～　　～歌～舞
簪 zān(统读)
咱 zán(统读)
暂 zàn(统读)
凿 záo(统读)
择(一) zé　　　　选～
　(二) zhái　　　～不开　　～菜　　～席
贼 zéi(统读)
憎 zēng(统读)
甑 zèng(统读)
喳 zhā　　　　　唧唧～～
轧(除"～钢""～辊"念 zhá 外,其他都念 yà)(gá 为方言,不审)
摘 zhāi(统读)

粘 zhān ~贴
涨 zhǎng ~落 高~
着(一) zháo ~慌 ~急 ~家
 ~凉 ~忙 ~迷
 ~水 ~雨
 (二) zhuó ~落 ~手 ~眼
 ~意 ~重 不~边际
 (三) zhāo 失~
沼 zhǎo(统读)
召 zhào(统读)
遮 zhē(统读)
蛰 zhé(统读)
辙 zhé(统读)
贞 zhēn(统读)
侦 zhēn(统读)
帧 zhēn(统读)
胗 zhēn(统读)
枕 zhěn(统读)
诊 zhěn(统读)
振 zhèn(统读)
知 zhī(统读)
织 zhī(统读)
脂 zhī(统读)
植 zhí(统读)
殖(一) zhí 繁~ 生~ ~民
 (二) shi 骨~
指 zhǐ(统读)
掷 zhì(统读)
质 zhì(统读)

蛭 zhì(统读)
秩 zhì(统读)
栉 zhì(统读)
炙 zhì(统读)
中 zhōng　　　　　人～(人口上唇当中处)
种 zhòng　　　　　点～(义同"点播"。动宾结构念diǎnzhǒng,义为点播种子)
诌 zhōu(统读)
骤 zhòu(统读)
轴 zhòu　　　　　大～子戏　压～子
碡 zhou　　　　　碌～
烛 zhú(读)
逐 zhú(统读)
属 zhǔ　　　　　～望
筑 zhù(统读)
著 zhù　　　　　土～
转 zhuǎn　　　　运～
撞 zhuàng(统读)
幢(一) zhuàng　　一～楼房
　(二) chuáng　　经～(佛教所设刻有经咒的石柱)
拙 zhuō(统读)
茁 zhuó(统读)
灼 zhuó(统读)
卓 zhuó(统读)
综 zōng　　　　　～合
纵 zòng(统读)
粽 zòng(统读)
镞 zú(统读)
组 zǔ(统读)

钻（一）zuān ～探 ～孔
（二）zuàn ～床 ～杆 ～具
佐 zuǒ（统读）
唑 zuò（统读）
柞（一）zuò ～蚕 ～绸
（二）zhà ～水（在陕西）
做 zuò（统读）
作（除"～坊"读 zuō 外，其余都读 zuò）

三、常用多音多义字表

阿	ā	～訇 ～姨		ē	～附 ～谀 ～胶
挨	āi	～个 ～近		ái	～打 ～说
熬	áo	～夜 苦～		āo	～白菜
拗	ào	～口		niù	执～ 脾气很～
	ǎo	～断			
扒	bā	～拉 ～皮		pá	～手 ～鸡 ～痒痒
把	bà	印～子		bǎ	～握
膀	bǎng	翅～		pāng	～肿
	páng	～胱			
蚌	bàng	河～		bèng	～埠
磅	bàng	过～		páng	～礴
堡	bǎo	碉～ ～垒		bǔ	～子 瓦窑～
暴	bào	～露		pù	一～（曝）十寒
背	bèi	～景		bēi	～包袱
奔	bēn	～跑 ～丧 私～		bèn	投～这里了 ～六十了
绷	bēng	～带 ～直		běng	～着脸 ～住劲
辟	bì	复～		pì	开～
裨	bì	～补 ～益		pí	～将（副将）
扁	biǎn	～担		piān	～舟
便	biàn	方～ 顺～ ～说		pián	～宜
骠	biāo	黄～马		piào	～骑 ～勇
屏	bǐng	～气 ～息		píng	～幕 ～风
别	bié	用于其他义项		biè	～扭
瘪	biě	干～ ～嘴		biē	～三
并	bìng	合～		Bīng	（太原市别称）
泊	bó	淡～ 飘～ 停～		pō	湖～ 血～

伯	bó	老~ ~伯(bo)		bǎi	大~子(丈夫的哥哥)
簸	bǒ	颠~		bò	~箕
参	cān	~加		shēn	人~
	cēn	~差			
藏	cáng	矿~		zàng	宝~
叉	chā	~子 ~鱼		chá	~住
	chǎ	~腿		chà	劈~
查	chá	检~ 调~ ~字典		Zhā	(用于姓氏)
拆	chāi	~卸 ~毁		cā	~烂污
颤	chàn	~动 发~		zhàn	~栗(战栗) 打~(打战)
长	cháng	~短 ~处 擅~ ~此以往			
	zhǎng	年~ ~兄 ~辈 首~ 生~			
场	chǎng	~合 捧~		cháng	~院 一~雨
嘲	cháo	~讽 ~笑		zhāo	嘲哳
车	chē	闭门造~		jū	(象棋棋子名称)
称	chèn	~心 ~职 对~ 相~			
	chēng	名~ ~赞		chèng	同秤,待规范
乘	chéng	~便 ~风波浪 ~客		shèng	史乘 千乘之国
尺	chǐ	~寸 ~头			
	chě	民族音乐中音阶的一级相当于简谱的"2"(ruai)			
冲	chòng	~床 ~模			
	chōng	首当其冲 气冲霄汉 冲账			
朝	cháo	其它义项		zhāo	~阳 今~
仇	chóu	疾恶如~ 报~雪恨		Qiú	(专用于姓氏)
臭	chòu	~味		xiù	乳~ 铜~
处	chǔ	~罚 ~分 ~理 ~女		chù	处所
畜	chù	家~ 牲~ 幼~		xù	~产 ~牧 ~养
揣	chuāi	~摩 姓~		chuāi	~在怀里
	chuài	挣~			

传	chuán	～阅 ～授 ～播 ～情	zhuàn	经～ 列～《水浒～》
创	chǎng	～举 首～ ～造 ～作	chuāng	～伤
绰	chuò	～～有余	chāo	绰起一根棍子
伺	cì	～候	sì	～机 窥～
刺	cì	～穿 ～杀 ～耳 名～	cī	～溜
枞	cōng	树～	Zōng	～阳（地名）
攒	cuán	万头～动 万箭～心	zǎn	积～ ～钱
撮	cuō	一～儿盐 一～儿匪帮	zuǒ	一～儿毛
答	dá	报～ ～复	dā	～理 ～应
打	dá	苏～ 一～（十二个）	dǎ	～击
大	dà	～小		
	dài	～夫（医生）～王（如山～王）		
待	dài	等～ 对～ 招～ 自不～言		
	dāi	～会儿		
单	dān	简～ ～身 名～ ～薄	Shàn	～县 姓～
	chán	～于		
掸	dǎn	～衣服 把桌子～干净	Shàn	～族
弹	dàn	～弓 ～丸之地 枪～	tán	～射 ～性 ～簧
当	dāng	～然	dàng	适～
倒	dǎo	颠～ 潦～	dào	～退
得	dé	不～ ～到		
	děi	可～ 还～ 就～ 准～迟到		
氐	dī	〔古民族名〕（二十八星宿之一）		
	dǐ	根本		
提	dī	～防	tí	～高
翟	dí	指"长尾的野鸡"和姓氏：墨～		
	Zhái	专用于姓氏 姓～		
的	dí	～当 ～确	dì	众矢之～
佃	diàn	～户 租～ 退～	tián	～作

钉	dīng	~子		dìng	~扣子
斗	dǒu	一~米 车载~量 北~	dòu	~争 ~殴 ~牛 ~智
都	dōu	~来了		dū	~市 首~
读	dú	~书 选~ 走~		dòu	句~
肚	dù	腿~子		dǔ	羊~儿
囤	dùn	粮~		tún	~积
顿	dùn	停~ ~首 ~时 困~	dú	冒(mò)~
度	duó	忖~ ~德量力		dù	程~
垛	duǒ	门~子		duò	~成~(duǒ)
恶	è	首~		wù	可~ 好~ 厌~
	ě	~心			
发	fà	理~ 脱~ 结~	fā	~生
番	fān	轮~ ~茄		pān	~禺
繁	fán	~华 ~育		Pó	专用于姓氏:姓~
坊	fāng	牌~ ~巷			
	fáng	粉~ 磨~ 碾~ 染~ 油~			
菲	fēi	芳~		fěi	~薄
分	fēn	~开 ~数 三~之一	fèn	成~
缝	féng	~纫		fèng	~隙 裂~ 无~钢管
佛	fó	~教 ~法		fú	仿~ ~戾
否	fǒu	~认		pǐ	~极泰来 臧~
夫	fū	匹~ 屠~ 拉~	fú	(文言代词、助词义)
服	fú	~毒 ~药		fù	一~药(量词)
脯	fǔ	肉~ 果~		pú	胸~
父	fù	舅~		fǔ	("老年人"等义)渔~
咖	gā	~喱		kā	~啡
嘎	gā	~吱		gǎ	("脾气不好、乖僻、调皮"等义)
干	gān	~戈 ~支 ~杯 ~燥	gàn	主~ ~部 能~
杆	gān	旗~ 桅~ 电线~	gǎn	一~秤

岗	gǎng	～楼 ～哨 门～ 站～	gāng	同"冈"待规范
镐	gǎo	～头	hào	～京
葛	gé	～藤 ～布 瓜～	gě	(姓)(包括单、复姓)
革	gé	～命 ～新 改～	jí	危急:病～
搁	gē	～在桌子上 耽～	gé	～不住
蛤	gé	～蜊 文～	há	～蟆
合	gě	(一升的十分之一)	hé	～作
个	gè	～体 ～子 ～中滋味	gě	自～儿
更	gēng	五～ ～生	gèng	～加
颈	gěng	脖～子	jǐng	脖子:长～鹿
供	gōng	～给 提～ ～销	gòng	口～ 翻～ 上～
枸	gǒu	～杞	gōu	～橘(枳)
	jǔ	～橼		
勾	gòu	～当	gōu	～结
估	gù	～衣	gū	(其他词语)
骨	gū	～碌 ～朵	gǔ	(其他词语)
谷	gǔ	～雨	yù	吐～浑
观	guān	～看 乐～ 宏～	guàn	寺～
冠	guān	～心病	guàn	沐猴而～ ～军
桧	guì	树名	huì	人名,"秦～"
柜	guì	～子 掌～	jǔ	～柳
过	guō	(姓氏读法)	guò	(其他词语)
虾	há	～蟆	xiā	～米
哈	hǎ	～达	hà	～什蚂
	hā	～～大笑		
汗	hán	可～	hàn	～流浃背
吭	háng	引～高歌	kēng	一声不～
巷	hàng	～道	xiàng	街头～尾
号	háo	～叫	hào	记～

好	hǎo	～人 ～多		hào	爱～ ～哭
荷	hé	～花 ～塘		hè	～锄 为～
核	hé	～心 原子～ ～对		hú	～儿
和	hè	唱～ 附～		hú	～了（打牌用语）
	hé	～平		huó	～面
	huò	～药			
喝	hè	～采 ～令 ～止		hē	～水
横	héng	～肉 ～行霸道		hèng	蛮～ ～财
哄	hōng	～抬 ～抢		hǒng	～骗 ～人 瞒～ ～孩子
	hòng	起～ 一～而散			
红	hóng	～色 ～运 ～颜 分～		gōng	女～
侯	hóu	～门似海		hòu	闽～
哗	huá	喧～ ～众取宠		huā	水～ ～地流
华	huá	中～ ～诞 ～发 ～丽		Huà	～山 姓～
化	huà	～合 ～工 ～缘 机械～			
	huā	～费			
划	huà	～分 计～ ～拨		huá	～船 ～不着
还	huán	～原 ～嘴		hái	～有 ～干净
晃	huǎng	～眼		huàng	摇～ 摇头～脑
会	huì	一～儿 ～厌（生理名词）			
	kuài	～计			
混	hùn	～合 ～乱 ～淆 ～血儿 ～杂			
	hún	～蛋 ～水			
豁	huò	～亮		huō	～开 ～上命
	huá	～拳同"划拳"待规范			
奇	jī	～数		qí	～怪
稽	jī	无～之谈 ～留		qǐ	～首
缉	jī	通～ 侦～		qī	～鞋口
几	jī	茶～ 条～		jǐ	～个

藉	jí	狼~（籍）		jiè	~子
纪	jǐ	（姓）		jì	~念 ~律 纲~ ~元
济	jì	救~ 同舟共~ 无~于事			
	jǐ	~南 ~源			
偈	jì	~语（佛经中的唱词）		jié	~武
茄	jiā	雪~		qié	~子
夹	jiā	~带 ~棍 ~生 ~杂 ~注			
	jiá	~袄		gā	~肢窝
贾	Jiǎ	只用于姓氏：姓~		gǔ	商~
假	jiǎ	~造 ~设 ~公济私		jià	放~ 请~ 暑~ ~期
价	jià	~格 ~值 化合~ ~钱			
	jiè	~差 走~			
间	jiān	~不容发 中~			
	jiàn	~谍 ~断 挑拨离~ ~接			
监	jiān	~督 ~牢 收~		jiàn	国子~
槛	jiàn	兽~ ~车		kǎn	门~
渐	jiàn	逐~ ~次 ~入佳境		jiān	~染 东~于海
将	jiāng	~来		jiàng	~领 韩信~兵
	qiāng	古用于"愿、请"等义：~子无怒			
降	jiàng	下~ ~温			
	xiáng	投~ ~伏 劝~ ~龙伏虎			
侥	jiǎo	~幸			
	yáo	僬(jiāo)~：传说中的矮人			
角	jiǎo	~落 ~度 勾心斗~ 口~			
	jué	~斗 ~儿（脚色）配~儿 ~力			
脚	jiǎo	~底		jué	~儿 脚色
缴	jiǎo	~纳 ~械		zhuó	（专指系在箭上的丝绳）
教	jiào	~导 ~育 宗~		jiāo	~书 ~课
校	jiào	~勘 ~样 ~正		xiào	学~ 大~

结	jiē	开花～果 ～巴 ～实	jié	（其他词语）
节	jié	季～ 骨～ 春～ ～选	jiē	～子 ～骨眼儿
解	jiě	～放	jiè	起～ ～送 ～款
	xiè	～数		
芥	jiè	～菜（一般的芥菜）～末		
	gài	～蓝菜		
矜	jīn	～持 自～ ～怜	qín	古代矛柄
尽	jìn	～力 ～心 ～头 ～兴	jǐn	～管 ～快 ～量
禁	jìn	～止 拘～ 宫～		
	jīn	～受 弱不～风 忍俊不～		
劲	jìng	刚～	jìn	～头 没～ 骄傲～儿
沮	jǔ	～遏 ～丧	jù	～洳（rù）
据	jù	根～ ～点 占～ ～理力争		
	jū	拮～		
卷	juàn	画～ 上～ 阅～	juǎn	成～儿 ～起来
觉	jué	视～ ～醒	jiào	睡～ 一～醒来
倔	jué	～强	juè	～脾气 ～头倔脑
龟	jūn	～裂（也作"皲裂"）	guī	乌～
	qiū	～兹（cí）		
菌	jūn	细～ 病～ 杆～ 霉～	jùn	香～ ～子
浚	jùn	疏～ 修～ ～河	xùn	～县
卡	kǎ	～宾枪 ～车 ～片 ～通		
	qiǎ	～子 关～		
看	kān	～管 ～护 ～守	kàn	～看
扛	káng	～枪 ～东西	gāng	力能～鼎
坷	kē	～拉（垃）	kě	坎～
咳	ké	～嗽	hāi	叹词：～ 快停车！
可	kě	～～儿的 ～以	kè	～汗
空	kōng	～心砖 ～城计	kòng	～白

溃	kuì	~烂		huì	~脓
拉	lā	~车 ~练 ~二胡		lá	~了一个口子
	lǎ	半~		là	~~蛄
腊	là	~月 ~肉		xī	（古书上专指干肉）
蜡	là	石~ ~烛 ~梅		zhà	（年终祭祀的一种）
烙	lào	~印 ~铁 ~饼		luò	炮~（古酷刑）
乐	lè	快~ ~于 逗~		yuè	音~
擂	lèi	~台 打~		léi	（其他词语）
累	lěi	~积 连~ ~及 牵~		léi	~赘
	lèi	辛劳义：受~			
棱	léng	~角 三~镜 瓦~		líng	~穆
	ēng	扑~			
蠡	lí	管窥~测		lǐ	~县 范~
丽	lì	美~ 附~		lí	~水 高~
俩	liǎ	夫妇~ ~钱儿		liǎng	伎~
凉	liáng	~快 乘~		liàng	~~再喝
量	liàng	~入为出 忖~		liáng	测~
踉	liàng	~跄		liáng	跳~
撩	liāo	~起来 给花儿~上点儿水			
	liáo	~拨 春色~人			
燎	liáo	~原		liǎo	把头发~了
裂	liè	~缝 分~ 迸~		liě	~着怀
淋	lín	~浴 ~漓 ~巴		lìn	~硝 ~盐 ~病
令	lìng	~德 时~ ~尊 如梦~			
	lǐng	一~纸		Líng	（专用于"~狐"）
溜	liū	~号 滑~		liù	~墙缝
镏	liú	~金		liù	~子（戒指）
六	liù	第~		lù	（专用于"~合"和"~安"）
碌	liù	~碡		lù	忙~ ~~无为

笼	lóng	～子 牢～		lǒng	～络 ～括 ～统 ～罩
偻	lóu	佝～		lǚ	伛(yǔ)～
搂	lǒu	～抱 两～粗			
	lōu	～柴火 ～钱 把账～一～			
捋	lǚ	～胡子		luō	～袖子
络	luò	～腮胡子		lào	～子
抡	lūn	～拳 ～刀 ～起铁锤		lún	～材
纶	lún	锦～ 垂～		guān	～巾
论	lùn	立～ 讨～ ～罪		lún	(专用于《～语》)
吗	má	有～事		mǎ	～啡
蚂	mǎ	～蚁 ～蝗		mā	～螂
	mà	～蚱			
埋	mái	～葬 ～伏		mán	～怨
谩	màn	～骂		mán	欺～ ～天～地
猫	māo	小～ 你～到那儿去了		máo	～腰
冒	mào	～险 ～泡 ～失 ～认		mò	～顿(dú)
没	méi	～有 ～走		mò	～落 沉～ 埋～
闷	mèn	愁～ ～罐		mēn	～热
蒙	méng	～哄 细雨～～		mēng	～骗 瞎～ 发～
	měng	～古			
糜	mí	肉～ ～烂 侈～		méi	～子
脉	mò	～～		mài	(其他词语)
氓	máng	流～		méng	古代称百姓
眯	mí	～了眼(灰尘等入目)		mī	～了一会儿(小睡)
靡	mí	～费		mǐ	风～ 委～ 披～
秘	mì	(其他词语)		bì	～鲁
模	mó	～范 ～型 ～糊 ～棱两可			
	mú	～子 ～具 ～样			
磨	mó	折～		mò	推～

抹	mǒ	涂～ ～粉 ～泪 ～杀	mò	转弯～角 ～墙
	mā	～布 ～桌子 把帽子～下来		
牟	móu	～取 ～利	mù	～平
缪	móu	绸～	miào	姓
	miù	纰(pī)～（错误）		
姥	mǔ	（只用于"老妇"义）	lǎo	～～
哪	nǎ	～儿	né	～吒
那	nà	～棵树 ～里 ～就干	Nā	专用于姓氏：姓～
难	nán	艰～		
	nàn	～兄～弟（共患难的兄弟）		
囊	nāng	～膪	náng	行～ 胶～ ～括
宁	níng	安～	nìng	～可 勿～〔姓〕
泥	ní	～土 蒜～	nì	拘～ ～古不化
拧	nǐng	说～了 ～螺丝	níng	～毛巾 ～耳朵
	nìng	～脾气		
弄	nòng	玩～	lòng	～堂
娜	nuó	婀～ 袅～	Nà	（人名）
沤	òu	～麻	ōu	浮～
排	pǎi	～子车	pái	～列
迫	pǎi	～击炮	pò	逼～
胖	pán	心广体～（～为安舒貌）	pàng	肥～
刨	páo	～坑 ～除	bào	～桌面 ～工
炮	páo	～制	bāo	～烟叶 ～羊肉
	pào	大～ ～仗 打眼放～		
跑	pǎo	～步	páo	～槽 虎～
泡	pào	水～ ～茶 灯～	pāo	眼～ 月亮～ 一～尿
喷	pēn	～嚏	pèn	～香
劈	pī	～木头 ～面雷～	pǐ	～开 ～叉 ～玉米
缥	piāo	～缈（飘缈）	piǎo	青白色

漂	piāo	～流 ～泊		piǎo	～白 ～朱砂 ～丝绵
	piào	～亮			
撇	piē	～弃 ～油		piě	～砖头 两～胡子
仆	pū	前～后继		pú	～从
朴	pǔ	俭～ ～素 ～质		pō	～刀
	pò	～硝 厚～		Piáo	姓
铺	pū	～张 ～床		pù	～子 床～ 十里～
瀑	pù	～布		Bào	～河
曝	pù	一～十寒		bào	～光（摄影术语）
栖	qī	两～		xī	～～（不安定）
蹊	qī	～跷		xī	独辟～径
妻	qī	夫～ ～子 ～离子散		qì	（以女嫁人）：～其高徒
契	qì	～刻 ～约 默～		Xiè	（专用于商朝的祖先名）
铅	qiān	～球 ～笔		yán	～山
浅	qiǎn	搁～ ～薄 ～显		jiān	～～：流水声
呛	qiāng	～着了		qiàng	够～ 太～人了
镪	qiāng	～水		qiǎng	古代成串的钱
强	qiáng	～渡 ～制		qiǎng	勉～ 牵～ ～颜为笑
	jiàng	倔～			
悄	qiāo	～～儿的		qiǎo	～默声儿的
切	qiē	～开 ～线		qiè	～题 ～近 迫～
且	qiě	并～ 姑～ 尚～		jū	文言语气词或人名：唐～
亲	qìng	～家		qīn	～友 ～自
区	qū	～别 地～ 行政～		Ou	专用姓氏：姓～
曲	qū	大～ 红～		qǔ	歌～
苣	qǔ	～荬(mǎi)菜		jù	莴～
圈	quān	圆～ 文艺～ ～阅		juàn	猪～
	juān	～住 ～在家里			
雀	què	～斑 ～盲症		qiāo	～子（～(què)斑）

	qiǎo	家~儿（麻~）			
嚷	rǎng	叫~ ~也没用		rāng	~~
任	rén	〔姓，地名〕		rèn	信~ ~务
撒	sā	~传单 ~野		sǎ	~种 ~了一地粮食
散	sǎn	懒~ 零零~~ ~漫		sàn	~会
丧	sāng	~事		sàng	~失
扫	sǎo	~兴		sào	~帚
煞	shā	~尾 收~		shà	~白
刹	shā	~车 ~闸		chà	古~ 宝~ 一~那
沙	shā	~土 ~糖 ~哑		shà	~一~米里的~（shā）子
苫	shàn	（动作义，如"~布"）		shān	（名物义，如"草~子"）
扇	shàn	~子 门~ 两~窗户		shān	~耳光
上	sàng	~面 ~级 你先~		shǎng	~声
稍	shāo	~微 ~候 ~逊一筹		shào	~息
少	shǎo	多~ 多退~补 没~		shào	~年 阔~
蛇	shé	毒~		yí	委~
舍	shè	宿~		shě	~弃
谁	shéi			shuí	
盛	shèng	昌~ ~名 ~传 ~赞		chéng	~饭 ~不了
识	shí	赏~ ~货 ~字		zhì	标~ 博闻强~
石	shí	~头 金~		dàn	一~米
食	shí	蚕~ 绝~ 猪~ 日~		sì	~之~（shí）
	yì	鄌~其			
氏	shì	姓~ 刘张~ 摄~温度	zhī	阏~
似	shì	~的		sì	相~
匙	shi	钥~		chí	汤~
术	shù	战~		zhú	白~ 苍~
刷	shuā	~子 洗~ ~拉（象声）	shuà	~白
衰	shāi	~弱 兴~ 经久不~		cuī	等~

率	shuài	~领 草~ 坦~	lǜ	效~ 概~ 频~
说	shuì	游~	shuō	~话
	yuè	同"悦",待规范		
数	shuò	~见不鲜	shù	~目
	shǔ	~一~		
遂	suì	不~心 毛~自荐	suí	半身不~
莎	suō	~草	shā	用于人名)
缩	suō	收~	sù	~砂密(一种植物)
沓	tà	重(chóng)~ 纷至~来	dá	一~纸
踏	tà	~步 ~青 ~勘	tā	~实
台	tái	~上 锅~ 兄~ ~风	tāi	~州
倘	tǎng	~若	cháng	~佯(徜徉)
趟	tàng	一~车 不跟~ 两~柳树		
	tāng	~水 ~地		
陶	táo	~瓷 ~冶 熏~ 乐~~		
	yáo	皋~		
体	tǐ	身~ 液~ 文~ ~验	tī	~已
调	tiáo	~皮 ~侃	diào	~查
挑	tiāo	~毛病	tiǎo	~灯 ~拨
帖	tiē	妥~ 伏伏~~ 俯首~耳		
	tiě	请~ 字~儿	tiè	字~ 碑~
通	tōng	~过 疏~ ~达 ~盘	tòng	说了一~
同	tóng	~样 ~上 共~	tòng	胡~
吐	tǔ	"主动地……出来"义:~痰 ~絮 谈~		
	tù	"被动地……出来"义:呕~ ~赃		
屯	tún	~粮 ~兵 ~子	zhūn	~邅(zhān)
褪	tùn	~冬衣 ~套儿	tuì	~色 ~毛
驮	tuó	~粮食	duò	~子 一~子粮食
拓	tuò	开~	tà	~印 ~片

瓦	wà	～刀		wǎ	～房
万	wàn	～岁 ～幸			
	mò	专用于"～俟(qí)"(复姓)			
王	wáng	称～ 亲～ 王～ 猴～		wàng	～天下
圩	wéi	～子		xū	～(墟)场
为	wéi	～人正派 选～代表 ～人所笑 何以家～ 大～高兴 极～重要			
	wèi	～民请命 ～胜利干杯 ～何			
委	wěi	～靡		wēi	～蛇(yí)
尾	wěi	～巴		yǐ	马～巴
尉	wèi	～官		yù	～迟(姓) ～犁(地名)
涡	wō	漩～ 水～		guō	～河
乌	wù	～拉 ～拉草			
	wū	～鸦 ～飞兔走 ～烟瘴气			
洗	xǐ	～涤 ～礼 ～冤 ～牌		Xiǎn	专用于姓氏:姓～
系	xì	～统 维～ ～念 ～缚 解铃还需～铃人 ～狱 中文～			
	jì	～带子 ～上领扣			
铣	xǐ	～床 ～刀 ～工		xiǎn	～铁
吓	xià	杀鸡～猴		hè	恐～
鲜	xiān	屡见不～ 新～		xiǎn	～见 ～有 寡廉～耻
纤	xiān	～维		qiàn	～夫 背(bēi)纤
相	xiàng	～机行事		xiāng	互～ ～亲
肖	xiào	～像 惟妙惟～		xiāo	姓氏,同"萧"
颉	xié	～颃		jié	用于人名:仓～
芯	xīn	灯～		xìn	蜡烛～子
兴	xīng	～旺 ～兵 晨～ 不～		xìng	雅～ 酒～ 即～
行	xíng	操～ 发～ 品～		háng	～伍 排～ 银～
	hàng	树～子		héng	道～
省	xǐng	反～ ～亲 不～人事		shěng	～份 ～事 尚书～

宿	xiù	星~ 二十八~		xiǔ	一~
	sù	~舍			
旋	xuán	~转 ~绕		xuàn	~风 ~果皮 ~子
熏	xùn	煤气~着了		xūn	~鱼 烟~火燎
哑	yǎ	~然失笑		yā	咿~
殷	yān	~红		yīn	~实 ~勤 ~朝
	yǐn	象声词			
咽	yān	~喉 ~头		yàn	~唾沫 ~不下这口气
	yè	呜~ 悲~ 哽~ 泉水幽~			
燕	yàn	~子		Yān	姓~ ~国
要	yào	他~我替他写信 需~		yāo	~求 ~挟
耶	yé	是~非~			
	yē	用于译音词"~酥""~路撒冷"等			
叶	yè	~公好龙		xié	~韵
曳	yè	弃甲~兵 ~光弹 摇~		zhuài	把门~上
掖	yè	扶~ 奖~		yē	~在口袋里
衣	yī	~服 糖~炮弹		yì	~轻裘 解~(yī)~人
遗	yí	~失 ~憾 ~尿		wèi	~赠
椅	yǐ	~子 轮~		yī	(树名,即山桐子)
艾	yì	自怨自~		ài	~蒿 方兴未~
饮	yǐn	~食 ~水思源 ~恨		yìn	~马
应	yīng	~届		yìng	~付 ~邀 ~用 ~运
佣	yōng	~工		yòng	~金(回扣)
与	yǔ	赠~ 相~ ~人为善		yù	~会 ~闻
予	yǔ	授~ ~人口实		yú	(义同"我")
雨	yǔ	下~		yù	~雪
语	yǔ	~言		yù	不以~人
吁	yù	呼~			
	yū	象声词,吆喝牲口的声音			

	xū	长～ 短叹			
约	yuē	公～ 特～ ～定 简～	yāo	用秤～ 一～
晕	yūn	～倒 头～	yùn	月～ 血～ ～车
载	zǎi	登～ 记～		
	zài	搭～ 怨声～道 ～歌～舞		
脏	zāng	肮～	zàng	内～
曾	zēng	姓～ ～祖	céng	～经 未～
扎	zhā	～针 ～猛子 ～营	zhá	挣～
	zā	包～ ～裤管		
咋	zé	～舌	zǎ	～办
	zhā	～呼		
择	zé	选～	zhái	～不开 ～菜 ～席
轧	zhá	～钢 ～辊	yà	(其他词语)
炸	zhà	～弹 爆～ 气～了 ～了窝		
	zhá	～糕		
栅	zhà	～栏	shān	～极
粘	zhān	～贴	nián	姓；又同"黏"待规范
占	zhān	～卦 ～课 姓～	zhàn	～取 ～领 ～优势
涨	zhǎng	～落 高～	zhàng	头昏脑～ 豆子泡～了
着	zháo	～慌 ～急 ～凉 ～水		
	zhuó	～落 ～手 ～眼 ～重 不～边际		
	zhāo	失～	zhe	助词
折	zhé	转～ 骨～ ～扣 ～叠	shé	～了腿 ～本
	zhē	～腾 ～跟头 ～一～		
正	zhèng	～房 刚～ ～巧	zhēng	～月
症	zhèng	急～	zhēng	～结
挣	zhèng	～脱 ～钱	zhēng	～扎
只	zhǐ	～见树木 ～此一家	zhī	一～ ～言片语
中	zhōng	当～	zhòng	～肯

重	zhòng	～量 ～担 偏～	chóng	～复
种	zhòng	耕～	Chóng	（姓）
	zhǒng	～子		
属	zhǔ	～望	shǔ	亲～
爪	zhuǎ	～子	zhǎo	～牙
拽	zhuài	把门～上	zhuāi	～得老远
赚	zhuàn	～钱 ～了 没～	zuàn	～人
转	zhuǎn	运～	zhuàn	～悠
幢	zhuàng	一～楼房		
	chuáng	经～（佛教所设刻有经咒的石柱）		
琢	zhuó	～磨(mó)	zuó	～磨(mo)
兹	zī	今～ ～事 ～定于	cí	龟(qiū)～
仔	zǐ	～细	zī	～肩
	zǎi	牛～		
钻	zuān	～探 ～孔	zuàn	～床 ～杆 ～具
柞	zuò	～蚕 ～绸	zhà	～水（在陕西）
作	zuō	～坊	zuò	～业

四、普通话水平测试用必读轻声词语表(新大纲)

说 明

一、本表根据《普通话水平测试用普通话词语表》编制。

二、本表供普通话水平测试第二项——读多音节词语(100个音节)测试使用。

三、本表共收词 545 条(其中"子"尾词 206 条),按汉语拼音字母顺序排列。

四、条目中的非轻声音节只标本调,不标变调;条目中的轻声音节,注音不标调号,如:"明白 míng bai"。

1. 爱人 ài ren
2. 案子 àn zi
3. 巴掌 bā zhang
4. 把子 bǎ zi
5. 把子 bà zi
6. 爸爸 bà ba
7. 白净 bái jing
8. 班子 bān zi
9. 板子 bǎn zi
10. 帮手 bāng shou
11. 梆子 bāng zi
12. 膀子 bǎng zi
13. 棒槌 bàng chui
14. 棒子 bàng zi
15. 包袱 bāo fu
16. 包涵 bāo han
17. 包子 bāo zi
18. 豹子 bào zi
19. 杯子 bēi zi
20. 被子 bèi zi
21. 本事 běn shi
22. 本子 běn zi
23. 鼻子 bí zi
24. 比方 bǐ fang
25. 鞭子 biān zi
26. 扁担 biǎn dan
27. 辫子 biàn zi
28. 别扭 biè niu
29. 饼子 bǐng zi
30. 拨弄 bō nong
31. 脖子 bó zi
32. 簸箕 bò ji
33. 补丁 bǔ ding
34. 不由得 bù yóu de
35. 不在乎 bù zài hu
36. 步子 bù zi
37. 部分 bù fen
38. 裁缝 cái feng
39. 财主 cái zhu
40. 苍蝇 cāng ying
41. 差事 chāi shi
42. 柴火 chái huo
43. 肠子 cháng zi
44. 厂子 chǎng zi
45. 场子 chǎng zi
46. 车子 chē zi
47. 称呼 chēng hu
48. 池子 chí zi

49.尺子 chǐ zi	50.虫子 chóng zi	51.绸子 chóu zi
52.除了 chú le	53.锄头 chú tou	54.畜生 chù sheng
55.窗户 chuāng hu	56.窗子 chuāng zi	57.锤子 chuí zi
58.刺猬 cì wei	59.凑合 còu he	60.村子 cūn zi
61.耷拉 dā la	62.答应 dā ying	63.打扮 dǎ ban
64.打点 dǎ dian	65.打发 dǎ fa	66.打量 dǎ liang
67.打算 dǎ suan	68.打听 dǎ ting	69.大方 dà fang
70.大爷 dà ye	71.大夫 dài fu	72.带子 dài zi
73.袋子 dài zi	74.耽搁 dān ge	75.耽误 dān wu
76.单子 dān zi	77.胆子 dǎn zi	78.担子 dàn zi
79.刀子 dāo zi	80.道士 dào shi	81.稻子 dào zi
82.灯笼 dēng long	83.提防 dī fang	84.笛子 dí zi
85.底子 dǐ zi	86.地道 dì dao	87.地方 dì fang
88.弟弟 dì di	89.弟兄 dì xiong	90.点心 diǎn xin
91.调子 diào zi	92.钉子 dīng zi	93.东家 dōng jia
94.东西 dōng xi	95.动静 dòng jing	96.动弹 dòng tan
97.豆腐 dòu fu	98.豆子 dòu zi	99.嘟囔 dū nang
100.肚子 dǔ zi	101.肚子 dù zi	102.缎子 duàn zi
103.对付 duì fu	104.对头 duì tou	105.队伍 duì wu
106.多么 duō me	107.蛾子 é zi	108.儿子 ér zi
109.耳朵 ěr duo	110.贩子 fàn zi	111.房子 fáng zi
112.份子 fèn zi	113.风筝 fēng zheng	114.疯子 fēng zi
115.福气 fú qi	116.斧子 fǔ zi	117.盖子 gài zi
118.甘蔗 gān zhe	119.杆子 gān zi	120.杆子 gǎn zi
121.干事 gàn shi	122.杠子 gàng zi	123.高粱 gāo liang
124.膏药 gāo yao	125.稿子 gǎo zi	126.告诉 gào su
127.疙瘩 gē da	128.哥哥 gē ge	129.胳膊 gē bo
130.鸽子 gē zi	131.格子 gé zi	132.个子 gè zi
133.根子 gēn zi	134.跟头 gēn tou	135.工夫 gōng fu

136. 弓子 gōng zi 137. 公公 gōng gong 138. 功夫 gōng fu
139. 钩子 gōu zi 140. 姑姑 gū gu 141. 姑娘 gū niang
142. 谷子 gǔ zi 143. 骨头 gǔ tou 144. 故事 gù shi
145. 寡妇 guǎ fu 146. 褂子 guà zi 147. 怪物 guài wu
148. 关系 guān xi 149. 官司 guān si 150. 罐头 guàn tou
151. 罐子 guàn zi 152. 规矩 guī ju 153. 闺女 guī nü
154. 鬼子 guǐ zi 155. 柜子 guì zi 156. 棍子 gùn zi
157. 锅子 guō zi 158. 果子 guǒ zi 159. 蛤蟆 há ma
160. 孩子 hái zi 161. 含糊 hán hu 162. 汉子 hàn zi
163. 行当 háng dang 164. 合同 hé tong 165. 和尚 hé shang
166. 核桃 hé tao 167. 盒子 hé zi 168. 红火 hóng huo
169. 猴子 hóu zi 170. 后头 hòu tou 171. 厚道 hòu dao
172. 狐狸 hú li 173. 胡琴 hú qin 174. 糊涂 hú tu
175. 皇上 huáng shang 176. 幌子 huǎng zi 177. 胡萝卜 hú luó bo
178. 活泼 huó po 179. 火候 huǒ hou 180. 伙计 huǒ ji
181. 护士 hù shi 182. 机灵 jī ling 183. 脊梁 jǐ liang
184. 记号 jì hao 185. 记性 jì xing 186. 夹子 jiā zi
187. 家伙 jiā huo 188. 架势 jià shi 189. 架子 jià zi
190. 嫁妆 jià zhuang 191. 尖子 jiān zi 192. 茧子 jiǎn zi
193. 剪子 jiǎn zi 194. 见识 jiàn shi 195. 毽子 jiàn zi
196. 将就 jiāng jiu 197. 交情 jiāo qing 198. 饺子 jiǎo zi
199. 叫唤 jiào huan 200. 轿子 jiào zi 201. 结实 jiē shi
202. 街坊 jiē fang 203. 姐夫 jiě fu 204. 姐姐 jiě jie
205. 戒指 jiè zhi 206. 金子 jīn zi 207. 精神 jīng shen
208. 镜子 jìng zi 209. 舅舅 jiù jiu 210. 橘子 jú zi
211. 句子 jù zi 212. 卷子 juàn zi 213. 咳嗽 ké sou
214. 客气 kè qi 215. 空子 kòng zi 216. 口袋 kǒu dai
217. 口子 kǒu zi 218. 扣子 kòu zi 219. 窟窿 kū long
220. 裤子 kù zi 221. 快活 kuài huo 222. 筷子 kuài zi

223. 框子 kuàng zi　224. 困难 kùn nan　225. 阔气 kuò qi
226. 喇叭 lǎ ba　227. 喇嘛 lǎ ma　228. 篮子 lán zi
229. 懒得 lǎn de　230. 浪头 làng tou　231. 老婆 lǎo po
232. 老实 lǎo shi　233. 老太太 lǎo tài tai　234. 老头子 lǎo tóu zi
235. 老爷 lǎo ye　236. 老子 lǎo zi　237. 姥姥 lǎo lao
238. 累赘 léi zhui　239. 篱笆 lí ba　240. 里头 lǐ tou
241. 力气 lì qi　242. 厉害 lì hai　243. 利落 lì luo
244. 利索 lì suo　245. 例子 lì zi　246. 栗子 lì zi
247. 痢疾 lì ji　248. 连累 lián lei　249. 帘子 lián zi
250. 凉快 liáng kuai　251. 粮食 liáng shi　252. 两口子 liǎng kǒu zi
253. 料子 liào zi　254. 林子 lín zi　255. 翎子 líng zi
256. 领子 lǐng zi　257. 溜达 liu da　258. 聋子 lóng zi
259. 笼子 lóng zi　260. 炉子 lú zi　261. 路子 lù zi
262. 轮子 lún zi　263. 萝卜 luó bo　264. 骡子 luó zi
265. 骆驼 luò tuo　266. 妈妈 mā ma　267. 麻烦 má fan
268. 麻利 má li　269. 麻子 má zi　270. 马虎 mǎ hu
271. 码头 mǎ tou　272. 买卖 mǎi mai　273. 麦子 mài zi
274. 馒头 mán tou　275. 忙活 máng huo　276. 冒失 mào shi
277. 帽子 mào zi　278. 眉毛 méi mao　279. 媒人 méi ren
280. 妹妹 mèi mei　281. 门道 mén dao　282. 眯缝 mī feng
283. 迷糊 mí hu　284. 面子 miàn zi　285. 苗条 miáo tiao
286. 苗头 miáo tou　287. 名堂 míng tang　288. 名字 míng zi
289. 明白 míng bai　290. 蘑菇 mó gu　291. 模糊 mó hu
292. 木匠 mù jiang　293. 木头 mù tou　294. 那么 nà me
295. 奶奶 nǎi nai　296. 难为 nán wei　297. 脑袋 dǎo dai
298. 脑子 nǎo zi　299. 能耐 néng nai　300. 你们 nǐ men
301. 念叨 niàn dao　302. 念头 niàn tou　303. 娘家 niáng jia
304. 镊子 niè zi　305. 奴才 nú cai　306. 女婿 nǔ xu
307. 暖和 nuǎn huo　308. 疟疾 nüè ji　309. 拍子 pāi zi

310. 牌楼 pái lou
311. 牌子 pái zi
312. 盘算 pán suan
313. 盘子 pán zi
314. 胖子 pàng zi
315. 狍子 páo zi
316. 盆子 pén zi
317. 朋友 péng you
318. 棚子 péng zi
319. 脾气 pí qi
320. 皮子 pí zi
321. 痞子 pǐ zi
322. 屁股 pì gu
323. 片子 piān zi
324. 便宜 pián yi
325. 骗子 piàn zi
326. 票子 piào zi
327. 漂亮 piào liang
328. 瓶子 píng zi
329. 婆家 pó jia
330. 婆婆 pó po
331. 铺盖 pū gai
332. 欺负 qī fu
333. 旗子 qí zi
334. 前头 qián tou
335. 钳子 qián zi
336. 茄子 qié zi
337. 亲戚 qīn qi
338. 勤快 qín kuai
339. 清楚 qīng chu
340. 亲家 qìng jia
341. 曲子 qǔ zi
342. 圈子 quān zi
343. 拳头 quán tou
344. 裙子 qún zi
345. 热闹 rè nao
346. 人家 rén jia
347. 人们 rén men
348. 认识 rèn shi
349. 日子 rì zi
350. 褥子 rù zi
351. 塞子 sāi zi
352. 嗓子 sǎng zi
353. 嫂子 sǎo zi
354. 扫帚 sào zhou
355. 沙子 shā zi
356. 傻子 shǎ zi
357. 扇子 shàn zi
358. 商量 shāng liang
359. 上司 shàng si
360. 上头 shàng tou
361. 烧饼 shāo bing
362. 勺子 sháo zi
363. 少爷 shào ye
364. 哨子 shào zi
365. 舌头 shé tou
366. 身子 shēn zi
367. 什么 shén me
368. 婶子 shěn zi
369. 生意 shēng yi
370. 牲口 shēng kou
371. 绳子 shéng zi
372. 师父 shī fu
373. 师傅 shī fu
374. 虱子 shī zi
375. 狮子 shī zi
376. 石匠 shí jiang
377. 石榴 shí liu
378. 石头 shí tou
379. 时候 shí hou
380. 实在 shí zai
381. 拾掇 shí duo
382. 使唤 shǐ huan
383. 世故 shì gu
384. 似的 shì de
385. 事情 shì qing
386. 柿子 shì zi
387. 收成 shōu cheng
388. 收拾 shōu shi
389. 首饰 shǒu shi
390. 叔叔 shū shu
391. 梳子 shū zi
392. 舒服 shū fu
393. 舒坦 shū tan
394. 疏忽 shū hu
395. 爽快 shuǎng kuai
396. 思量 sī liang

397.算计 suàn ji	398.岁数 suì shu	399.孙子 sūn zi
400.他们 tā men	401.它们 tā men	402.她们 tā men
403.台子 tái zi	404.太太 tài tai	405.摊子 tān zi
406.坛子 tán zi	407.毯子 tǎn zi	408.桃子 táo zi
409.特务 tè wu	410.梯子 tī zi	411.蹄子 tí zi
412.挑剔 tiāo ti	413.挑子 tiāo zi	414.条子 tiáo zi
415.跳蚤 tiào zao	416.铁匠 tiě jiang	417.亭子 tíng zi
418.头发 tóu fa	419.头子 tóu zi	420.兔子 tù zi
421.妥当 tuǒ dang	422.唾沫 tuò mo	423.挖苦 wā ku
424.娃娃 wá wa	425.袜子 wà zi	426.晚上 wǎn shang
427.尾巴 wěi ba	428.委屈 wěi qu	429.为了 wèi le
430.位置 wèi zhi	431.位子 wèi zi	432.蚊子 wén zi
433.稳当 wěn dang	434.我们 wǒ men	435.屋子 wū zi
436.稀罕 xī han	437.席子 xí zi	438.媳妇 xí fu
439.喜欢 xǐ huan	440.瞎子 xiā zi	441.匣子 xiá zi
442.下巴 xià ba	443.吓唬 xià hu	444.先生 xiān sheng
445.乡下 xiāng xia	446.箱子 xiāng zi	447.相声 xiàng sheng
448.消息 xiāo xi	449.小伙子 xiǎo huǒ zi	450.小气 xiǎo qi
451.小子 xiǎo zi	452.笑话 xiào hua	453.谢谢 xiè xie
454.心思 xīn si	455.星星 xīng xing	456.猩猩 xīng xing
457.行李 xíng li	458.性子 xìng zi	459.兄弟 xiōng di
460.休息 xiū xi	461.秀才 xiù cai	462.秀气 xiù qi
463.袖子 xiù xi	464.靴子 xuē zi	465.学生 xué sheng
466.学问 xué wen	467.丫头 yā tou	468.鸭子 yā zi
469.衙门 yá men	470.哑巴 yǎ ba	471.胭脂 yān zhi
472.烟筒 yān tong	473.眼睛 yǎn jing	474.燕子 yàn zi
475.秧歌 yāng ge	476.养活 yǎng huo	477.样子 yàng zi
478.吆喝 yāo he	479.妖精 yāo jing	480.钥匙 yào shi
481.椰子 yē zi	482.爷爷 yé ye	483.叶子 yè zi

484.一辈子 yī bèi zi　485.衣服 yī fu　486.衣裳 yī shang
487.椅子 yǐ zi　488.意思 yì si　489.银子 yín zi
490.影子 yǐng zi　491.应酬 yìng chou　492.柚子 yòu zi
493.冤枉 yuān wang　494.院子 yuàn zi　495.月饼 yuè bing
496.月亮 yuè liang　497.云彩 yún cai　498.运气 yùn qi
499.在乎 zài hu　500.咱们 zán men　501.早上 zǎo shang
502.怎么 zěn me　503.扎实 zhā shi　504.眨巴 zhǎ ba
505.栅栏 zhà lan　506.宅子 zhái zi　507.寨子 zhài zi
508.张罗 zhāng luo　509.丈夫 zhàng fu　510.帐篷 zhàng peng
511.丈人 zhàng ren　512.帐子 zhàng zi　513.招呼 zhāo hu
514.招牌 zhāo pai　515.折腾 zhē teng　516.这个 zhè ge
517.这么 zhè me　518.枕头 zhěn tou　519.镇子 zhèn zi
520.芝麻 zhī ma　521.知识 zhī shi　522.侄子 zhí zi
523.指甲 zhǐ jia(zhī jia)　524.指头 zhǐ tou(zhí tou)　525.种子 zhǒng zi
526.珠子 zhū zi　527.竹子 zhú zi　528.主意 zhǔ yi(zhú yi)
529.主子 zhǔ zi　530.柱子 zhù zi　531.爪子 zhuǎ zi
532.转悠 zhuàn you　533.庄稼 zhuāng jia　534.庄子 zhuāng zi
535.壮实 zhuàng shi　536.状元 zhuàng yuan　537.锥子 zhuī zi
538.桌子 zhuō zi　539.字号 zì hao　540.自在 zì zai
541.粽子 zòng zi　542.祖宗 zǔ zong　543.嘴巴 zuǐ ba
544.作坊 zuō fang　545.琢磨 zuó mo

五、普通话水平测试用儿化词语表(新大纲)

说 明

1. 本表参照《普通话水平测试用普通话词语表》及《现代汉语词典》编制,加 * 的是以上二者未收,根据测试需要而酌增的条目。
2. 本表仅供普通话水平测试第二项——读多音节词语(100个音节)测试使用。本表儿化音节,在书面上一律加"儿",但并不表明所列词语在任何语用场合都必须儿化。
3. 本表共收词 189 条,按儿化韵母的汉语拼音字母顺序排列。
4. 本表列出原形韵母和所对应的儿化韵,用 > 表示条目中儿化音节的注音,只在基本形式后面加 r,如"一会儿 yī huìr",不标语音上的实际变化。

一

a>ar	刀把儿 dāo bàr	号码儿 hào mǎr
	戏法儿 xì fǎr	在哪儿 zài nǎr
	找茬儿 zhǎo chár	打杂儿 dǎ zár
	板擦儿 bǎn cār	
ai>ar	名牌儿 míng páir	鞋带儿 xué dàir
	壶盖儿 hú gàir	小孩儿 xiáo háir
	加塞儿 jiā sāir	
an>ar	快板儿 kuài bǎnr	老伴儿 lǎo bànr
	蒜瓣儿 suàn bànr	脸盘儿 liǎn pánr
	脸蛋儿 liǎn dànr	收摊儿 shōu tānr
	栅栏儿 zhà lanr	包干儿 bāo gānr
	笔杆儿 bǐ gǎnr	门槛儿 mén kǎnr

二

ang>ar（鼻化）	药方儿 yào fāngr 香肠儿 xiāng chángr	赶趟儿 gǎn tàngr 瓜瓤儿 guā rángr

三

ia>iar	掉价儿 diào jiàr 豆芽儿 dòu yár	一下儿 yī xiàr
ian>iar	小辫儿 xiǎo biànr 扇面儿 shàn miànr 一点儿 yī diǎnr 聊天儿 liáo tiānr 冒尖儿 mào jiānr 牙签儿 yá qiānr 心眼儿 xīn yǎnr	照片儿 zhào piānr 差点儿 chà diǎnr 雨点儿 yǔ diǎnr 拉链儿 lā liànr 坎肩儿 kǎn jiānr 露馅儿 lòu xiànr

四

iang>iar（鼻化）	鼻梁儿 bí liángr 花样儿 huā yàngr	透亮儿 tòu liàngr

五

ua>uar	脑瓜儿 nǎo guār 麻花儿 má huār 牙刷儿 yá shuār	大褂儿 dà guàr 笑话儿 xiào huar
uai>uar	一块儿 yī kuàir	
uan>uar	茶馆儿 chá guǎnr 火罐儿 huǒ guànr 打转儿 dǎ zhuànr 好玩儿 hǎo wánr	饭馆儿 fàn guǎnr 落款儿 luò kuǎnr 拐弯儿 guǎi wānr 大腕儿 dà wànr

六

uang>uar（鼻化）	蛋黄儿 dàn huángr 天窗儿 tiān chuāngr	打晃儿 dǎ huàngr

七

üan>üar	烟卷儿 yān juǎnr	手绢儿 shǒu juànr

	出圈儿 chū quānr	包圆儿 bāo yuánr
	人缘儿 rén yuánr	绕远儿 rào yuǎnr
	杂院儿 zá yuànr	

八

ei>er	刀背儿 dāo bèir	摸黑儿 mō hēir
en>er	老本儿 lǎo běnr	花盆儿 huā pénr
	嗓门儿 sǎng ménr	把门儿 bǎ ménr
	哥们儿 gē menr	纳闷儿 nà mènr
	后跟儿 hòu gēnr	高跟儿鞋 gāo gēnr xié
	别针儿 bié zhēnr	一阵儿 yī zhènr
	走神儿 zǒu shénr	大婶儿 dà shěnr
	小人儿书 xiǎo rénr shū	杏仁儿 xìng rénr
	刀刃儿 dāo rènr	

九

eng>er （鼻化）	钢镚儿 gāng bèngr	夹缝儿 jiā fèngr
	脖颈儿 bó gěngr	提成儿 tí chéngr

十

ie>ier	半截儿 bàn jiér	小鞋儿 xiǎo xiér
üe>üer	旦角儿 dàn juér	主角儿 zhǔ juér

十一

uei>uer	跑腿儿 pǎo tuǐr	一会儿 yī huìr
	耳垂儿 ěr chuír	墨水儿 mò shuǐr
	围嘴儿 wéi zuǐr	走味儿 zǒu wèir
uen>uer	打盹儿 dǎ dǔnr	胖墩儿 pàng dūnr
	砂轮儿 shā lúnr	冰棍儿 bīng gùnr
	没准儿 méi zhǔnr	开春儿 kāi chūnr
ueng>uer （鼻化）	* 小瓮儿 xiǎo wèngr	

十二

-i(前)>er	瓜子儿 guā zǐr	石子儿 shí zǐr

-i(后)＞er	没词儿 méi cír 墨汁儿 mò zhīr 记事儿 jì shìr	挑刺儿 tiāo cìr 锯齿儿 jù chǐr

十三

i＞i:er	针鼻儿 zhēn bír 肚脐儿 dù qír	垫底儿 diàn dǐr 玩意儿 wán yìr
in＞i:er	有劲儿 yǒu jìnr 脚印儿 jiǎo yìnr	送信儿 sòng xìnr

十四

ing＞i:er （鼻化）	花瓶儿 huā píngr 图钉儿 tú dīngr 眼镜儿 yǎn jìngr 火星儿 huǒ xīngr	打鸣儿 dǎ míngr 门铃儿 mén língr 蛋清儿 dàn qīngr 人影儿 rén yǐngr

十五

ü＞ü:er	毛驴儿 máo lǘr 痰盂儿 tán yúr	小曲儿 xiǎo qǔr
ün＞ü:er	合群儿 hé qúnr	

十六

e＞er	模特儿 mó tèr 唱歌儿 chàng gēr 打嗝儿 dǎ gér 在这儿 zài zhèr	逗乐儿 dòu lèr 挨个儿 āi gèr 饭盒儿 fàn hér

十七

u＞ur	碎步儿 suì bùr 儿媳妇儿 ér xí fur 泪珠儿 lèi zhūr	没谱儿 méi pǔr 梨核儿 lí húr 有数儿 yǒu shùr

十八

ong＞or （鼻化）	果冻儿 guǒ dòngr 胡同儿 hú tòngr	门洞儿 mén dòngr 抽空儿 chōu kòngr

	酒盅儿 jiǔ zhōngr	小葱儿 xiǎo cōngr
iong>ior	* 小熊儿 xiǎo xióngr	
（鼻化）	十九	
ao>aor	红包儿 hóng bāor	灯泡儿 dēng pàor
	半道儿 bàn dàor	手套儿 shǒu tàor
	跳高儿 tiào gāor	叫好儿 jiào hǎor
	口罩儿 kǒu zhàor	绝着儿 jué zhāor
	口哨儿 kǒu shàor	蜜枣儿 mì zǎor
	二十	
iao>iaor	鱼漂儿 yú piāor	火苗儿 huǒ miáor
	跑调儿 pǎo diàor	面条儿 miàn tiáor
	豆角儿 dòu jiǎor	开窍儿 kāi qiàor
	二十一	
ou>our	衣兜儿 yī dōur	老头儿 lǎo tóur
	年头儿 nián tóur	小偷儿 xiǎo tōur
	门口儿 mén kǒur	纽扣儿 niǔ kòur
	线轴儿 xiàn zhóur	小丑儿 xiǎo chǒur
	加油儿 jiā yóur	
	二十二	
iou>iour	顶牛儿 dǐng niúr	抓阄儿 zhuā jiūr
	棉球儿 mián qiúr	
	二十三	
uo>uor	火锅儿 huǒ guōr	做活儿 zuò huór
	大伙儿 dà huǒr	邮戳儿 yóu chuōr
	小说儿 xiǎo shuōr	被窝儿 bèi wōr
(o)>or	耳膜儿 ěr mór	粉末儿 fěn mòr

六、普通话水平测试大纲

（教育部　国家语委发教语用〔2003〕2号文件）

根据教育部、国家语言文字工作委员会发布的《普通话水平测试管理规定》《普通话水平测试等级标准》，制定本大纲。

一、测试的名称、性质、方式

本测试定名为"普通话水平测试"（PUTONGHUA SHUIPING CESHI，缩写为PSC）。

普通话水平测试测查应试人的普通话规范程度、熟练程度，认定其普通话水平等级，属于标准参照性考试。本大纲规定测试的内容、范围、题型及评分系统。

普通话水平测试以口试方式进行。

二、测试内容和范围

普通话水平测试的内容包括普通话语音、词汇和语法。

普通话水平测试的范围是国家测试机构编制的《普通话水平测试用普通话词语表》《普通话水平测试用普通话与方言词语对照表》《普通话水平测试用普通话与方言常见语法差异对照表》《普通话水平测试用朗读作品》《普通话水平测试用话题》。

三、试卷构成和评分

试卷包括5个组成部分，满分为100分。

（一）读单音节字词（100个音节，不含轻声、儿化音节），限时3.5分钟，共10分。

1. 目的：测查应试人声母、韵母、声调读音的标准程度。
2. 要求：

（1）100个音节中，70%选自《普通话水平测试用普通话词语表》"表一",30%选自"表二"。

(2) 100个音节中,每个声母出现次数一般不少于3次,每个韵母出现次数一般不少于2次,4个声调出现次数大致均衡。

(3) 音节的排列要避免同一测试要素连续出现。

3. 评分:

(1) 语音错误,每个音节扣0.1分。

(2) 语音缺陷,每个音节扣0.05分。

(3) 超时1分钟以内,扣0.5分;超时1分钟以上(含1分钟),扣1分。

(二)读多音节词语(100个音节),限时2.5分钟,共20分。

1. 目的:测查应试人声母、韵母、声调和变调、轻声、儿化读音的标准程度。

2. 要求:

(1) 词语的70%选自《普通话水平测试用普通话词语表》"表一",30%选自"表二"。

(2) 声母、韵母、声调出现的次数与读单音节字词的要求相同。

(3) 上声与上声相连的词语不少于3个,上声与非上声相连的词语不少于4个,轻声不少于3个,儿化不少于4个(应为不同的儿化韵母)。

(4) 词语的排列要避免同一测试要素连续出现。

3. 评分:

(1) 语音错误,每个音节扣0.2分。

(2) 语音缺陷,每个音节扣0.1分。

(3) 超时1分钟以内,扣0.5分;超时1分钟以上(含1分钟),扣1分。

(三)选择判断,限时3分钟,共10分。

1. 词语判断(10组)。

(1) 目的:测查应试人掌握普通话词语的规范程度。

(2) 要求:根据《普通话水平测试用普通话与方言词语对照表》,列举 10 组普通话与方言意义相对应但说法不同的词语,由应试人判断并读出普通话的词语。

(3) 评分:判断错误,每组扣 0.25 分。

2. 量词、名词搭配(10 组)。

(1) 目的:测查应试人掌握普通话量词和名词搭配的规范程度。

(2) 要求:根据《普通话水平测试用普通话与方言常见语法差异对照表》,列举 10 个名词和若干量词,由应试人搭配并读出符合普通话规范的 10 组名量短语。

(3) 评分:搭配错误,每组扣 0.5 分。

3. 语序或表达形式判断(5 组)。

(1) 目的:测查应试人掌握普通话语法的规范程度。

(2) 要求:根据《普通话水平测试用普通话与方言常见语法差异对照表》,列举 5 组普通话和方言意义相对应,但语序或表达习惯不同的短语或短句,由应试人判断并读出符合普通话语法规范的表达形式。

(3) 评分:判断错误,每组扣 0.5 分。

选择判断合计超时 1 分钟以内,扣 0.5 分;超时 1 分钟以上(含 1 分钟),扣 1 分。答题时语音错误,每个错误音节扣 0.1 分;如判断错误已经扣分,不重复扣分。

(四) 朗读短文(1 篇,400 个音节),限时 4 分钟,共 30 分。

1. 目的:测查应试人使用普通话朗读书面作品的水平。在测查声母、韵母、声调读音标准程度的同时,重点测查连读音变、停连、语调以及流畅程度。

2. 要求:

(1) 短文从《普通话水平测试用朗读作品》中选取。

(2) 评分以朗读作品的前 400 个音节(不含标点符号和括注的音节)为限。

3. 评分:

(1) 每错 1 个音节,扣 0.1 分;漏读或增读 1 个音节,扣 0.1 分。

(2) 声母或韵母的系统性语音缺陷,视程度扣 0.5 分、1 分。

(3) 语调偏误,视程度扣 0.5 分、1 分、2 分。

(4) 停连不当,视程度扣 0.5 分、1 分、2 分。

(5) 朗读不流畅(包括回读),视程度扣 0.5 分、1 分、2 分。

(6) 超时扣 1 分。

(五) 命题说话,限时 3 分钟,共 30 分。

1. 目的:测查应试人在无文字凭借的情况下说普通话的水平,重点测查语音标准程度、词汇语法规范程度和自然流畅程度。

2. 要求:

(1) 说话话题从《普通话水平测试用话题》中选取,由应试人从给定的两个话题中选定 1 个话题,连续说一段话。

(2) 应试人单向说话。如发现应试人有明显背稿、离题、说话难以继续等表现时,主试人应及时提示或引导。

3. 评分:

(1) 语音标准程度,共 20 分。分六档:

一档:语音标准,或极少有失误。扣 0 分、0.5 分、1 分。

二档:语音错误在 10 次以下,有方音但不明显。扣 1.5 分、2 分。

三档:语音错误在 10 次以下,但方音比较明显;或语音错误在 10 次~15 次之间,有方音但不明显。扣 3 分、4 分。

四档:语音错误在 10 次~15 次之间,方音比较明显。扣 5 分、6 分。

五档:语音错误超过 15 次,方音明显。扣 7 分、8 分、9 分。

六档:语音错误多,方音重。扣 10 分、11 分、12 分。

(2) 词汇语法规范程度,共 5 分。分三档:

一档:词汇、语法规范。扣 0 分。

二档:词汇、语法偶有不规范的情况。扣0.5分、1分。

三档:词汇、语法屡有不规范的情况。扣2分、3分。

(3) 自然流畅程度,共5分。分三档:

一档:语言自然流畅。扣0分。

二档:语言基本流畅,口语化较差,有背稿子的表现。扣0.5分、1分。

三档:语言不连贯,语调生硬。扣2分、3分。

说话不足3分钟,酌情扣分:缺时1分钟以内(含1分钟),扣1分、2分、3分;缺时1分钟以上,扣4分、5分、6分;说话不满30秒(含30秒),本测试项成绩计为0分。

四、应试人普通话水平等级的确定

国家语言文字工作部门发布的《普通话水平测试等级标准》是确定应试人普通话水平等级的依据。测试机构根据应试人的测试成绩确定其普通话水平等级,由省、自治区、直辖市以上语言文字工作部门颁发相应的普通话水平测试等级证书。

普通话水平划分为三个级别,每个级别内划分两个等次。其中:

97分及其以上,为一级甲等;

92分及其以上但不足97分,为一级乙等;

87分及其以上但不足92分,为二级甲等;

80分及其以上但不足87分,为二级乙等;

70分及其以上但不足80分,为三级甲等;

60分及其以上但不足70分,为三级乙等。

* 说明:各省、自治区、直辖市语言文字工作部门可以根据测试对象或本地区的实际情况,决定是否免测"选择判断"测试项。如免测此项,"命题说话"测试项的分值由30分调整为40分。评分档次不变,具体分值调整如下:

(1) 语音标准程度的分值,由20分调整为25分。

一档:扣0分、1分、2分。

二档:扣3分、4分。

三档:扣5分、6分。

四档:扣7分、8分。

五档:扣9分、10分、11分。

六档:扣12分、13分、14分。

(2) 词汇语法规范程度的分值,由5分调整为10分。

一档:扣0分。

二档:扣1分、2分。

三档:扣3分、4分。

(3) 自然流畅程度,仍为5分,各档分值不变。

附 录

普通话水平测试模拟试卷(一)

一、读单音节字词(共 10 分)(限时 3.5 分钟)

肺 甲 瞄 层 凸 顶 脂 呛 赐 新
耗 绺 滩 砸 灌 夏 癖 翁 拨 融
除 铁 牛 裴 番 螫 害 膘 蜡 尚
缚 凭 索 纯 镁 侵 懂 写 娘 揉
囊 裹 吵 瘠 黔 刀 靳 赖 德 险
而 茎 兹 昼 递 鳗 帅 尼 碱 格
丝 增 壑 咭 樱 均 堆 埂 腿 贞
采 矿 赤 扳 略 熊 苯 袪 弓 拳
凹 冯 髓 闯 准 郎 篆 啃 弧 秃
帮 眨 缺 涮 缕 虫 桦 舜 修 远

二、读多音节词语(共 20 分)(限时 2.5 分钟)

否定 告诉 缅怀 炽热 许可 奏鸣曲 增殖 笼罩
海湾 大婶儿 太阳 决策 童年 粮食 变换 婚礼
饵料 听候 恰似 扩张 人影儿 雄伟 自卑 沉浸
村庄 喇叭 推翻 抓紧 灭亡 采访 诊断 刺激
光荣 旦角儿 拍摄 夏天 协商 眯缝 最为 螺旋桨
腐朽 广漠 亲切 不动声色 灯泡儿 难堪 内疚 括号

三、选择判断(共 10 分)(限时 3 分钟)

1. 词语判断:请判断并读出下列 10 组词语中的普通话词语。

(1) 阿伯　　伯爷　　伯父
(2) 搏命　　杀猛　　拼搏　　拍拼
(3) 下年　　来年　　开年　　出年　　下年子
(4) 好味　　上口　　可口　　醒喙
(5) 小包车　包车子　轿车　　细汽车
(6) 背脊骨　腰骨　　巴脊骨　脊梁
(7) 蚱蚂　　草蜢　　蝇里　　蝗虫　　草蜢欸
(8) 白脱　　洁白　　雪雪白　碰白
(9) 更　　　又过　　更经　　因加　　固恰
(10) 鼻水　　鼻头涕　鼻窦浓　鼻涕

2. 量词、名词搭配：请按照普通话规范搭配并读出下列数量名短语。

辆　节　张　口　把　棵　座　架

树　汽车　光盘　城市　钢琴　床　井　雕塑　车厢　钥匙

3. 语序或表达形式判断：请判断并读出下列5组句子里的普通话句子。

(1) 开了刀，他笑都不能笑。
　　开了刀，他笑都笑不得。
(2) 坐起说不如站起干。
　　坐着说不如站着干。
(3) 请你多喝两杯。
　　请你喝多两杯。
(4) 今天上午他有来。
　　今天上午他来过。
　　今天上午他有来过。
(5) 他不得会强迫我们走。
　　他不会强迫我们走。

四、朗读短文(30分)(限时4分钟)

请朗读第17号短文。

五、命题说话(共30分)(限时3分钟)

请按照话题"我的业余生活"或"谈谈对环境保护的认识"说一段话(3分钟)。

普通话水平测试模拟试卷(二)

(江苏省等大多数省份试卷结构)

一、读单音节字词(10分)(限时3.5分钟)

摆	偶	瞒	抛	钡	幅	淋	替	蹲	靠
陪	迟	耳	胞	靴	定	互	狭	岗	蛆
鬃	渍	闸	阔	属	秤	皆	蘸	饷	日
胸	腮	群	擦	佛	氨	摔	耕	捋	查
攥	斯	佐	戴	税	廊	特	骤	施	惹
汛	网	贴	扫	粉	灵	霰	航	倪	藤
侧	暖	禀	攀	吮	瘸	浓	亏	缓	钙
疮	敲	所	氯	循	赘	瓮	滑	练	晋
绒	雌	篾	圈	民	汞	垫	净	砌	疆
渺	双	稳	梦	否	棒	肌	添	衡	跟

二、读多音节词语(20分)(限时2.5分钟)

参与	供应	一块儿	复辟	日趋	针灸	胸脯	载重
创伤	佛教	改良	推测	热忱	耳朵	团结	谬论
差点儿	勉强	对不起	耽误	警告	民航	噪声	下海
农村	打盹儿	北方	扯皮	导演	拖累	苦恼	坚定不移
大伙儿	锦标赛	麻烦	感性	通讯	泪水	膨胀	泄露
讽刺	绝妙	咳嗽	石子儿	装置	环流	全身	恰似

三、朗读短文(30分)(限时4分钟)

请朗读第46号短文。

四、命题说话(40 分)(限时 3 分钟)

请按照话题"我的假日生活"或"学习普通话的体会"说一段话(3 分钟)。

参考书目

1. 《诗韵合璧》　　　　　　　清·汤文璐编
　　　　　　　　　　　　　　上海古籍书店印行　1982年5月
2. 《教师口语》　　　　　　　国家教育委员会师范教育司编
　　　　　　　　　　　　　　北京师范大学出版社1994年5月版
3. 《教师口语训练手册》　　　国家教育委员会师范教育司编
　　　　　　　　　　　　　　北京师范大学出版社1994年5月版
4. 《语感论》　　　　　　　　王尚文编
　　　　　　　　　　　　　　上海教育出版社　1995年8月版
5. 《普通话水平测试教程》　　陈　旻编
　　　　　　　　　　　　　　东南大学出版社　1997年8月版
6. 《教师口才训练教程》　　　赖华强编
　　　　　　　　　　　　　　暨南大学出版社　2001年1月版
7. 《说普通话技能训练指导》　杨　革编
　　　　　　　　　　　　　　中国林业出版社　2001年10月版
8. 《普通话水平测试》（含磁带）南京音像出版社　1997年
9. 《汉语方言概要》　　　　　袁家骅编
　　　　　　　　　　　　　　语文出版社　2001年1月第二版
10. 《普通话水平测试实用手册》江苏省语言文字工作委员会编
　　　　　　　　　　　　　　苏州大学出版社　2002年6月版
11. 《现代汉语》　　　　　　　黄伯荣　廖序东
　　　　　　　　　　　　　　高等教育出版社　2002年7月版
12. 《普通话水平测试实施纲要》普通话水平测试大纲学术委员会编
　　　　　　　　　　　　　　商务印书馆　2004年1月版

后 记

本次重修,始于 2013 年春季,我们根据自己的多年积累,各人负责其中最为擅长的部分,然后大家对每一个部分展开集体讨论,各抒己见,再分头修改。如此多个往复,如今终于完成了这本教材的编写工作。

在本书编写过程中,苏州科技大学与苏州大学国家级测试员王玲玲、陈晓红、樊燕等,以及四川成都大学范红副教授等为书稿的撰写和修改出谋划策,并提供了大量的素材。著名语言学研究专家石汝杰、汪平以及苏州市教育局副局长侯大康先生等也先后对本书倾注了大量的心血。另外,苏州大学文学院的研究生张颖春、高彦、郭咪咪等也为本书的出版做了大量的资料收集、数据分析以及校对等工作。对他们,我们在此一并表示诚挚的谢意。

本书肯定还有不少需改进之处,我们恳切地希望能得到方家的指正,也请读者提出宝贵的意见。

王家伦
2018 年春于姑苏耕读轩